浅川巧 日記と書簡

高崎宗司 編

草風館

壺を手にする浅川巧

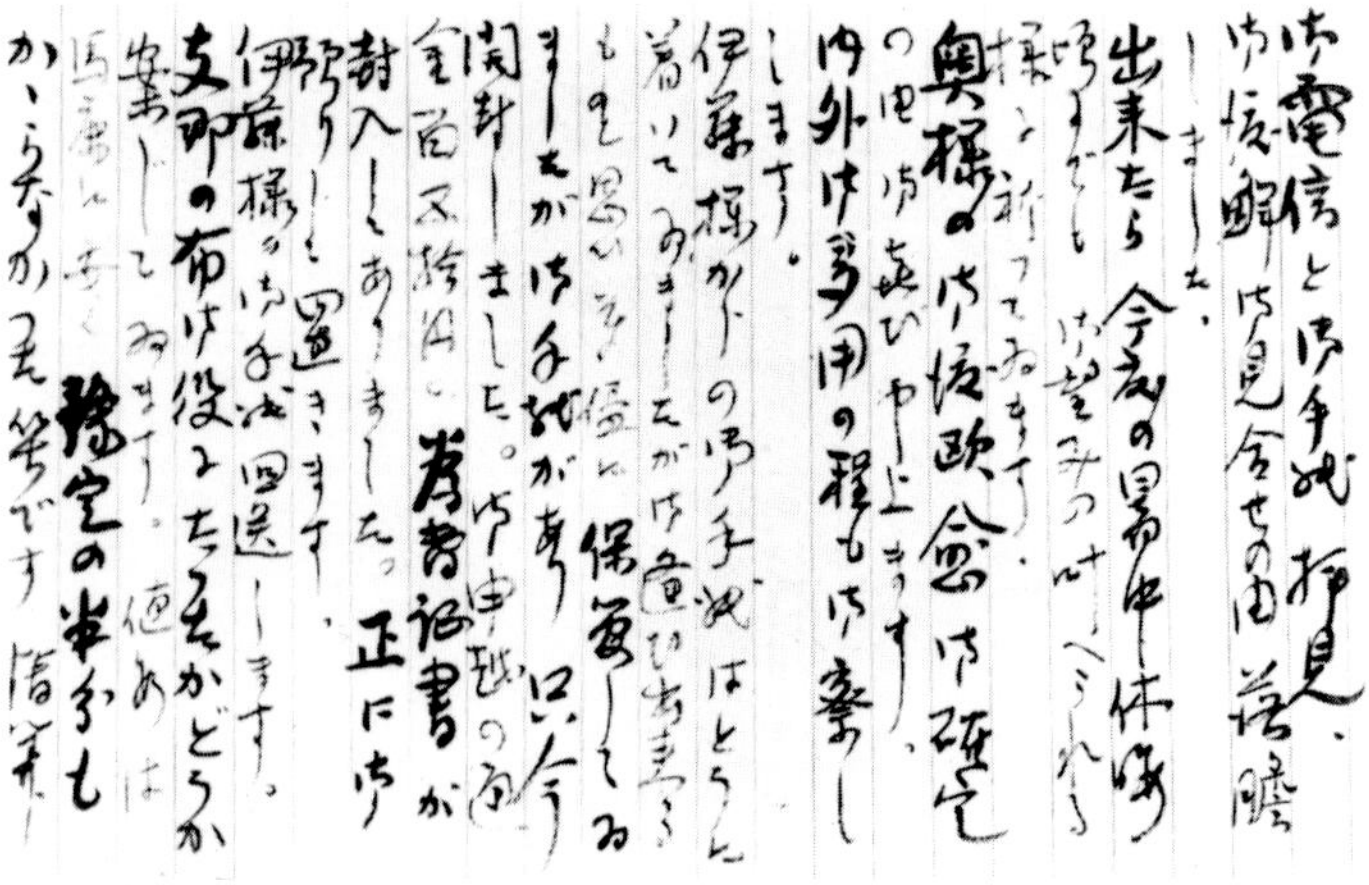

柳宗悦宛書簡（昭和 3 年 4 月 10 日）

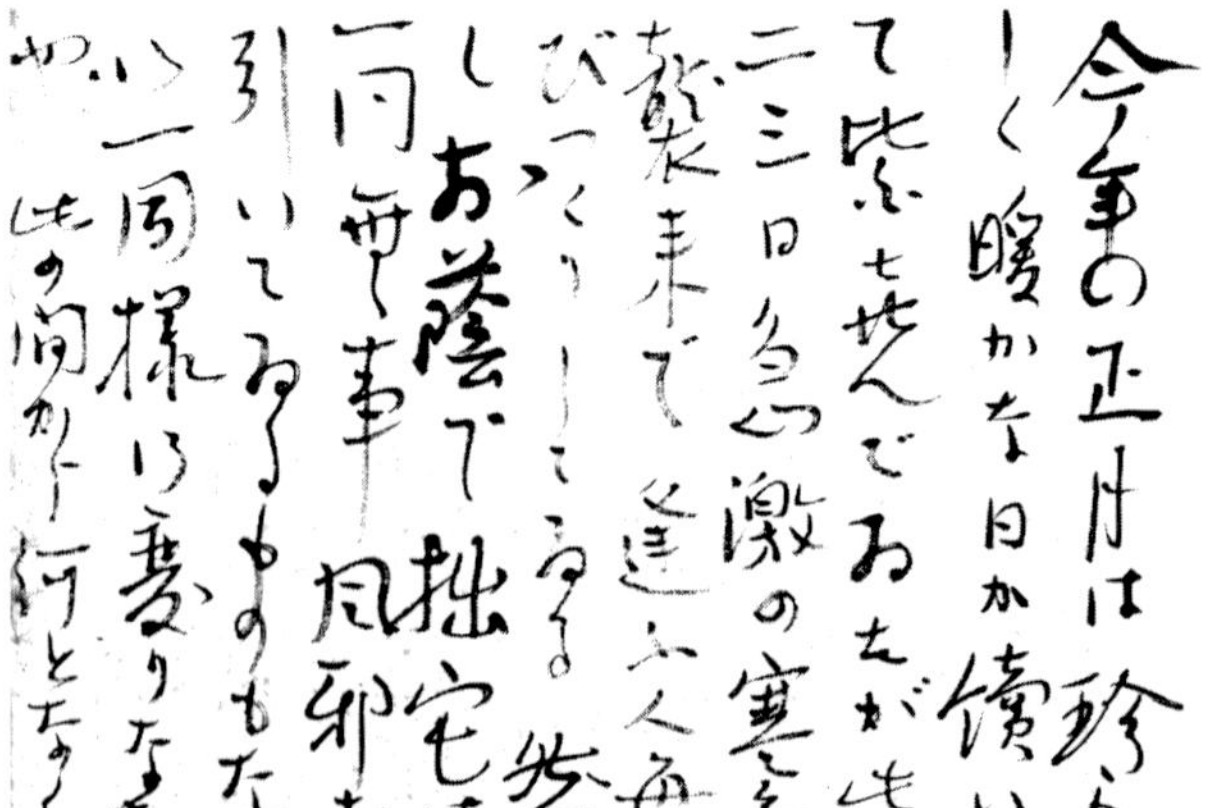

浅川政敏宛書簡（年代不詳）

花を前の巧

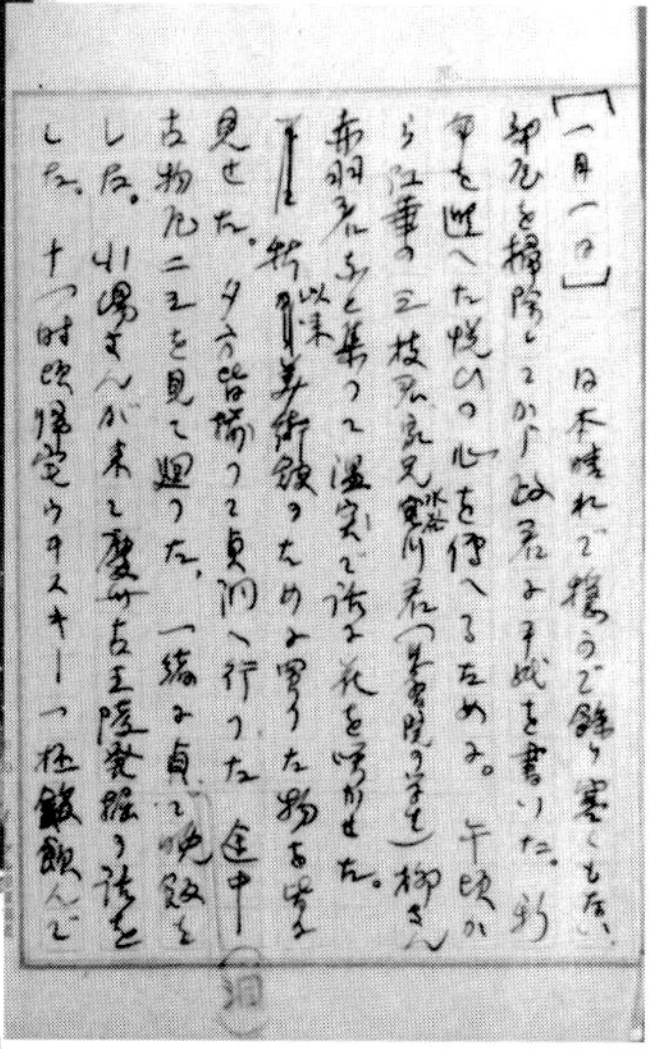

「一月一日」日本晴れで穏かで餘り寒くもない。部屋を掃除してから政君に手紙を書いた。新年を迎へた悦びの心を傳へるために。午頃から江華の三枝君兄弟、淺川君（美術院の学生）柳さん赤羽君など集って温室で話す。花を咲かせた。以来美術館のために買った物を見せた。夕方皆揃って東洞へ行った。途中古物屋二三を見て廻った。一緒に貞洞で晩飯をした。小場さんが来て慶州古王陵発掘の話をした。十一時頃帰宅ウヰスキー一杯飲んで

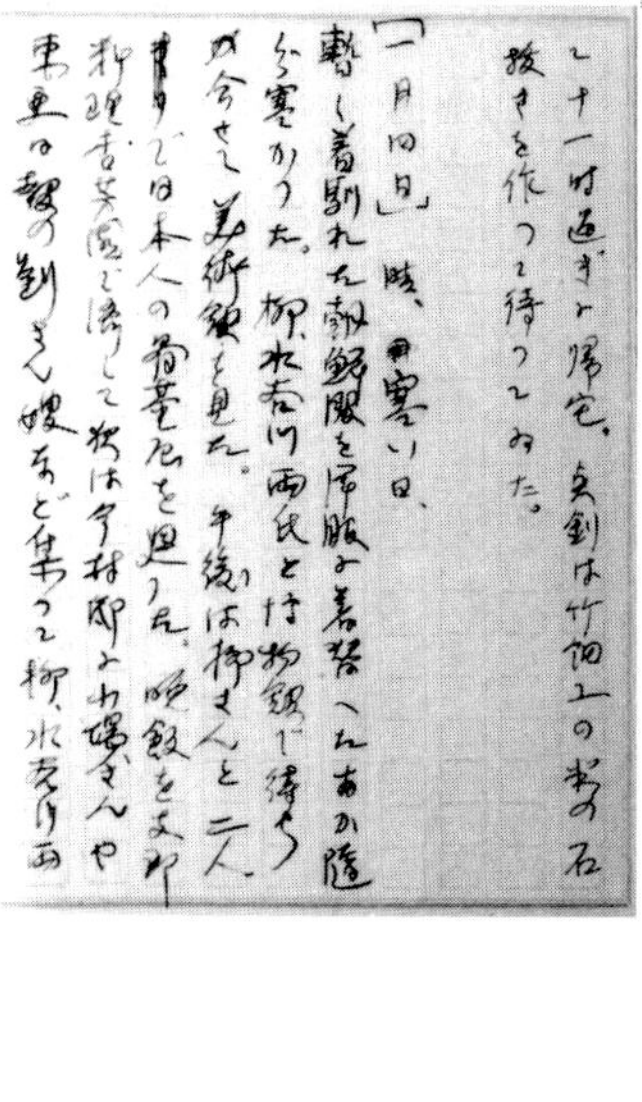

て十一時過ぎに帰宅。兵剣は竹細工の米の石抜きを作って待ってゐた。

「一月四日」晴、寒い日。暫く着馴れた朝鮮服を洋服に着替へたせいか随分寒かった。柳、水谷川両氏と博物館で待ち合せて美術館を見た。午後は柳さんと二人丈で日本人の骨董屋を廻った。晩飯を支那料理香芙園で済して夜は今村邸に小場さんや東亜日報の劉さん嫂など集って柳、水谷川両

大正11年1月1日、4日の日記

巧の葬儀を手伝った朝鮮人たち

伯教が描いた巧のデスマスク

韓国林業試験場（現・林業研究院）職員が
建てたソウル忘憂里にある「功徳之墓」

●目　次●

◆浅川巧小伝◆浅川巧は明治二四年（一八九一）山梨県北巨摩郡甲村（現・高根町）に生まれ、農林学校を出て、大正三年、兄伯教のいる植民地朝鮮に渡った。朝鮮総督府農工商部山林課の林業試験場に勤務しながら朝鮮人と交わる。禿げ山の多い朝鮮の山を緑化するために土壌に合った樹木の研究・育成に努める合い間に、朝鮮の民間の工芸品（のちに柳宗悦により「民藝」と称される）の価値を発掘し、柳とともに朝鮮民族美術館を設立する。乏しい給料から朝鮮人の子弟に学資を人知れずに援助したり、民間の忘れられている工芸品の名称や地方の陶磁器の窯跡を探索する行為は、「清貧に安んじ、働くことを悦び、郷党を導くに温情を以てし、村事に当つて公平無私」（浅川兄弟の祖父）だった類い稀な日本人であった。今回、発見された日記の中で、植民地支配が「朝鮮」の破壊につながることを告発している。四二歳の短い生涯を閉じたが、墓地に埋葬する際に村の多くの朝鮮人に担がれて運ばれた。植民地下の朝鮮に生きて、朝鮮（文化）と朝鮮人を愛し、また朝鮮人からも愛された希有な生涯を送った。

日記（大正一一年〜大正一二年）

凡例

本書に収録した「日記」は原則として、原文の表記を尊重したが、左記の場合は、表記がえをおこなった。

一、かなづかいは、明白な誤用のみ訂正した。

二、一部の固有名詞を除いて、当用・人名の新字体を使用した。

三、明白な誤字は正したが、一部の誤字はそのままとし、行間にママを付した。原本にある（　）はそのままにした。また、明白な脱字や一部の誤字は、兄・伯教が原文に赤字で若干補正しているが、それらを含めて〔　〕で補った。

四、文初の冒頭を読みやすいように一字下げにした。

五、句読点は適宜読みやすいように補った。

六、読みにくい語・ハングルには振り仮名を付した。

七、単行本名・雑誌名・新聞名は『　』、論文名・講演・画題等は「　」で示した。

八、「日記」に登場する主要人物は本日記の最後に（二五三頁）簡単な解説を付した。

大正十一年

一月

恩寵を感じつゝ元気で大正十一年を迎えた。今年は出来るだけ日誌を書く様に努めやう。毎日書くための時間が祈りの心になれたら幸福を進めることに益あると思ふ。恵みを浄化することが出来ると思ふ。

毎日の感謝と祈禱はこの日誌に書かれて行くであらう。省察、懺悔、慷慨、喜悦、悲歎、苦痛、快楽の心をその都度写して置いて貧しい生活の紀念《ママ》にし私に慰めたり励ましたりし度い。目を覚まして祈らう。

一月一日

日本晴れで穏かで余り寒くもない。部屋を掃除してから政君に手紙を書いた。新年を迎へた悦びの心を伝へるために。午頃から江華の三枝君、家兄、水谷川君(学習院の学生)、柳さん、赤羽君など集つて温突で話に花を咲かせた。

秋以来美術館のために買つた物を皆に見せた。夕方皆揃つて貞洞へ行つた。途中古物屋二、三を見て廻つた。一緒に貞〔洞〕で晩飯をした。小場さんが来て慶州古王陵発掘の話をした。十一時頃帰宅ウヰスキー一杯飲んで寝た。

一月二日

朝九時に出で貞洞《ママ》と今村さんへ廻つて柳、水谷川両氏と一緒に南大門駅へ行つた。家兄の帰京を見送つたのだ。其処で赤羽君と一緒になつて太平町から鍾路近傍の古物店、古本屋をのぞき廻つた。買つたものの主なるものは、真鍮食器、風呂敷模様版木、二倫行実等で特に優秀のものも見当らない。晩飯には国一館で朝鮮料理を食べた。夜は赤羽君の動議で公会堂の活動写真を見た。東京動物園、ボートレースなどは無邪気で子供の喜びさうな無難なものだが下等な趣味のアメリカ辺から来た芝居には閉口した。如何なる点から考へても俗悪極まる劣等の趣味だ。アメリカ人の感心しさうなものだ。半途で退場した。

西小門跡で皆に別て九時帰宅。

晴れてゐて風もないが寒い日だつた。

一月三日　晴、平穏

十時半今村さん宅へ行つた。水谷川君の帰りを待つて柳さんと三人で李王家の博物館へ行つた。途中朝鮮人の古物屋と支那人の靴屋を見て廻つた。博物館では平田氏が動植物園秘園の案内をして呉れた。昌徳宮は景福宮と比べると高麗焼と李朝焼の味がある。李朝焼が顧みられない様に景福宮が破壊されつゝある。李朝時代藝術の味、李朝時代民族性の美は此処当分理解されないかもわからん。此等が敬意を以て迎へられる日でなければ半島に平和は来ないだらう。秘園の建物や自然の適当に保存される〔こ〕とを希ふと共に景福宮の破壊を防止し度いものだ。晩飯は支那料理で簡単に済した。それから又支那靴屋を漁つた。僕が昨年買つて今迄履いてゐる靴の形を探したが京城中約二十軒の靴屋に一足もなかつた。靴の形もこの二、三年間に随分変化した。西洋風を加味して日本人や朝鮮人に向くものになつた。漸次悪化してゐる。以前の形は美しい。帽子を一つ買つた。柳さんの宿で二時間ばかり話して十一時過ぎに帰宅。点釗は竹細工の米の石抜きを作つて待つてゐた。

一月四日　晴、寒い日

暫く着馴れた朝鮮服を洋服に着替へた為か随分寒かつた。柳、水谷川両氏と博物館で待合わせて美術館を見た。午後は柳さんと二人で日本人の骨董屋を廻つた。晩飯を支那料理杏芳園で済して次は今村邸に小場さんや東亜日報の劉さん嫂など集つて柳、水谷川氏も一緒に随分話しがはづんだ。

一月五日　曇夕方雪、余り寒くない日

六時に起きた。寝る時すべてを枕辺に揃へて置いたので二十分ばかりで身支度が出来た。七時前に柳さんの宿へ行つた。水谷川君と二人食事中であつた。僕も御馳走になつた。自分達一行三人は七時二十分南大門駅を発して八時すこし過に安養駅着。それから安養橋を渡つて安養寺跡を見て李朝白磁のかま跡二つから標本を沢山得て念仏庵へ行つて一休、午飯は三幕寺でした。寺で呉れたトンチミ〔水キムチ〕が美味かつた。住持池氏の案内で陶土の出る処を見た。池氏は六十五の老体にも似ず元気に山を走り廻るのに感心した。厚意を謝して柳さんが毛皮の襟当を遣つたら随分喜んだ。白磁の鉄砂の染付をもしたかまもあつた。それから枯草刈の鮮人《ママ》に案内を頼んで今迄知らなかつたかま跡を見た。雪が降り出したが寒くはない。山の線や山上からの遠望は随分よかつた。

雪の道もよかつた。電車に新龍山から明治町まで乗つて又例の杏芳園で晩飯をした。西小門で二人に別れて九時頃帰宅、今夜はよく眠れさうだ。今日の遠足は収穫も多し愉快だつた。

一月六日　晴、昨日降つた雪はあらましとけた。

朝から午後一時迄かゝつて「松脂採取要領」の原稿を浄書した。それから総督府の博物館へ行つた。柳、小場、水谷川、金、卞、呉諸兄と一緒に博物館を見た。小場さんは此の頃慶州から発掘した金冠、玉類其の他の説明をして呉れた。皆が慶会楼の池で氷辷りをして打興じた。それから柳、水谷川両兄と三人で積善洞附近の古物屋を漁り廻つて葡萄の画の屏風や焼物数点を買つた。晩飯は例に依つて三人で鍾路鐘の裏の朝鮮の立呑屋でソーメンを食べて済した。帰途柳さんの宿へ寄つて二時間ばかり話した。

風呂から上つて日誌を書いてゐる時、水谷川君の乗つた筈の平壌行の汽車が通つたから窓を開けてランプを出して振り廻して信号した。気がついたかどうか。園ゑの感冒癒つたかどうか便りがないから少し心配だ。

一月七日　晴

午前中事務所に居た。

午後は家で美術館の物品や冠岳山から採集して来た窯跡蒐集品の整理をした。一時半頃柳さんが来、四時頃赤羽君が来た。皆で一緒にその整理をした。五時半頃三人で出掛けて渡辺高等法院長邸へ行つた。柳さんを主賓にして秋月牧師、橋本氏と共に陪食に招かれたのだ。席上でブレークに関する講演会と展覧会開催のことが相談された。九時頃同邸を辞して講演会準備の為に北内へ紙を注文して赤羽君と鍾路で別れて柳さんと二人帰宅した。色々話して十二時頃寝についた。懿寧園の秋は静だ。

一月八日　晴

午前中は柳さんと二人で美術館の品物整理をした。午後二時頃赤羽君が謄写版の器械と会員証の原稿を持つて来たので夕方迄かゝつて約六百枚を刷つた。晩飯を食つて赤羽君と柳さんは帰つて行つた。朝、新田の大屋からはがきが来て園絵が元気になつて遊んでゐることを知つて安心した。園絵をどうかして自分の処に一緒に置く様にし度い。一緒に暮し度い。然し差し当り今の儘は最自然の策だと思ふ。神よ我が貧しき家庭を清め且つ御護り下さい。

一月九日　雪、朝から降り出した雪は夕方までに約四寸積つた。

本府の石戸谷技師から播種造林の計画を立てるから出府せよとのことで雪を冒《おか》して午後出て行つた。夕方柳、赤羽両兄と一緒に貞洞へ行〔つ〕て晩飯をした。夜は今村邸に森永、挟間両君も一緒になつて講演会の会員証の印刷や会の準備をした。

夜は強く風が吹いた。

一月十日　前日の続きの用件で出府。用事は午前で畧《ほぼ》済んだ。

二時頃から夕方まで柳さんと北部朝鮮町の古物屋を漁つた。朴淵や満月台の画の屏風を買つた。大和町の榎本氏の所蔵品を見た。

大和町で柳さんと別れて初音町の石戸谷氏を訪ふて十一時頃帰宅。

（晴れて居たが寒い日）

一月十一日　終日雪が降つたり止んだりした。

春先の事業実行計画をするために石戸谷技師と雪中を踏査した。踏査の副《ママ》に池傍に霞網を張つて小鳥を追ひ廻したが一匹も獲〔れ〕なかつた。帰路は雪が随分強く降つた。

一月十二日

午前中部屋のかたづけと事務所で仕事をした。午近い頃から柳兄が来たので二人で美術館の物品の整〔理〕をして「チゲ〔荷担ぎ〕」を傭つて送り出した。僕が此の家を立ちのかなければならんために嘉納家の一室に預けるのだ。美術館の計画が具体的になつてから満一年だが、その間にぽつぽつ持ち込んだものが実に二十「チゲ」と荷車一台あつた。僕の部屋も荷を出したらすき〳〵して淋しくなつた。僕の四五年間の蒐集品も美術館に加へたので何となく淋しさと身軽になつた愉快さを感じた。淋しさを自ら慰めるためには使用し馴れたり又特に好きな数点を預かつて身辺に置く様にした。柳さんと嘉納さんから借りた部屋に物を納めた。金君も手伝つて呉れた。晩飯は今村さんで仕度して呉れて栗飯の御馳走になつた。夜は赤羽、森永、挟間君諸兄と柳さん処で「ブレーク」の詩抜萃の謄写印刷をした。一時すぎまでかゝつた。寒い夜の雪道を山越しに帰つて寝た時は二時すぎだつた。

一月十三日

午前中事務所で播種造林の試験の仕様書を書いて午後本府へそれを持つて行つた。朝鮮服を着て居たので本府の玄関で巡査にとがめられた。一寸いやな気がした。夕方赤羽君が来たので二人で晩飯をした。貰つた鶏や豚の肉で薬酒を飲んだ。夜は又森永、赤羽諸兄と柳さん処に会して展覧会の画の準備をした。赤羽君は僕の家に来て寝た。

一月十四日

午前中事務所で仕事をした。

午頃から長谷川町の日本基督教会へ行つた。柳、赤羽両兄とも来て居て会場の準備も満旦《ママ》出来てゐた。柳さんの「ブレークの絵画」と題する講演は二時頃から一時間半ばかりあつた。皆思ひ〳〵に画を見て帰つて行つた。画はブレークの画の複製版画二十余点で何れも随分い丶ものだつた。来た人は五十人ばかり。夜は柳、金沢の諸兄を誘つて赤羽君も一緒にソルランタン〔牛肉、脛骨などを煮込んだスープ〕を食べに行つた。ソルランタンは牛の頭や内臓のスープを飯にかけたものだ。安価で滋養価値の多いよき食物だと思ふ。それから柳さんと二人町を歩いて貞洞で別れて兄の家へ寄つた。母と嫂を対手に十二時頃まで戯談を言つて嫂の里へ送る牛肉の荷を作つてそれを発送するために預つて持つて帰つた。

一月十五日

託された荷は春植に頼んで新村駅から送り出して貰つた。第一回にした版画展覧会の画を整理した。朝から細い雪が十一時頃まで降つた。

会は昨日よりよかつた。柳さんも興奮して詩を読んでゐる様だつた。ブレークの詩は美しく鋭い。人は六十余人集つた。午後森永君の家に行つて彼の父の蒐集した朝鮮の器物を見た。特にいゝものもないが僕等の持たないものが二、三点あつた。夜又柳さんに会つて晩《おそ》くまで話した。

会が済んで少し気ぬけがした。熱心な青年に会はなかつたことと朝鮮の友の少なかつたことは淋しい。京城の市民達が藝術に対する欲望のまだ少ない証拠だ。


一月十六日　晴れていゝ日だつた。

午前は事務所に出た。

柳、金萬洙、呉、廉諸兄と南宮君の墓参をした。光熙門を出た切り通しの道、土饅頭の雪景色、松林などは静かな淋しい感じを与へた。南宮君の墓は山の頂に近く東面して前に漢江を望んだいゝ場処だつた。美術館の予定地に計画してる社稷壇を見たり南宮君の厳父にお悔みを述べるために弼雲洞へ廻つた。

柳さん明日帰東するので近いうちに若し僕が転宅すると懿寧園に来る用も今後なくなると云ふ理由でお別れの意で弼雲洞から廻つて来た。赤羽君も来て夕飯をともにした。森永君も来た。


一月十七日　朝の寒さは随分だつた。

柳さんを南大門駅に送つた。

柳さんはお正月様の様に大晦日に来て今日立つた。今年の正月は愉快だつた。生れて始《ママ》めて変つた正月を送つた。回礼もせず正月らしい御馳走も食はず遊びもせずに。これはみつゑを失つたからでもあり又柳さんが来て呉れたからでもある。僕の今年のお正月には柳さんの来て呉れたことは最も適はしい。駅から本府へ廻つた。砂防造林と酸性土壌のことで戸塚さんと論じてしまつた。年が寄ると理窟がきたない。尤も場長と云ひ博士と云ふ格だから俺の様の青二才になんか人の前もあつて委せたくない心も察して遣れる。本府からの帰途島岡、清水、李等の道具屋から買ひ溜めた物品を嘉納邸へ集めて部屋に収めた。

夜は政君と家兄に返事の手紙を書いた。

政君にはそのゑのこと、結婚問題に関する意見とを書いた。自分の心の状態は結婚問題を考へるに不適当である。

後にどうなるか知れんとしても今はその問題に触れ度くない。僕の心にはみつゑが蘇り僕の心はみつゑの許に通つて留守になる。この空の心は新らしい婦人に対するのに余りに無情な不適当な心だと信じてゐる。そのゑは現状維持にして置き度い。今日も京城からの帰途貞洞へ寄つたら母がそのゑを寄せて手許に置き度いと云ふてゐた。母や嫂の厚意のある処は認めるが、そのゑを龍岡に置くことはみつゑの霊の守護のうちに置く気がする。

家兄の焼物研究に賛成し出来るなら美術館の仕事にして協力し度い。

一月十八日　今年になつてはじめての寒い日、最低零下二十三度三分。

事務所に出て朝鮮の気象に関して書いたものを調べたり観測表から材料を集めた。林業上から見た朝鮮の気候について何か纏め度く思ふ。

夜は吉田の知ちゃんが独りで淋しいと云ふて遊びに来た。内地へ嫁探しに行つた不破君が帰つて来て内地の近況や婚約になるまでの始末を話した。

一月十九日　昨日に次いで寒い日、晴れて居て風も強くないが凍る。

事務所に出て砂防植栽に関する試験調査事項を考へた。腫物の化膿した皮膚を膏薬で被ひ、壊れた温突を張りくるむ様の治山事業所謂砂防工事を主とした事業には賛成しない。山と植物の生命に助勢して山林を発育さすことを眼目にした仕事でなければ朝鮮の山は救はれないと思ふ。従つて試験調査や自然現象の観察もこの方面に留意し度い。今迄の工事を眼目とした砂防工事には賛成出来ないと云ふて戸沢博士の気に触れたが、自分の主張の云ひ足りない処を仕事で現はし度く思ふ。正しいことでも主張を持して争ふことには不純がある。ニイチエの言葉を思ひ出す。「一人が己の主張を持するは則ち彼自身がその主張を獲得せしを誇りをればなり、又他が己の主張を持するは即ち彼自身がその主張を理解し得しを誇り居ればなり。共に虚学の結果なり」。

一月二十日　晴　温度は随分低いが風が強くないから感じは悪くない。道路面も一面白く氷つた儘乾いてゐる。

本府へ出た。本府の空気も緊張してゐなかつた。

夜は不破君が泊つて林、関両君が遊びに来てトランプのうらなひなどして遊んで行つた。

一月二十一日

午前中事務所で仕事をした。

夜は金教奐、全、不破君等と一緒に食事をして柶《ユッ》〔短冊型のカード〕を擲げて遊んだ。

石原純氏の『相対性原理』を読みかけた。

一月二十二日

旭町の教会へ出た。中村牧師が「献げたる喜び」と云ふ題で例の苦しい説教をした。教会の信仰の中心が俺の信仰と夥しく離れてしまつたことは今更云ふ迄もないが今日もつくづく淋しさを感じた。礼拝の後に洗礼式歓迎会及送別会があつた。

大舘骨董店へ行つたら小場、加藤両氏に会つた。水入を一つ買つた。

戸沢博士を訪ふた。試験の事業、燃料問題などの話が出た。

高木君の処へ寄つて夕飯の馳走になつた。

二人で黄金町の教会へ行つた。井口牧師が旅行中で堀、杉山両兄の話があつた。

自分は朝旭町の教会で礼拝中思ひ浮べた。新らしい自由の教会のことを。そして若し許されるならば自分達同志の会堂を設けて自由な聖徒の新らしい交りをするために働き度い希望にかられた。然し現代の教会、政治的気分の比較的淡い自由な黄金町教会の気分も自分を容れるには適はしくないことを直感した。俺は宗教的特質を持つてゐる気さへした。特に神に恵まれてゐる気がする。俺は何かの実を結びさうだ。このことは恐ろしいことだが俺独りでなしとげ得ることでもなし、全く神のなさしめ給ふ処、神の栄の現はれだ。神が使役して呉れることなら俺は喜んで働き度い。

一月二十三日

清涼里へ事業計画のために行つて終日山を歩いたり事務所で話したり鳥を追ひ廻つたりして過した。坪川君と辺君の捕へて養つてゐるアトクとマシコを貰つて来た。俺の内なる或ものは小鳥を飼つたり追つたりすることに不賛成を表してゐる。

一月廿四日

朝から本府へ出て砂防造林試験の計画をした。役所からの帰途中央学校へ廻つて赤羽君を訪ふた。晩飯をともにすべく趙君を誘つて三人で鍾路に出て国一館で朝鮮料理を食べた。

酒がきいて来た時赤羽君は淋しい表情をした。座は白けた。皆立つた。僕も愉快でなくなつた。赤羽君は帰り途に声を出して泣いた。泣くくせらしい。趙君が一緒になつて連れて行つた。電車通りで二人に別れて僕一人歩いて山迄帰つた。酔つた体に寒い風を当てるのはいゝ気持だつた。酒はいやなものだと云ふ気がした。

一月二十五日

朝から本府へ出て昨日の続きの仕事をした。帰途は骨董屋と貞洞へ立寄つた。帰つて見ると家に点釗もゐず温突《オンドル》も冷えてゐて入る気になれなかつた。阿峴の普通学校と金雲鎬君の処を訪ふて来る間に点釗が帰つて夕飯の支度も出来てゐた。夜は八時半頃寝についた。昨夜の酒は俺の体力と気力を狂はせてゐる。

一月廿六日

砂防植栽に関し此の間から石戸谷技師と相談して結果を浄書した。夕方部屋や便所の掃除をした。

一月廿七日　晴

本府へ出た。事業の役割、事務の分担が決められた。帰りは明治町から鍾路西大門町をぶらついて理髪した。明日は陰暦の正月だから朝鮮町は景気づいていた。夜は点釗は家に行つて吉田の知ちやんが遊びに来た。

一月廿八日　晴

寝てゐるうちに点釗が迎えに来たので一緒に行つて元旦のお祝の御馳走になつた。何もかも美味かつた。俺のはじめて朝鮮に来た時の最初の御正月に斎室の李時応君にお正月によばれて行つたが餅、汁の外は余り食べなかつた。それでも一緒に招《よ》ばれた三、四人のうちでは僕が一番多く食べ得た。あの時分から朝鮮に対する適応性を持つてゐたとも云へるが、不思議の運命の導きと試練は今思ふと明かだ。道へ出ると美しく着飾つた子供達が喜々として往来してゐる。朝鮮人の子供の美しさは又格別だ。何となく神秘の美しさがある。今日は何となく朝鮮の天下の様の気がする。この美しい天使の様の人達の幸福を自分達の行為が何処かで何時か妨げてゐたら神様どうか赦して下さい。俺の心には朝鮮民族が明瞭に示された。彼等は恵まれてゐる民族であることも感じられた。

電車に乗つてフランシスの『小さき花』を読んだ。

自分達の朝鮮に於ける生活上に多くの励ましと教へをうけた。俺は必要な時必要なものを得た気がした。

清涼里で鄭家で御馳走になり柶や花合せをして遊んだ。

六時半頃辞して帰り途に約束してある羅君の処へ寄つて又御馳走になつた。赤羽、趙両兄と他に一人知らない人も来てゐた。皆よく飲んだが僕は先日赤羽君等と一緒に飲んで以来進まなくなつた。僕には酒に酔ふ丈のゆるみがない様の緊張さを感じてゐる。皆より先きに辞去して帰宅。

一月廿九日　晴
日曜日。御飯は点釗の家で食べた。日中は家にゐて押入の整理や部屋の掃除をして版画を見たりした。夕飯は貞洞で食べ石戸谷氏を訪ねて晩く迄遊んだ。

一月三十日　晴
事務所にゐて『相対性原理』を読んだ。難解の処もあるが頭を練るにはいゝ本だ。
夜は新橋洞の斎藤家を訪ふた。斎藤さん風邪で寝てゐ、奥さんが看護で甲斐々々しく立ち働いてゐた。寝てゐても元気よく林学上の問題や住宅論を出して談笑された。
夕食の馳走になつて帰途戸塚氏の子供の御悔みに寄つた。同氏は気の毒にも一昨年長女を又此度五つになる長男に逝かれたのだ。

一月三十一日　晴
　事務所に出て仕事をしたり、本を読んだりした。夕方長谷川町の教会に戸塚氏子供の葬儀があつて会葬した。夜は海東館に赤羽、森永、小出、鄭、朴、金諸君と会食して柶を擲げて遊んだ。

二月

二月一日

陰暦の今年になつてからもう今朝で五日毎日朝飯は点釗の家で食べた。僕の腹と眼とはすっかり朝鮮食に順応してしまった。

事務所にゐて仕事をしたり本を読んだりした。石戸谷技師が樹木見本林の設計に来た。

晩飯に点釗の家で僕の主催ですきやきをした。徳成夫婦は年賀の礼に出てゐなかつた。老婆と点釗と女の子供等とで一緒に賑かに食べて後は花合せをして遊んだ。

点釗の家に行つて食したり遊んだりしてゐるとベタニアのラザロの家の気がする。点釗がラザロで点女がマルタで漢甲がマリアに当る。俺はエスには当らないが彼等がそれに似た性格まで備へてゐる様に思へる。兎に角此の兄弟は各美しい心を持つてゐて俺を慰めて呉れる。

二月二日　晴、二週間このかたなかつた暖かさで道がわるくなる程雪がとけた。

清涼里に行つた。暖かでよかつた。

播種造林試験の仕様法説明を星加君にした。

帰途若草町の宗〔曹〕洞宗本山での簗瀬君夫人の葬儀に会葬した。

二月三日　晴、暖

本府へ出て石戸谷技師と本春の苗圃造林計画をした。

夜は貞洞へ夕食に呼ばれて行つた。母がすしを拵へて置いて呉れた。

母と嫂と三人で花合せをして十時頃迄遊んだ。

二月四日　晴、暖
清涼里へ行つた。東大門で本村君と一緒になつた。石戸谷技師は先着してゐた。
造林予定地や道路の予定線の踏査をした。
夜は赤羽、森永、挾間の諸君が家に集まつた。花合せをしたりトランプの卜《うらない》をしたりして笑ひ興じて二時頃迄ふざけた。赤羽君は泊つた。

二月五日　晴、室外は静かで春らしい光線がみなぎつてゐた。

赤羽君と二人で出た。慶熙宮内官舎建築場で今村さんの入る予定の家の庭の石や池を見た。い丶ものだ。それから二人で鍾路の通りを歩いた。天気がよくて愉快だつた。二月の第一日曜なので閉門の店が多かつた。黄金町の富田さんを訪問した。美術品製作所を会社にする計画や南大門通の店の近況を話して呉れた。南大門通の店へ行つて見た。

そこを出て赤羽君とは別れた。小場氏を訪ふたが居なかつた。今村さんへ行つたら榎本氏がゐたので態々行かなくても用が足りた。今村さんもゐて正月の旅行の話をきいた。掛場さんを訪ふたがゐなかつた。点釗の家に寄つたら、ス、トク〔きびもち〕を拵へてゐる処だつた。出来るのを待つてゐて夕飯を馳走になつた。

夜は家兄、柳、小柳、秋月、三枝諸氏に手紙を書いた。

二月六日　晴
事務所に出て終日事務をした。此の春の事業の計画を立てゝゐるのだ。
晩飯の時徳成を相手にして薬酒を少し飲んだら血の廻りがよくなつて非常に元気になつて働き度い様の気分になつた。酒を飲むことを罪の様に考へる教会の人達の心も了解出来るが、山中に棲む百姓などの夕方の一杯などは清い楽しみの気がする。
夜は此の間赤羽君が置いて行つた武者の童話劇三篇を読んだ。一息によんでしまつた。

二月七日　曇
事務所に出て前日に引き続いての仕事をした。
夕方昨日のてつに倣つて又一杯やつた。そして薪割りと便所の掃除をした。小鳥の籠も洗つてやつた。夜吉田君と史深が来た。史深と将棋をした。

二月八日　晴
終日事務所で計画書を書いた。地方の参観の客や本府の大国君等が来た。
夕方又少し飲んだがうまくなかつた。夜は政君外数氏にはがきを書いた。
昨日事務所にゐる若い連中を説法した。それは若い連中が兎角仕事に忠実でなく衷心興味を有つてゐないらしいからである。それがきいて今日は大分元気になつてゐた。遊ぶにも働くにも元気でないと気持ちが悪い。

二月九日　晴、ぽか〳〵暖かくて本町筋は道のどろ〳〵に融けて足の踏所もない程。

本府へ出て夕方までゐた。仕事は例の春季事業計画だが、今日急に懿寧園の事業削減して清涼里へ大部分を移すことに案を立てた。僕も愈阿峴を近く立ちのかなくてはならん運命が迫つて来たことをはつきり感じ出した。

二月十日　晴、春らしい日

本府へ出て苗圃事業の試験仕様書を協議した。

赤羽君が例に依つて泊りに来た。二人で朝鮮酒を飲んだ。僕は朝鮮に来てからこのかたはじめてはしやいで見た。何となく只愉快になつた。吉田君も来たり点釗も一緒に飲んだ。夜中大雨が降つた。

二月十一日　暖かで降りさうに曇つてゐたが夕方晴れた。

点釗の家で朝鮮〔食〕の御馳走になつた。旧正月十五日と云ふので朝鮮人の町は賑つた。赤羽君も一緒に行つた。貞洞から太平町を歩いて朝鮮銀行前で赤羽君と別れ黄金町から東大門へ出て清涼里へ行つた。鄭君の処で餅汁を馳走になつて石戸谷技師と鳥追ひをした。

夜は石戸谷さん処で晩飯の馳走になつて話して遊んだ。帰途点釗の家にも又立寄つて遊んだ。

二月十二日　晴

朝点釤が朝食に呼びに来たが遅れるからたべずに教会へ行つた。教会には中村牧師がヨハネ伝一章のエスの言葉爾等何を求むるやと云ふ処から題をとつて「何を求むるや」と云ふ説教をした。それは此の条を読んで自分達が思はされる多くの意義ある問題を離れてゐる説き方であつた。

イエス、爾等何を求むるや。

ヨハネの二人の弟子、ラビ何処に住《ママ》るや。

イエス、来りて観よ。

この問答を牧師に云はせると、最初にエスは弟子（後に弟子になる者）達の腹中を探つて見た処弟子等はエスの人格に触れて見度い希望を示したので主は来りて見よと云はれた、と云ふのである。それで自分達もエスの人格を観ることに努力しなければならんと云ふ結論である。然し此の処にはまだ深いものがあると思へる。余は思ふ。エスの最初の問ひは単なる弟子を試みるための試問でなく、その問ひによつて民衆の要求を知り、神よりの使命に対する決心を強ふし度い為に真心を以て尋ねたのだと思ふ。又弟子等はエスの人格に触れたいと云ふ希望もあつたに相違ないが、はじめのことでもあり、エスが何を持つてゐるか何を如何に与へるかも知らないで何を求めてい丶かも知らず、兎に角ついて行つて見ようと云ふ様の考へで、この少し調子外れの様の答へをしたのではあるまいか。そこでエスは言葉を以て説教せず身を以て実証すべく来りて見よと云はれたのだと思ふ。自分達はこの間で弟子の態度に学ぶ処は少なく、寧ろエスが活動の第一歩に於ける堅い決心とその態度に多く感銘する。

教会を出て秋月牧師の宅へ寄り展覧会の会計の御礼を云つたり坊ちゃんの病気見舞を述べたりした。それから本屋と鍾路の道具屋を廻つて帰つた。道すがらも今の説教のことを考へた。点釗の父が晩飯に呼びに来たから行つた。夜は点女、漢甲、于蘭等と花闘をして遊んだ。

旧の十六日なので村の者は深舎廊に妓生の歌を聴くために集つた。点釗父子も行つた。母親も祖母も寝て他の娘達も寝てから点女は内房で僕のチクリの紐をつけたり綻びを縫つて呉れた。マルタと二人居るエスのことを思つた。朝鮮の風習ではかゝることは無いことだが、彼の一家が僕を信用して気を許してゐるのも難《ママ》有いが僕自身も情慾などは全く起らない。このことには自信を堅くした。

二月十三日　曇

徳成に一緒に行つて貰つて東大門の内外に貸間貸屋を探した。二、三あつたが家の位置が悪かつた。徳成と別れて清涼里に行つて苗圃を見たり播種造林の下播を星加君とした。帰途鄭君に一緒して貰つて清涼里の貸屋を見た。適当の処があつたので殆んど決めた。月二十五円の下宿で房四間を使用する条件だ。

二月十四日　曇

午前中事務所で若い連中に測量教科書の講義をした。午後は本府へ出た。本府への途中分室へ寄つて小出さんと話した。朝鮮の家屋改造、燃料問題、日用器具問題は随分興味ある必要問題だ。

二月十五日　曇後晴、此の頃毎日暖かだ。

午前も午後も測量の講〔義〕をした。

夕方は引越荷物の整理をして本など籠に詰めた。荷物の整理をして見ると必要と不必要の物の判定に苦しむものが多い。何れもかつては必要を感じて買ひ集めたものだ。彼女の愛用したものもある。それらのことを思ふと些細の物をも処分するに躊躇する。俺は今日迄台所も押入れも殆んど彼女の生前の儘に近くして置いてなるべく改めずに置いた。然し今度の移転にはどうしても適当に処理する必要がある。貞洞その他に預けるなり遣るなりする外ない。それにつけても俺は将来又家庭を成すことがあるだらうかとも自問して見た。自分には今わからない。然し彼女と一緒になつた時の様な純な心にはなつて居られないことは事実だ。若し新らしい家庭を成したとしても俺の心は対手の目を盗んで彼女と彼女に連る者に通ふと思ふ。このことは神も許すと信ずるが多くの女は寛容であり得ないこと、思ふ。このことに寛容の女がゐたら結婚するか？ 寛容で無頓着だつたら物足りないと云ふであらう。そして彼女のことをも無理に忘れて女から頓着して貰ふ様に努める様になるかもわからん。然しそうなつたら俺の今のこの平和と悦びはうせる様の気がする。どうもそうらしい。

夜は点釗の母と三人の妹が来てシヤツやズボンの手入をして呉れた。暖かな温突に女達が頭を燈火に集めて静かに針を運ばせてゐる。俺の家族の様の気がする。平和だ。暖かい家庭の他何も知らない朝鮮の娘等マルタ、マリアよ、朝鮮を救ふ力は御身達にある様の気が何となくする。

二月十六日　晴

測量の講義をして午前中過した。

午後は光化門局と東亜日報と島岡の道具屋へ行つた。夜は点女等がまた来て洋服にひのしをしたり綻を繕つたりして呉れた。
仕事が済んでから花合せをした。旧暦二十日の月が出かけた時子供等を阿峴の家迄送り届けて遣つた。

二月十七日　晴
京畿道の山本君と石戸谷技師が来た。山本君は苗圃の引継に関し、石戸谷技師は樹木園の造成に関しての用務だつた。清涼里から国分君も来た。国分君と石戸谷技師は午食をして行つた。午後は又測量を教へた。
金君が来た。夜は品名辞彙の仕事をした。

二月十八日　晴
朝家を出て床屋で髪を刈つて清涼里へ行つた。月谷の仕事を見た。此の頃の暖かさで日向は地下の氷も殆んど融けた。星加君と仕事の相談をして別れた。帰途貞洞へ寄つた。貞洞にはさだちやんが泊つてゐた。さだちやんは十何年連れ添ふた亭主と別れて満洲に遠征した傑物。しかももうとうに四十の坂を越えてゐる。これからの先きの身の振り方を思案してゐた。
帰宅したら赤羽君が来てゐた。赤羽君の結婚問題や教育問題、聖書の話で一時頃迄話した。

二月十九日　晴
教会へ行くべく家を出て赤羽君と二人貞洞に寄つた。貞洞で赤羽君と別れて一人教会へ行つた。教会会議があつたが気分のだれてゐること前例を見ない程だつた。済んでから長谷川町の教会へ行つたら特別の集会らしく何時になく緊張してゐた。渡辺高才《ママ》法院長、星野鮮銀秘書とについて富田商会へ行つた。用事は仏国公使ヂヨツフ元帥に国際親和会から贈る物を見たてゝ買ふのである。朝鮮古美術品があるといゝと思ふが適当のものがないので統営産の新らしい螺鈿細工の硯箱七十円のに決定された。昼食を青木堂で三人一緒にした。

組合教会に江原小弥太の講演会があつた。話のくだらないのに驚いた。噂に聞いてゐたと同じ様に低級の奴だ。これ等の話を聴いて感心する低級の奴もあるのだから遣り切れない。

夜は行李の整理をして古手紙の処理をした。

二月二十日　晴

清涼里へ行つた。戸沢、石戸谷両技師も来た。僕今日は何となく官吏を廃めたくなつた。廃めた後何をすると云ふ目的もないが只いやな気が切にする。自然を調査観察する時は何も忘れていゝ心持になれるが人間同士の協商《ママ》になるとうんざりする。

二月廿一日

家に居て荷物の整理をしたり事務所の仕事をした。夕方京城に出て梅原氏の赤簞笥を探しかた〴〵道具屋を廻つたり園絵や園絵のお友達に贈るシヤツの類を買つた。点釼を待つて鍾路の鐘の前に立つてゐたら毎日懿寧園で働く人夫等三人に出会つた。それ等と点釼とを連れて朝鮮そば屋で一杯呑んだ。それから帰途西大門外のソルアン《ママ》タン家で飯を食べた。一ぱい十銭は安い飯だ。家には点女と漢甲が靴下のつぎをして留守番をして居て呉れた。

二月廿二日　きもちよく春雨が終日降つた。

子供に贈る小包を出した。李王家の博物館へ行つて柳さんの本の挿画にする焼物の写真をとる願書を出して、明日行くことを約束して清涼里に行つた。雨が降るので清涼里も閑散だつた。帰ると家では点釗が晩〔飯〕の用意をしてゐた。僕が此の家を去るためにゆつくり飲まうと云ふ訳だ。急に思ひ立つて赤羽君を招んだ。吉田君、隧道寺の山本君も来、春植も遅れて来た。僕は清涼里迄行つて来たにも拘らず昼食もとらず晩飯も食はずに飲んだので酔つた。然し快い程度で苦しくもなかつた。苦しくないので恐ろしい気さへした。俺は本当の酒呑みになつたのかしらとさへ思つた。然し自分の先頃うちのいやに尖つた心の先きをまるめて柔げて呉れたものは酒だ。尤も酒に対する色々の弁解は酒のよくないことを知つてゐるからでもある。

二月廿三日　曇

朝二時頃目が覚めた。腰の辺がへんにむづ〳〵するからランプをつけて検べたら麦粒の様に生白い大きいしらみが股引についてゐた。こんな奴が此の間も朝一匹発見されて無慈悲とは思つたが火あぶりに処した。点釗から侵入したのだらうが愈々俺もやもめらしくなつた。酒が覚めて空腹を感じたから床の上で冷飯を一ぱい食べた。朝になつても点釗は酒のためにか頭が痛むと云ふて起きれなかつたので彼の母を頼んで勝手元の掃除と飯のことをして貰つた。醸造試験場の園田氏等が来た。崔南炯氏が来た。午後は岩田写真師を連れて李王家の博物館へ焼物を写しに行つた。貞洞へも廻つて例の蓮花の壺を写した。夜は石戸谷さんへ行つた遊んだ。近く洋行する高等普通学校の森教諭が来て洋行談がにぎはつた。

二月廿四日　雨

朝、柳、政、小田内諸氏と本郷の兄へ手紙を書いた。今日は懿寧園に住む最後の一日だ。

午前中荷造りをしたり、事務所に出て「プランメーター」の使用法を若い連中に説明した。午後本府へ出やうかと思つて仕度したが雨がはげしいので止めて机を卓子に改造すべく細工をした。夜赤羽君と森永君が来た。懿寧園を僕が愈々去るについて遊びに来て呉れたのだ。晩飯は吉田君に招かれたので客を点釼に頼んで吉田君の処へ行つて来た。赤羽君薬酒で機嫌よくなつて大いに多弁になつた。小田内さんに送る朝鮮風俗画帖と壁に貼る画の発送を森永君に托した。

赤羽君遠慮してか泊らなかつた。

皆が帰つて行つてから風呂に入つて寝た。

寝に就く時点釼は自分の将来を委せ度いからよろしく頼むと云ふ意を述べてゐた。可愛い奴等だ。彼及彼れの一家は俺をよく理解して居るもの丶如く凡そ信頼してゐる。

二月二十五日　曇つてゐて朝のうち小雪が飛《ママ》つた。

天気がはつきりしないので引き越しを中止しやうかとさへ思つたが断行した。

荷物は馬車に一台とチゲで四荷あつた。荷の多いのに感心した。荷を全部積み出してから、家の内を掃いて温突に坐つて一服した。愈々此の家を去るのだと思ふと何とも云へない気がする。みつゑと同棲したのもそのゑの生れたのもこの家である。点釗の母は洗濯しに来て居て、僕が風呂場の入口で手を伸べたら堅い握手をして淋しい表情をした。可哀さうの気がした。点釗は僕を送つて清涼里まで来た。清涼里の新しく越して来た家には国分君が雲龍の母と人夫二人を使つてすでに来た荷を整理して居て呉れた。温突も焚かれてあつた。障子の摺り硝子の模様がいやなのと明るすぎるので点釗に朝鮮紙を張らせたら部屋が落ちついた。

夜は試験場の連中十二、三人を招いて朝鮮そばと薬酒をふるまつた。夜は急に風が出て寒むかつた。

二月二十六日　曇つてゐて寒い日、道の氷も終日殆んどとけなかつた。

昨夜清涼里に泊つた点釗が来た時、飯を済したばかりの処だつた。寝心地も食物の感じも悪くない。点釗、千龍等と一緒に京城に出た。東大門で二人に別れて黄金町の教会に行つた。井口牧師の形式的信仰と云ふ説教があつた。基督教は善人の杖でありクリストはユダをも愛し給ふと云ふた処はよかつたと思ふ。教会で赤羽森永両兄と一緒になつて女子技藝学校の展覧会〔を〕見に行つた。それから黄金町の道具屋を椅子を探して廻つたが適当のものが見当らなかつた。一時半から黄金町の佐野氏宅に日曜学校生徒の親睦談話会と云ふ風のものがあつた。赤羽君がお話しと童謡の独唱をした。割合よかつた。教師等の態度は余り感心出来なかつた。赤羽君と森永君は清涼里の僕の新らしい住家に来て、晩飯を一緒にして遊んで話した。京城からの戻りかけの千龍が寄つて遊んで、帰りがけに温突《オンドル》を焚いて呉れて行つた。

二月二十七日　晴

七時半頃起た。冬が前戻《ママ》つた様に寒むかつた。朝飯を食べていゝ心持で事務所に出た。行く路の両側の赤羽《ママ》には「かしらだか」と「ひは」の群が囀つてゐた。不意に襲来した寒気に土地が再び凍つて土をいぢる仕事は出来なかつた。懿寧園に電話で問ふたら最低温度零下十三度あつたそうな。石戸谷技師が来て造林予定地の踏査選定をした。夜は家主の息と甥とが遊びに来た。話し相手しながら手紙を書いた。

二月廿八日　晴、北風があつて寒い。

午前中事務所へ出た。午から懿寧園へ行つた。京畿道の山本君と打合せをしたり、苗圃を廻つて吉田君に実行要領を説明して点釗の家へ行つた。空腹を感じたので吉田君から貰つて来た餅を焼いて皆と食べた。皆遊んだ。学順の家に寄つた。此の家は三才の男の子を失つて悲しい色につゝまれてゐた。貞洞へ寄つて母や子供と二時間ばかり遊んで岩田へ行つて焼物の写真を受取つて、本町で買物をして石戸谷さんへ寄つて三時間ばかり遊んで電車で帰つた。夜になると電車の台数が減じて随分待たされた。待つ間風が強くて寒むかつた。夜の外出は感心しな〔い〕と思つた。帰つたら家のおかみが温突を焚き直して呉れた。

三月

三月一日　晴

月谷苗圃の仕事を視てゐたら石戸谷技師が来たので二人で月谷の部落から懿陵の方へ造林予定地の選定に廻つて懿陵の前で急に思ひ立つて済生院の農場〔を〕見に行つた。水田の畦畔、川の堤を通つて道もない様の処を朝鮮人に尋ね〳〵行つた。水落山の南東麓広々した谷合の湿原を開拓した処で孤児の寄宿舎と職員の宿舎が幾棟もあつた。屋根の全部が亜鉛葺は感じが悪い。家の組立て、間取はい丶点があるが屋敷の地相、配置等を考へてゐないらしい。訪ねて行つた上杉氏が不在だつたので孤児の一人と一緒に小鳥追をして遊んだ。彼は霞網で鳥を捕ることになか〳〵熟練してゐた。上杉夫人はその間に素麺を煮て御馳走して呉れた。

それから約一里半堤防の上を歩いて春川街道の橋の袂に出て帰つた。夜は斎室の風呂に行つて坪川君の部屋で皆と八八を一闘した。

三月二日　晴

朝試験場に出て月谷苗圃を一巡してから懿寧園に行つた。会計の事務や業務上の打合をした。京畿道の山本君は苗圃用地使用の件、奨励係の飛田君は紀念植樹用苗木選定の件で来て相談した。斎藤さんが秋月牧師、ケール氏夫妻と来て教会に植える苗木を貰ひに来た。僕の官舎にあつたものを大部分遣ることにした。夕方点釗が勧めるので彼の家に行つた。彼の家では昼食に呼ぶ積りで餅を作つたりして待つてゐたさうだ。今日は忙しかつたから来る訳にもいかなかつた。晩飯後点女、漢甲、于蘭、鉉釗等と花闘をして負けた者の手を打つて遊んだ。帰つてから宿の女将が温突を焚いて呉れたので暖かに寝た。

三月三日　曇

月谷の周囲の高い山に登つた。北漢山望月山水落山一帯の眺めは実によかつた。朝鮮の山の美しさを今更の様に感じた。石戸谷技師が来て一緒に事業地を巡つた。これから時候がよくなつて労働者等と一緒に屋外に日を過すことは愉快だ。夜斎室の風呂に行つて坪川君の処で遊んだ。雲龍の母が来て無駄話をした。

三月四日　晴

苗圃や山を巡つて事業の世話や計画をした。

夜は家主の長男が歴史の本を持つて話をして呉れと云ふて遊びに来た。

三月五日　晴

朝うす暗いうちに覚めたので蠟燭を点《つ》けてヨハネ伝を読んだ。エスの深さに新らしく触れる気がした。日曜だけれど苗圃に出て働いた。夕方赤羽君と趙君が苗圃に尋ねて来た。客と一緒に月谷から山を越えて宿に帰つて三人で薬酒を飲んだ。晩飯を済した処へ点釗が洗濯物を持つて来て呉れた。赤羽君等を送りがてら駅に出た。電車を待つてゐたが急に動議が出て酒幕に入つて四人で又少し飲んだ。十五の小女が酒を注いで呉れて歌まで唱つた。なんとなく可哀さうの気がした。

点釗と二人で帰つて同じ床に寝た。

三月六日　曇

早く起きて点釼を帰した。懿寧園の仕事に差問《つか》へては困るから朝飯も勧めずに行かせた。酒を飲んだ翌朝は何となく気が晴々して愉快だ。通じがつく加減かもわからんと思ふ。試験場には戸沢、石戸谷両技師等が来て河床整理の計画をされた。夜は斎室の風呂に入つて坪川君の部屋に鄭、朴、坪川、国分君等と花闘をした。

三月七日

懿寧園へ出た。

貞洞に寄つたり、本屋に寄つたりした。『現代三十三人集』を買つて帰つた。

夜は柳さんの『陶磁器の美』を読んだ。

三月八日

試験場の内を走り廻つた。

夜高木君が寄つて晩飯をともにして薬酒を呑んで遊んで行つた。

三月九日

柳さんから美術館の件で手紙が来たから夜宮田さんを訪問した。南宮君の碑の件で卞君に会つた。帰宅してから柳、小田内両氏と家兄に手紙を書いて夜の二時半までかゝつた。

三月十日

午前清涼里に居て午食をしてから懿寧園へ行つた。苗圃を廻つて苗木掘取運搬やその他の計画をした。帰途点釗の家に寄つて晩飯した。

三月十一日　晴

苗圃や造林地の世話で終日走り廻つた。平南の丸山技師が参観に来たので案内した。

夜は高木、赤羽両君と点釗が来て薬酒を呑んだ。赤羽君は酔つて眠つてしまひ高木君はへどを吐いて苦しがつた。高木君の帰るのを送つて点釗と二人駅前の酒幕で呑んで帰つた。赤羽君は泊つた。僕は晩く迄騒いで眠についた前のこと殆んど不覚だ。

三月十二日　晴後曇

朝体がだるかつた。昨夜の酒と寝不足のたゝりで。赤羽君と二人で出て黄金町四丁目の電車で別れて一人で戸沢博士を訪ふた。用事は今度の水原出張の随行について都合をきくためである。和泉町の今村さんを訪問して僕の清涼里に引越したことを知らせて三十分ばかり話して辞した。立見の植木屋に寄つて金氏の庭のことを頼んで懿寧園に行つた。石戸谷さんと国分君等と一緒に造林地を廻つて樹木園に移すべき木の選定をした。斎藤さんが来て夕方晩くまで僕の官舎だつた家の庭木の処分を相談した。

国分君と長谷川町の支那料理で晩飯をして一緒に戻つた。

三月十三日
苗圃に出て終日働いた。月谷の谷は苗圃と造林地とで段々美しくなる。整地や道路水路の造設も殆んど出来上つたので以前とは見違へる程に美しくなつた。土工を施すことは地殻に彫刻すること、植栽することは地表に彩色することだ。
夕方井上の風呂借りに行つた。
夜森永、挾間両兄が遊びに来た。挾間君は工業専門学校を今度卒業して八幡の製鉄所に行くさうな。森永君は此の頃感じてゐる精神上の煩悶を語つてゐた。
十一時半頃二人の客を送つて森の中の大通に出た。静かな夜の林と月は美しかつた。

三月十四日　曇つたり晴れたりして夜中に雨が降つた。
月谷で仕事を見てゐた。人夫等は可愛らしい。夜は斎室の風呂に行つた。

三月十五日　空は拭つた様にはれて附近のはんのき林には小鳥が合奏してゐた。終日快晴
懿寧園に行く途中蓬莱町の森永君の家に寄つた。彼れの父は持つてゐる朝鮮の棚と高麗焼とを今度手離すと云ふからいゝものなら相当の価で譲り受けやふと思つて見に行つたのだ。美術館に是非求めなければならん程のいゝものでもなし価も安くないので買はないことにした。懿寧園に行つたら龍山の騎兵聯隊の将校や

蘭谷の産業会社の人達その他苗木の分譲を受け度い希望の人達が来て待つてゐた。それ等の用を済してから苗圃施業上の世話をしたり会計の書類を見て帰途についた。帰途点釖がすゝめるので彼の家に行つて晩飯をともにした。彼の叔父は若い後妻を連れて今夜突然田舎から出て来て家がないので彼のせまい家に泊り込んで居た。家中の空気は変調を呈してゐた。

三月十六日　曇

月谷で苗圃の整地や山の植付の世話をした。夜は肥料に関する本を色々と読んだ。朝鮮の在来普通な糞灰に関する研究のために。糞灰が化学的に肥価を減ずることは余も認めてゐるが、その関係も時季に依り堆積場の設備により差異があり、概して京城附近の取扱法は悪くない様に思つて居たが、何れの本にも単に糞灰の不可を論じてある。自分はそれ等の論者の研究上に多くの不注意を見出した気がしてゐる。

三月十七日　晴、西北の風強し。

午前中月谷に居て午後は野草花壇を造るためにその地拵をはじめた。

夜は井上の家から若夫婦が風呂案内に来たから貰ひに行つた。

終日春の乾いた風に吹かれて走り廻ると夜は随分疲労を感じる。何をする元気もない。穴山の島津叔父の死に対する悔み手紙と春川の新田氏へ手紙を書いた。

三月十八日

野草花壇の床拵をした。湿床、乾床、肥床、陰床等に分けて造つて見た。始《ママ》めての試みであるからどんな成績を得るか分らんが、こうして置くと高山植物、薬用植物、観賞野草、新種、珍品などの生態観察が出来る訳だ。全体百二十坪あるから夏時はいゝ遊び場にもなると思ふ。

夕方林原から風呂の迎へながらいゝだこの煮たのを持つて来て呉れたが、疲れたので風呂は行かなかつた。

三月十九日　曇夕方雨、夜雷電、雨

野菜園は大体あらましの形が出来た。延人夫約二十人かゝつた。夕方は雨のため少し早く止めたが終〔日〕働くと少し疲労を覚える。夜は『現代三十三人集』のうちを三篇ばかり読んだ。此処にゐると赤羽君か森永君か点釗でも来る外誰も来ないから一寸淋しい気がする時がある。宿の女将が時に入口から顔を出して亭主が妾と夢中になつてゐて困る話をする。林原の嫁が鶏卵を七つ持つて風呂を知らせに来て呉れたが降るからよした。

三月廿日　朝晴れかけて居て北風と一緒に急に寒くなり、雪が飛び地面が氷り出した。夕方も夜も寒かつた。

朝急に寒くなつたので人夫は皆逃げて帰つて行つた。造林地や樹木園の計画のために石戸谷技師と二人で山を廻つた〔が〕寒むかつた。会計事務の整理をしたり暖炉のはたでぢようだんを云つたりして三時頃宿に戻つた。有賀君からはがきを貰つたので返事を出したり、不破君、政君、清水等にはがきを書いて京城に出た。貞洞へ酒粕を持つて行つた。貞洞で皆と一緒に夕食をして嫂と音楽会に行つた。音楽会はアメリカン、ニグローので教会にあつた。総じて実に滑稽なくだらないものだつた。しまいには随分いやになつた。赤羽君等と一緒になつて森永君と三人で青木堂でお茶を飲んで別れた。東大門から清涼里に来る電車の最終のにやう〳〵間に合つた。随分寒むかつた。甲州辺の厳寒位の感じがした。宿の女将温突を焚いて呉れた。又明日は土地が凍つて仕事は出来さうもない。春の日に働くのは楽しみだ。春の働く日は僕の最も得意の日だ。喜ばしき日だ。自然から教はつた造林上の多くの知恵を機を得たら書いて見たく思ふ。従来の砂防造林やその工事には随分自然と縁の遠い仕方が多い。自然が告げた方法を実証して見たい。

三月二十一日　晴、朝は随分寒むかつた。地表が二寸位氷つてゐて土を掘る仕事は出来な〔い〕程だ。

山の砂防工事などは土が凍つてゐるのと寒いのとで出来なかつた。苗圃は土壌試験の床の作成と堆肥の積替、苗木の仮植などをした。朴君に殻斗科《カクト》樹種の播種造林の仕様を示して午後から実行を担任して貰つた。野草園も安君によつて殆んど地拵が仕上つた。三時半頃宿に戻つた。途中林中の大通に団成社の活動写真隊がゐて自動車を走らせて悪漢の活動する真似をして撮影してゐた。随分いやな下等の趣味をそゝる職業があつたものだ。本家は亜米利加らしい気がする。昨夜の音楽会と云ひ米国趣味はいやだ。

本間君と百合子さんの結婚式が長谷川町の教会にあつてそれに行つた。五時から始まつた。形の如くして済んだ。法廷の宣告の様の処は変な気がした。自然の懐にあつて悦ぶ雀の結婚の様に、或は水素と酸素が化合して水になる時の様に勇ましく二つの元素に自由の輝きがあつたら美しいと思つた。広い野原にでも出て二人きりで心行くばかりに祈つて唱つて結婚式をしたらどうだらうなんて思つたりした。式の後で教会の役員、殖産銀行、善隣商業学校の人達と一緒にファミリーホテルの食堂で晩飯をうけた。

概して先づ以て感じのいゝ結婚式だつた。日本の今の制度のあらゆる形式のうち此の式などは先づいゝ方だと思つた。河野野郷氏が平常冷淡の様であつた基督教に厚意を示してゐたのは今日娘の式をして貰つたからと云ふでなく心から出る或る真実さがあつた様に思ふ。それは現今の宗教のうち結婚や生死に対する思想の実際的なのは基督教が一番であるからと思ふ。又愛する娘を人手に渡すと云ふ様の時信仰によつて保証を得自ら安心し度い心も随分働いてゐると思ふ。

三月廿二日　晴

苗圃と砂防植栽地の仕事を視てゐた。監督者が若いのと仕事のことをよく了解してゐないのに閉口する。

夕方林原の風呂借りに行つた。

懿寧園から吉田君と点釖が来た。吉田君は関、橋本君等が云ふことを聴かなくて困る、此の頃毎日懶《なま》けてゐて仕様がないとこぼしていた。

四十過ぎてゐて若い小僧共を使ひ得ない吉田君にも困るが働くことを喜べない若い者にも困る。気の毒の人達だ。点釖は淋しがつてゐた。二人に酒を出したが誰もいくらも飲まなかつた。俺もいやだつた。二人が帰つてから『三十三人集』を読んだ。感心する力のあるものは見附からない。これも寝ながら読む本の部類だ。

三月二十三日　雪

起きたら雪が積つてゐた。しかも盛んに降つてゐた。家移りしてから以来日中家に居たのは今日はじめてだ。移転の時の荷物は荒縄のかかつた儘のものもあるので少し部屋と荷の整理をした。雪はなかなか止まない。十二時頃には五寸以上も積つた。朝鮮（京城）には珍らしい大雪だ。しかも三月の末になつてだから尚更珍しい。

政君、台湾の太田さんや外数氏に手紙を出したり、心静かに考へたり祈つたりした。

夜は早く寝た。

三月廿四日　晴

雪は測つてみたら一尺積つてゐた。

事務所迄五、六町の間道は二、三人歩いた跡があるだけで吹雪で吹き溜つた処はすねの上まであつた。事務所には朴君一人ゐて他は誰もゐなかつた。永い間の労苦を慰するため京城に出たものが多いらしい。降雪人夫を呼びに遣つたが鉄道の方へ傭はれてしまつて来る人はなかつた。月谷へ行つたら星加君の家の附近で昨夜小鳥が死んだのを今朝拾つたと云ふ。又昨日は餓えた鳥を数羽生捕りしたと云ふ話をきいた。又それらの現物も見た。それらはミヤマホ、ジロ、ホ、ジロ、カハラヒハ、カヤ、カシラタカなどだつた。そしてそれ等は何れも老鳥だつた。昨日終日の風雪に食餌が摂れなかつた処へ夜の寒気で斃れたものらしい。天然のあの楽天家の小鳥さへも災害を蒙る。彼等の最期はこんな時に来るものらしい。雲龍の家に来たら子供が今朝五羽の小鳥の屍体を拾つて焼いて食つたと云ふ。一昨年の六月降雹のあつた時小鳥の負傷者を見たが朝鮮の気候の急激なのに驚く。兎狩にかこつけて山を小狗の様に駆け廻つた。兎の足跡は無かつた。清凉寺に行つたら不格好の尼等がゐた。石戸谷技師、田添技手等も来て鄭君の家で酒を飲んだ。夜は僕の処へ星加、国分、吉田諸君が来て遊んだ。酒は少し飲んで話がはづんだ。教育、婦人などの問題に。吉田君は泊つた。

三月廿五日

月谷の山で雪上播種造林の種子の移動調査をしたり、苗圃の融雪促進について仕掛をした。赤羽君から使が来て手紙を見たら清涼寺に張君等と来てゐるとあるので行つて一緒に飲んだ。張、朴、羅諸君だつた。中村工学士が独乙から版画を買つて来たのを特に見せて呉れると云ふので、それに四時に行くことを橋本さんと約束をしてあるので、赤羽を誘つて蓬莱町まで行つた。途中の道は随分わるかつた。中村さんは色々見せて呉れた。まだ荷の着かないものもあり、着いたもので東京に送り出してしまつたものもあるさうで、それ等を見ることが出来なかつたことは残念だつたが、現にある御自慢の品はいづれも余り感心しないものだつた。作者はブツキングが大部分で刷方だけは精巧だつた。レムプラント、レーベンス、セガンテニイなども僅かあつた。ジユーラーのはい丶ものが少なかつた。独乙は此の頃マルクの価がさがつたため安く物が買へるさうな。ジユーラーのマツペーなどは拾数枚入つてゐて日本価で二十四銭位のものだと云つてゐた。二円四十銭でも安い。十円でも高くない。銭も貴いものだ。僅かの金で今なら独乙からいいものが買へる。中村さんも少しい丶ものを買つて来たらよかつたと思ふ。

赤羽君と清涼里に戻つたら張君等寺から下りて来たので又〔一〕緒に駅前の酒幕に入つて飲んだ。僕飲み度くなかつた。

三月廿六日　晴後曇

黄金町の教会へ行つた。大嶋先生の説教があつた。例の運命論だが少しよかつた。石戸谷さんへ寄つたら日野の婆さんが居て無駄話をして笑つた。四時半頃帰宅したら全君が来てゐて十時過まで話した。全君病弱で気の毒だが善良な頭脳のい、良い青年だ。しきりに勉強したがつてゐる。今彼れが企て、ゐる遊学は彼の前途に幸福をもたらさない気がするので少し反対して遣つた。

三月廿七日

午前中月谷で播種造林の種子と消雪との関係の観察をして午後は阿峴に行つた。

懿寧園ではドロ類の鑑定をして穂切の準備をした。夕方帰らうとしたら点釗の父が迎へに来てゐたのでついて行つて、一緒に晩飯を食べて花闘をして娘等と遊んだ。

三月廿八日

南面の地は雪が大部分消えたので造林をはじめた。

夜全君と金君が遊びに来た。

二人とも今東京に苦学に行きたがつてゐる。只矢鱈東京に行くことに反対して遣つた。

日鮮問題や宗教の話をして晩くまでしやべつた。

三月二十九日　晴時々曇

家兄が東京から戻つたと云ふことを嫂から電話で知らせ〔てき〕た。仕事を済してから夜貞洞へ行つた。東京の話や旅行中の話を聞いた。支那の小皿を五枚貰つた。富本氏から贈つて呉れた画も貰つた。

晩くまで話してゐたので帰途東大門から電車がなくて徒歩した。

三月三十日　晴
先日の雪は殆んど消へた。

苗圃も造林も仕事は進捗してゐる。

戸沢技師と水原の鈴木教授が視に来た。

家兄も来たさうだが会へなかつた。宿に置手紙があつた。赤羽君生徒を連れて遊びに来て一人泊つて行つた。駅前へ晩飯食ひに出て途中林原の風呂を借りた。晩飯は酒幕でして酒も飲んだ。

三月三十一日　晴
月谷で苗圃と砂防植栽の世話をした。昼食の時、田添技手が戸沢技師の命令で砂防植栽を止める様にとのことを伝へて来た。理由は研究の余地があると云ふことである。俺は少しいやな気がした。無論研究の余地のあることは俺も始めから知つてゐる。研究試験をせんがために実行してゐるのだ。従つて成功するものも不成功に終るものもあると思ふ。その結果を知るのが目的である。博士とか技師とか云ふても彼等は此の忙しい春に薄暗い部屋に引籠つて旅費の勘定や人事のことばかり心配してゐるのだ。忙しい時と云ふよりも春は恵まれた時だ。造林家の最得意な時。今日あるために自分達が一年中飼はれてゐたと云ふ気さへする時だ。総督府は属官の仕事をするために博士を雇ひ入れはしないと思ふ。現場へ出ても来ないで折角油が乗つて仕掛けてゐる仕事を止めろとは不都合だと思ふ。そのため俺は事業の計画書を出して印を取つてある。そのことも忘れてゐるらしい。兎に角予定通り進行させて行く。後は後のことだ。云ふなりにしてゐたら春は過ぎてしまふ。苗木は芽を出して土地は乾くばかりだ。

学者の寝言ばかり気にして自然の力を知らない者の多いのにうんざりする。彼等は仕事よりも自分にもよく解せない様の屁理屈を有難がつてゐる。卓上技師と名〔付〕けて遣る。林業試験場は林学研究所でない。学も軽くは見ないが其れ等を基礎とした林業について考へなくてならんと思ふ。又成功した技や業を科学的に説明することに努めなくてはならんと思ふ。食事中このことを考へて興奮してしまつた。

夜斎室の風呂に行つた。雲龍の家に娘等が四人集まつてゐた。坪川君等の仲間も皆寄つた。僕もゐて風呂から上つてから笑談してゐて無意識に其処に在り合せの煙草を三、四本つゞけさまに飲んだら酔つて苦しくなつた。坪川君の処で暫時休息して帰つて寝たが一時随分苦しかつた。これはかつてない経験だ。煙草は酒より悪いと思つた。否俺に適しないと思つた。今日の問題の亢奮や風呂上りなども関係してゐると思ふ。

四月

四月一日　晴

懿寧園へ朝から行つて野草園を掘つた。清涼里に移植するために。柱〔桂〕洞の金性洙氏が植木屋を連れて来た。僕の庭の木を遣つた。野草の掘取は夕方までかゝつた。随分沢山あつた。

帰途阿峴に廻つて点釗の家に寄つて見た。娘等二人ゐた。晩飯をして行けとしきりにとめたがすぐ出た。竹添町で髪を摘んで貞洞へ寄つてそれから和田ドクトルの家に行つた。行く時家が分らんので附近の交番で尋ねたら巡査が連れて行つた呉れた。俺は京城で巡査から此の深切をうけたのははじめてだ。気味の悪い気さへした。行つて見たら和田さんの向ひの家が京畿道の警務部長の官舎だつた。和田さん〔宅〕では住宅新築の祝の意味らしく渡辺さん斎藤さん両夫婦、吉松府尹、ソウルプレスの何とか云ふ西洋人夫婦と戸塚さんが招かれてゐた。僕は木村君に頼まれて少しばかり不用の木を遣つたのでよばれたのらしい。主人は和田英作画伯の兄弟ださうな、同氏の画も部屋にあつた。伊藤公や東郷伯の書など自慢してゐた。家は広く贅沢に出来てゐた。御馳走もよかつた。娘と西洋夫人がピアノも弾いてきかせた。主人は猟自慢で珍しい雉を見せた。それは牝の装をした牡、牡の装をした牝の標本である。

四月二日　晴

朝から三時頃まで野草花壇の植込をしてその後山地の砂防植栽を実地について考究した。

夜は食道園で金性洙氏の馳走になつた。羅君と僕と三人に妓生が三人ゐた。金露玉、金昭花、鄭柳緑と云ふ名ださうな。讃美歌や鮮語《ママ》の追分など唱ふのがあつた。日本の藝妓の様に猥態の処がないので気持がよかつた。全く卑猥の心は起らない。形も美しい。朝鮮の歌を聴くとうつとりして仕舞ふ。皆より先きに辞して十時半頃出たが、東大門に来たらも早清涼里に帰る電車はなくて家まで歩いた。酒がきいてゐたので途中足元が少しふら〳〵して気持よかつた。

四月三日　晴

七時頃起きて急いで仕度をして奨忠壇に行つた。着いたのは九時頃だつた。奨励係の連中は大分集つてゐた。

今日の紀念植樹は天候がい丶から随分盛大だつた。自動車と馬車の数も十余あつた。着飾つた女も多かつた。総督やその他の大官も来た。俺の今日の役割は苗木配付と準備方だつた。

客の帰つて行つてから折詰の昼食と酒が出て山林課の親睦会に化けた。高木君等と早めに抜けて朝鮮人子供の運動会を見に廻つたが昼食休み中で見得なかつた。田添氏と高木君の家で遊んで三人又揃つて石戸谷さんの処へ行つた。主人は植樹地から帰りを飲み廻つて九時頃迄も帰らなかつた。無駄話をして笑ひ興じて遊び晩飯の馳走になつて十一時頃帰宅した。

四月四日

本府に出て新年度の予算の実行計画をした。夕方帰途鍾路の町を久振りに歩いた。珍らしいものも見付からなかつた。測候所へ寄つて見たが窪田君〔は〕居なかつた。奮発して桂洞まで行つたが赤羽君も張君も居なかつた。清涼里駅前の宿の主人の酒幕に寄つて汁掛飯を食べて夕飯にした。夜斎室の風呂に行つて鄭君の家で遊んだ。帰つてから四、五枚はがきを書いた。

四月五日　晴、暖かつた。

月谷で砂防と苗圃の仕事をしたり、新年度の事業実行計画書を拵へたりした。

宿では明日寒食だと云ふので夜餅を拵へた。親戚の嫁も手伝ひに来て殆んど寝ずに拵へた。僕も一時間ばかり手伝つて遣つた。餅は中に餡を入れて小さい蛤位の格好に拵へ底に穴のある植木鉢様の瓮《かめ》に松葉を敷いて餅を並べ、又松葉を敷いて餅を入れ次第に入れて瓮に充たし瓮を釜にのせて蒸すのだ。名をセンピヨンと呼ぶ。

四月六日　晴後曇

終日山と苗圃で働いた。直接仕事を担当してゐる若い連中がなか〱思ふ様に気が利かないので骨が折れる。どうも熱心さが足りない気がする。今日も床苗試験の遣り方が余り粗末なので遂〔に〕憤慨してしまつた。造林するにしても何十人かの人の植へる樹々が皆自分の意志の満足する地点に植へられることを望んでゐる様でなくてはならないと思ふ。さうなる様に努力するべきである。どうも直接実行者の頭の働きが足りないのに閉口する。

宿の女将今夜はいやに曇〔つ〕てゐる。それには色々の訳がある様に観測される。今日寒食で彼女と彼女の母と兄と三人でその父の墓参をして昨夜のセンピヨンを供へて泣いて来たからでもあるらしい。又彼女の夫の仕打ちが万事無情であるからでもある。五十余の老人でありながら二十一の妾を蓄へて駅前に料理屋を出し彼女との間に生れた実子も勉強を口実に彼れの膝下に連れ寄せて、彼女に老婆と幼い子供二人を委せて置いて、彼れは二十日に一度位しか寄り附かずにゐて、今度又彼女の住んでゐる家の越房も下房も他人に貸せる《ママ》約束をしたらしい。しかも彼女に何の相談もなしに。彼女等は一間半の内房に四人住まなければならなくなつたのだ。此の事件は少なからず彼女を悲観させてしまつたらしい。彼女は主人とは二十以上若く四人目の後妻で面相は美しくないが気前がよくて働き者だ。彼女は時々云ふ、「主人の虐待と気苦労や骨折やで躰をこはしてしまつた」と。甲府の伯母のことを思ひ出す。伯母はよくそんな様のことを云ひつゝ道楽者の主人より長生きしてゐる。

夜点釗が遊びに来た。今度清涼詰になつたので家のことなど心配して相談に来たのだ。

四月七日　曇

砂防造林で終日働いた。砂防植栽に関する色々の事項を観察するために試験的の施業をもした。砂防の目的で従来各所で行つてゐる張芝工事は植樹と云ふことを考へることに不足してゐる。実際に於て張芝工事をした処に植えて見ると植樹し得る場所の少ないのに気がつく。寧ろ置土法によつて適当の場所に適宜に植える方が木自身にとつても有利であると思へる。従つて山林の砂防にも効果あることゝ思ふ。地元の造成林木の成育によつて林地の土砂を安定させることは従来の膏薬式の張芝工より有効であることゝ信ずる。

今度施業した山は僅か五反歩余であるが仕掛は複雑だ。植えた木が全部活着するために近いうちに一雨欲しい。二、三年後が楽しみだ。伐倒した造林支障木の処分の件で夜戸沢技師を訪ねた。用は簡単に済んだ。一時間半ばかり話して辞した。話は試験場の事業や其の他の計画に関するものであつた。雑誌記者の様の調査をしたり、其の時々の御都合主義で藝者の様に調子ばかり合せてゐる者や仕事の趣意を了解し得ない者には困ると云ふ話もされた。場長も気がついてゐるだけ感心だと思つた。同僚のことだから避けて黙したが俺などは常に思つてゐた。彼等には自然の或物を握らう、不思議を解〔ら〕ふ、活きた力に触れ様と云ふ慾求が殆んどない。学校で習つた人形の様の知識を弄んで偉がつてゐる。一体何学校を卒業したと云ふことを看板にして飯を食はふと云ふ考へが救はれない考へだ。此のことを承知してゐるのは石戸谷技師一人位のものだ。他の連中どうもまだ本気でない様だ。本気で今の様だ〔つた〕ら悲観してしまふ。本気になつたら何かすること、信じて本気になる時の早く来ることを希ふ。銭勘定と自家のことばかり考へて、時間で勉める藝者の様の者ばかり多いのに驚く。いやに権利ばかり主張して不平を云ふ時だけ大言をしてゐる。彼等とつき合ふことはいゝ加減に切り上げ度くは思つてゐるが折がない。今夜も造林と苗圃を場長の直轄にして僕に委せると云ふた。引受けてもいゝが今引受けたら一生朝鮮の林業に尽す決心がなくてはならんと思ふ。職を転換するにしても今のうちだが。此の際よく考へなくてはならんと思ふ。俺は此の頃造林上の業務については幾分の自信を得て来た。自信と云ふと言ひ過ぎるとしたら自然から学ぶべき態度に気がついて来た。

それに人夫等と親しむことにも愉快を感じてゐる。へぼな画かきなんかになりそくなつて乞食をするより、朝鮮の山を青くすることに努力した方が人類は喜ぶかも分らん。小さい画面に彩色するより地球に彩色する方が増《ママ》しかも分らん。然し自分と考へを異にしてゐる者に寵用される時は危険がある。いやな奴等と伍して生きることには険がある。今夜は妙に興奮した。自分の体のことも考へなくてはならん。妻が死んで去年の秋から冬中変に弱つてゐたのが、二月春の仕事を始めて以来毎日の労働、主に山を歩くことによつてすつかり回復し、此の頃では毎日山上の太い野糞の快味を感ずる様になつた。他の人の様に風邪さへ引かないのを見ると僕の躰に適してゐるのかも知らん。

兎に角健康で興味を持つて働いてゐることは幸福だ。

四月八日　晴時々曇
朝少し早く起きて畑中の井に顔洗ひに出た。い丶気持だつた。苗圃や造林地をぐる〱廻つて世話をして暮した。

四月九日　晴
朝は気持ちがよかつた。

播種造林をした。

苗圃の門を立てたり、池に物洗場を造つた。

砂防植栽は殆んど済んだ。

普通植栽も人夫を増したので進捗した。

夕方政君からの手紙を受けた。小野牧師の世話で甲府に居る婦人と結婚しないかと云ふ勧めがあつた。夜その断りをかねて政君に近状〔況〕を知らせた。

四月十日　晴

播種造林に関する試験施業をしたり、普通植栽地を廻つたりした。夕方から斎室前の池の魚漁りの仲間になつた。最大のカムルチと鮒を僕がつかまえた。
夜貞洞へ行つた。兄の持つて来た画の本を見た。芦田の子息が東京の学校から帰つてゐて、さだやんの家出した後の善後策を相談して居た。

四月十一日　晴
午後二時半から斎室の広間で宴会がはじまつた。試験係の者全部と庶務から二、三人と課長まで来た。朴君が妓生を二人連れて来た。皆随分元気よく飲んだ様だつた。造林の済んだ祝と小出さんの送別会を兼ねての会だ。午飯も晩飯も食はずに飲んだので少し酩酊した。課長と庁舎の裏山へ酒を持つて登つたことから後は少し意識が切れ〴〵の処がある。兎に角終りは鄭君の家に居て鄭君に送られて家に戻つた。金等が三、四人一緒について来たらしかつた。九時頃だつたと思ふ。酒の量は多くなかつたが空腹のためにまいつてしまつた。近来にない酩酊振をしてしまつた。

四月十二日
朝頭も悪くなし寝覚はよかつた。大雨の後の様の気がする。放蕩子息の父の家に帰つた様の気がしてゐる。自分は今後酒に対しその他の行動に対し如何になすべきかも考へてゐる。俺は父の家に帰らなくてはならん。
（朝記）
普通に事務所に出た。月谷で種子の処分をしたり野草園にツ、ジやライラックの種子を下したりした。

余り酔はなかつた人に聞くと昨日僕のしたことで意識してゐないことが数々あつた。自分の半面で自分も知らなかつた一面を見せられた様の気がする。

午後は星加君と懿寧園へ行つて苗圃と古い造林地を廻つて見た。

鍾路の鐘の側の家で冷麺を食べて夕飯にした。夜金君が遊びに来た。金君今度中央学校に入ることになつたと云ふて喜んでゐた。

昨夜は酒を呑んで騒いだと云ふだけで大禍のなかつたことは嬉しい。俺は以後酒を謹しむ様になるだらう。

四月十三日　曇。夕方雨模様だつたが僅か落ちて止んだ。

事務所で幼植物の写生をして暮した。も少し僕の眼が達者だつたらいゝが微細なものを書いたり検べたりするのは適当して居ない。

夕方赤羽君が生徒を四人連れて遊びに来た。一緒に駅に出て朝鮮そばを食べた。

赤羽君等は帰つて行つた。

夕景色はよかつた。家の裏の小山に登つた。

澄んだ心になつて歓喜に満ちて祈つた。

平の石に腰を卸して『ドストエフスキーの一生と藝術』を読んだ。此の本いゝ本だ。此の頃毎朝事務所へ行く途中読んでゐる。朝の林内の大通の空気はいゝ。此の道を静かに本を見ながら歩むのは愉快だ。

夜朴君が本府からの帰途寄つた。

職員の業務分担が決定されたこと、僕が苗圃の担当になつたことを知つた。

四月十四日

造林地の引継ぎをするために野路技手と山を廻つた。石戸谷技師も一緒だつた。午後高橋技手も加はつて雇員の林業夫の所属を協議した。林業夫等の志望を徴して見たら苗圃を希望するものは少なかつた。これまで長い月日苗圃に居たものが苗圃を去り度い希望を聞くと何となく変な気がした。苗圃を嫌つたものは全部なまけものだつた。苗圃の仕事を大体覚えたから更に進んで他の業務を習得しやうと云ふのでなくて地味な仕事、はげしい労働をいとふて逃げ出した連中だ。或る意味の落伍者だ。奇妙なことには彼等の居ないことは苗圃の損失にならないのみか利益がある気さへする。只彼等本人の為に思ふと種子を数へることや試験管を振ることは手きれいで科学的らしいが、何年働いても助手らしい助手にもなれず他に傭はれる途もなくて後悔する時が来さうの気がする。尤もその頃より前に又飽きて他へ転ずるであらう。試験の仕事などは例へ助手にでも仕事そのものに厚意を持つてゐなくては駄目だ。仕事を理解せしむると云ふ様のことはむづかしいにしても厚意を有つて喜んで働く者でなくては困る。嫌いな者は却つて害になる。土工や物の運搬なら人足の数が多ければ多いだけ仕事の量も進捗する訳であるが此の仕事だけはそうはいかない。結局僕の方は星加、関、金、朴、吉田、李の六人になつた。

夜貞洞へ行つて夕食を食べて兄と道具屋へ行つて二、三点買つて南大門通で別れて小出さんを旭町の宿に訪ふた。小出さんは大学院に席を置いて本府嘱托《ママ》の名で朝鮮の木工調査をして居たが今度帰東するさうな。余り晩くまで話してしまつたので東大門から電車がなくて十二時頃一里半の道を歩いた。

四月十五日

月谷の山で播種造林の試験施業をした。

夕方京城に出て道具屋廻りをした。

出張する準備の買物もした。

石戸谷さんへ寄つて夕食の御馳走になつて話して帰つた。

旅立ちの仕度をして一時頃までかゝつた。

四月十六日

五時半頃起きて食事をして出かけ様とした時朴君が来た。一緒に出た。

清涼里で六時半の元山行列車に乗つて十二時頃洗浦に着いて朝鮮の冷麺を食べて人夫を傭つて荷を持たせて歩き出した。

広い高原を横ぎり峠を越えて蘭谷に着いたのは三時半だつた。途中の景色は少し変つて居た。樹木が大きくなつたり道路が変更されたり、家屋が殖えたりしてゐた。特に一里半の間荒野であつた原は産業会社の農場になつて独乙人の技師まで居て蒸汽《ママ》仕掛の耕作機で耕してゐた。独乙人の労働振には感心する。此の地の耕作には機械力も人間の根気も必要の条件に違いないが畜産と提携して肥料を得ることも必要だと思つた。すべて此等の大事業、自然力に多くたよる性質のものは有機的施業を必要とする。

本を見たり朴君と碁を打つたりして時を過した。

四月十七日

起きて見たら雪が積つてゐた。二寸位あつた。牧馬場へ行つて造林地を一通り視て廻つた。夕方国分君と草花とりに出かけた。キスミレ、エンゴサク、リウキンクワなど咲いてゐた。雪は殆んど全部消えて南面の日溜は草の芽萌へが美しかつた。夜は坪川君も来て一緒に寝た。

四月十八日

造林地の地拵えをはじめた。午前中は農具の調査（蘭谷の朝鮮在来）をしたり現場に居たりして午後は坪川、国分両君と一緒になつて野草や樹木を漁つて野となく山となく歩いた。

夜は男沢さんが宿に来て朴君等と碁を打つたりして遊んで行つた。

四月十九日

九時頃宿を立つて帰途についた。

宿の人達は皆い丶人等だつた。主人は五十五才の老人で女将は三十七で後妻ださうな。子供は先妻の分が男三人で三人とも牧場に勤めて居る。そのうち一番年下の子供は先年男沢さんの処で見たことがある。飯炊に来てゐてよく居眠をして居たのを覚えて居る。それが今年十八才で昨年の秋十五才の嫁を貰つたのださうな。後妻の分は男二人女二人で十三才を頭に末の子は今年の二月生れたばかりだ。此の辺に来ると若い嫁や少女等は矢鱈美しい。露西亜の小説に見る様な女が多い。途中荷物を負つて呉れた崔書房と冗談を云ひ〱駅迄来た。

洗浦で食事をして崔にも濁酒と冷麺をとつて遣つて別れた。

車中は『ドストイエフスキーの一生と藝術』を一息に見てしまつた。随分感心し興奮した。

六時過ぎに家に帰つた。部屋は飾つてゐた。部屋内も整頓してあつたが何から何まで手が入つてあつた。何故なら僕の置き方と違つた方法で排《なら》べられてあるからすぐわかつた。不在中に物を他人から調べられるのは好まない。尤も僕は家を出発してから車中で考へたのだつけ。「不在中ろくな戸締もなし泥棒が入つたらどうする。とられるものは洋服と本と美術館の焼物四、五点だ。どれもとられたら迷惑するが無ければないなりに又何とかする。僕は一体変な荷が多すぎる。少しとられたら思ひ切つて身軽になることが出来るかもわからん」。こんなことを考へたら何も心配なくなつて楽になつた。それ丈け思ひ切つて居ながら品物の位置が少し変つて置かれてある位で気まづくなるなどは自分ながら少し妙だと思つたが仕方ない。

宿の女将と老婆のいたづららしい。

女将は主人の妾が里へ行つたので主人に召致されて泊りに行つた。亭主と別れて暮してゐた彼女はいやに神経質になつて常に不快な色を現はして居たが、今夜は晴々してゐた。出る時も元気よく挨拶して行つた。彼女のために此の幸福がつゞくといゝと思つた。

四月二十日

事務所に出た。

斎室前の中島のビヤクシンの大樹を今度出来る正門附近に移すために働いた。

夕方赤羽君と森永君が遊びに来た。

宿で暫く遊んでから晩飯食べに駅に出た。

例の酒幕に入つて薬酒と醤汁飯を食べた。

酒を多く飲ませるためにあらゆる手段を弄する小女に愛想をつかした。家に生ひ《ママ》附きの小娘がいやに威張つて買はれて来てゐる奴をいぢめるのが癪に触る。買はれてきてゐる方は栄養不良かなにかで痩せてゐていやにおど〳〵してゐて猿の様だ。面白くないから早く出た。附近の酒幕に酔ひどれの喧嘩があつて多数の人が集まつてゐた。僕等も一寸行つて見た。その見物人のうちに試験場の辺と柳もゐた。辺が美しい洋服を着てゐるのに気がついて蘭谷での話を思ひ出した。それは辺が国分君の留守番を引き請けてゐながら夜になると国分君の新調した洋服を引張り出して京城やなんか遊び廻ると云ふことだ。矢張り本当だなと思つた。他人の不在中にその人の品物や手紙を見たりすることは随分下品な不徳だ。且又自分の分に不相応の身装《ママ》をして知らぬ人の前で幅をきかせやうと云ふ様の考へは甚だしく悪い。

帰途彼等と一緒になつてその不可を説いてやつた。辺は何とか蚊《ママ》とか云い訳けをして体裁をつくろつてゐた。此奴救はれない代物だと云ふ感じが直ぐした。然し彼等も少しは感激したらしく僕の家まで来て上つて話しを聞いてゐた。辺の此の種の不徳は遺伝か家風か一家皆にあるらしい。

僕の宿でも僕が一寸ゐなくなると子供か大人か知らぬが必ず部屋に侵入する癖になつてゐるらしい。物がなくならないにして〔も〕随分悪いいやな気がする。今日もその跡がはつきりしてゐる。西洋人の様に出入の度毎に錠をかける必要を思つた。

四月二十一日

月谷で播種造林に関する調査をした。

夕食後貞洞へ行つたり本町で買物をしたりした。買つたものは、朝鮮の古い字典三冊とヘルメット帽子などだ。

四月廿二日　曇つてゐて降りさうの模様もあつたが、なか〳〵降らずに夜になつて晴れてしまつた。先月の二十三日に大雪があつて以来殆んど一度も降らない。圃地も山も随分乾いた。

苗圃を廻つたり幼植物の写生をしたりして暮した。夕方太平町の李泓植君が趙君を連れて遊びに来た。清涼寺に案内して夕飯を共にした。僅かの酒に二人とも上機嫌で帰つて行つた。夜斎室に行つたが今夜は風呂がなかつた。清涼里の夜は蛙の声だけ聞えて淋しく静かだ。

四月廿三日　曇夕方小雨

日曜日を日直で出勤した。幼植物の写生を二、三枚してから星加君や苗圃人夫達と川狩をした。ウナギ、フナ、ドゼウや名も知らない奇妙な形をした小魚が沢山とれた。川の中に入つて走り廻るのも久し振りでなか〳〵愉快だつた。午食は事務所で人夫等と一緒にした。川魚の南蕃《ママ》味噌煮で薬酒一杯呑んで皆御機嫌よかつた。夕方佐藤、田添両氏が宿に寄つて行つた。柳、小田内外二、三氏に手紙を書いた。夜点釼が来たので連れて隣家に今日開店した清水館へ行つた。清水館は僕と同じ家主の家に京城から来た者が飯と酒を売る店だ。折角日曜を当て込んで開業したのに広告がしてないのと、雨模様とで一人も客がなかつた。僕が先頭だつた。そのうちに家主も三人連れで来た。一緒に呑んだ。皆より先きに帰つて早く寝た。

四月廿四日　雨

しつとり春雨らしく降つて朝の気持は随分よかつた。雨の中を懿寧園に行つた。自分が住まなくなつたと云ふ気のせいか荒れた様の気がした。白樺の並木が伐られたり垣の側〔の〕柏がぼう〳〵したり木を掘つた跡の穴がそのまゝあつたりするせいもある。山桜は美しく咲いてゐた。緑にまじつて咲く山桜は特に美しく思つた。古い書類や図書の処分をしたり苗圃を廻つて調査をしたりした。家兄からの電話で赤ん坊の生れたことを知つた。三時頃から行つて見た。嫂も赤ん坊も元気よかつた。男の子なので母が特に勇んでゐた。僕も愉快に思つた。晩飯を食べて八時頃辞した。骨董屋や本屋をのぞいて大和町の榎本氏を訪ふて金百円戸棚の代を渡した。

四月廿五日　曇後晴

事務所に出て幼植物の写生をしたり月谷で苗圃の世話をしたりした。夕方少し早く戻つて草花の種子を下した。夕方の景色は実によかつた。赤楊と柳の林。北漢山の遠望、樅の並木、空の色は特別だつた。夕食後木履を穿いて林内の大道を散歩した。

明朝の景色を楽しむために今夜は早く寝ることにする。

四月廿六日

苗圃で成績調査をしたり造林地を視て廻つたりした。夜は蘭谷の人達や他へ五、六通のはがきを書いたり本を見たりした。

四月廿七日

朝はやく阿峴に向つた。途中貞洞へ寄つた。赤ん坊の様子をとうために。皆無事だつたが牧栄が風邪で寝てゐた。懿寧園で樹木園に植へる樹木を掘つたり不用物品の返納をしたりして書類や図書をも発送した。午食を高木君と二人吉田君の家で馳走になり、帰途は阿峴に出て点女の家に寄つて阿峴で電車に乗つた。点女と漢甲だけゐて元気だつた。貞洞へ又寄つたら赤ん坊に名がまだないと云ふ。郎の字をつけて何とか渋い名をと云ふ母の注文。それで僕が悦労とつけて遣つたら、音はロウでも労の字はいやだと云ふて反対があつた。それに此の間赤ん坊の生れた日、兄と論談した。製作は苦痛だとか、労作は悦びだとか云ふ問題も思ひ浮べた。皆が労働、労作を悦ぶ家風を作る上から標語にしてもいゝなど思つた。兄が不在だつたから戻つてからどう裁決するかわからん。夕方は清涼里の樹木園に今日の樹木を植へたり宿の庭に野菜を植えたりして晩くなつた。つかれたので宿の老婆と一話してゐたら三春が来た。三春は晩くまで話して遊んで行つた。

四月廿八日　晴れてむし暑い日だつた。

朝五時半頃起きて宿のものを起した。宿の親戚の今年十七才になる若い嫁は起きて朝飯の仕度をした。六時半に食べて待つてゐたら人夫が集まつた。事務所の前に集まつた時高木君も来た。今日は樹物採集と砂防造林の実況視察の目的で北漢山へ行くのだ。人夫三人と高木君と僕と五人。月谷から加五里に出て山に入つた。牛耳洞の桜も散つた後だつた。牛耳洞から数町の奥の沢に望んだ斜面に高麗焼の窯跡を見つけた。喜んで破片を集めてゐたら人夫が来てそんなものなら此の上の方に沢山あると教へて呉れた。行つて見たらなる程沢山あつた。そこが真の窯跡で最初の処は仕事場らしかつた。最初の処からは乳棒の様なものや変な格好の器物の破片が発見された。窯跡の隣に更に素焼の窯跡があつた。焼いたものは青磁と簡単なぞうがんもので随分美しい色も出て居た。道詵寺で昼食をして白雲台に登つた。往十里から来た五人の婦人が同じく登つたのを見て感心した。婦人の一行は四十五が一番若くて老いたのは六十二になると云ふ人達であるのに此の険を冒すとは只呆れる外ない。此の山は頂上に近い処が嶮しくて嶮しくて絶嶮と云ふよりも寧ろ危険の処だ。日本で僕の登つた八ケ岳、金峰山などの比でない。日本アルプスの山中に育つた高木君すら驚いてゐた。峯の岩上には僅かの土層があつてライラックやシモツケの種類が一面に生えてゐた。問題の岩レンゲウも掘つた。今迄冠岳山のみで採つた。白花のカラタエウツギも採つたし、野花も色々採つた。

登山すると身も心も清々する。頂上で送つた十数分は独りでに祈りの心だつた。又特に危険の道を通つた二、三分の間は実に何物をも忘れて岩に唯しがみついて過ぎた。朝鮮の老婦人等の勇敢なのには感心する。寺詣りをして尊い仏像の前に跪くよりは、此の岩上を歩かせられた方が多くの人は真剣になるだらうと思つたりした。

帰途は山の上腹を一周して再び道詵寺に下りた。加五里に近い山麓で朝見た窯跡と同じ様の窯跡を発見した。五人連の婦人達は後になり先きになりして清涼里の近くまで同じ道を来て別れた。家に着いたのは八時頃だつた。随分つかれた。夜点釗が来たが話しもし度くなかつた。何処に行つたか分らんと云ふて心配して居た宿の女将が夜晩く戻つて来て今日の始末を物語つた。それは僕の出発する時宿の十五になる伜が親爺にせつかんされてゐた。そのせつかんが惨酷で実に未だかつて見たことのない乱暴さであつた。原因は子供が親の言もきかず学校へ行くと云ふて活動写真へ行つたり金をごまかして酒屋へ遊びに行つたりしたさうな。小僧もよくない。此の子供は僕の不在中に部屋を荒して色々のものを持ち出したりして居る。然し親爺の打ち方もひどい。長三尺ばかりの雑木の棒がこな〳〵に叩き折れてしまつた。僕が止めたので漸く廃めて口でゆつくり話すことになつた。老婆や他人が止めてもどん〳〵突き飛ばして叩いた。静まつたので僕は出発したのだが、そのうちに又以前よりも一層はげしく叩いて耳や口から血を流した程だつたそうな。この子は妾の子だが本妻に子がないので実子同様育て、去年妾が死んだから尚更本妻になついてゐる。同じ家に居てさへ僕今日迄本妻の子とばかり思つてゐた。本妻が子供に代つて極力詫びても親爺なか〳〵きかない。それのみか本妻にくつてか、るので見てもゐられず止めも出来ずに家を逃げ出したものらしい。戻つた時の女将はヒステリーがつのつてゐて弱つてゐた。僕疲れて慰める力もなかつたが話ししてゐる間に稍元気づいて終りには晴々した笑ひ方もした。

四月廿九日　霧があつて雨気の様だつたが午後すつかり晴れた。

野草園に昨日の収穫を植えて月谷へ行つた。午後一度月谷を廻つて土曜日だから早退した。それに随分疲れてゐる。石戸谷技師が寄つて遊んで行つた。貞洞の赤ん坊の七夜に招かれて行つた。

四月三十日　晴

山梨県人の郷友会が竹内逓信局長の官舎庭内にあつた。余り乗気もしないが同郷の人達にも久しく会はないから出て見ようと云ふ気がして出掛けた。急に赤羽君に会ひ度い様の気がしたので電車を途中で下りて桂洞へ行つて見た。趙君だけで赤羽君は居なかつた。別に用もないのだが気ぬけがした。県人会には知らない人が多かつた。大島さんや斎藤さん夫妻が客分として見えてゐた。河野さんの一家と同座で食事をした。運動会がはじまりかけた時一人で帰つた。途中大阪屋へ寄つて本間俊平さんの『労働と信仰』と関氏の『天候と人生』を買つて来た。夕方から夜にかけて『労働と信仰』を読んだ。変な国家主義がちよい〳〵見えていけないが今時に珍らしいいゝ人だと思つた。どの牧師の説教より気が利いてゐて元気がある。

五月

五月一日

月谷苗圃と野草園で過した。

夕方赤羽君が来たので二人で一緒に風呂に入つて宿に帰つて話した。晩飯を駅の冷麵家でした。赤羽君と駅で別れて帰つて本を見た。

五月二日

夜明け頃から腹痛を感じた。昨夜の冷麵と少量だつたがビールが悪るかつたらしい。宿の老婆も云ふた。夜の冷麵はよくないと。こんな処に独りゐて病気すると気がひける。八時頃起きて朝飯も食べずに事務所へ出た。元気がなくて何もするのもいやだつた。それでも苗圃や山を廻つた。夕方何時もより早く五時頃帰つて寝ようとしたが宿の嫁が砧《きぬた》を無遠慮に叩くのでどうしても眠むられなかつた。それに今日は珍しく方、朴、金、柳、辺の母など引き続き推〔押〕しかけて来たので休めなかつた。夜は早く寝た。

五月三日

苗圃と野草園で働いた。どうも下腹の工合ひが変だ。気晴ししやうと思つて夕方川に鈎を垂れたが針を木の根にかけてしまつて一尾も釣れなかつた。夜は柳さんと小田内さんと政君に手紙を書いた。

五月四日

苗圃で床苗の状況と土壌の保有する水分の蒸発量調査に関する装置を考案してとりつけた。午後は林内を漁り廻つて天然種生苗の幼植物の調査とその標本採集をした。夜は小田内さんの「朝鮮の地方住家」と「朝鮮部落調査の過程」を読んだ。

五月五日

昨日装置した地面蒸発の観測が結果を示したのは愉快だつた。午後地中の湿度観測器を考察して細工をした。どうもなか〳〵うまく出来ない。やう〳〵仕上げたが改良の余地が随分あることに気がついてゐる。今度拵える時はも少しよく出来ると思ふ。夕食後千家の詩を持つて林内の大道を歩いた。何とも云へぬいゝ気持だ。若葉がしつとりして空気が澄んで北漢山や望月山が森の上から見える。山の線も空の色も美しい。斎室へ行つて風呂に入つた。月がよかつた。帰つて政君に手紙を書いた。

五月六日

起きて見たら珍しく雨になつてゐた。林の中の大通を木履を穿いて歩いたら何となく落き着いた気持になつた。事務所では午迄幼植物の写生をした。渡辺夫人からはがきが来て話しがあると云ふから午後雨の中を出て行つた。話と云ふのは例の女のことであつた。写真も見せた。太つてゐて体格はよかつた。本人に関する色々の説明をしてゐた。俺は結婚するかしないかの先決問題が決つてゐないから対手の説明をいくらして呉れても乗気になれない。女中か行儀見習かしらないが、あアした家庭の空気を吸つた者はなか〳〵済度し難いものだ。京城に呼ぶから交際して見ないかとも云つた。僕は今自分に与えられてゐる境遇に感謝と正しい興味を感じてゐる。少しもみじめとは考へてゐない。従つて自分からあせつて此の境遇から遁れ様とし度くない。それより大切な問題を考へてゐる。それは自分の終生を尽すべき仕事のことだ。結婚など若しするとしてもそれが定まつてからがい丶と思ふ。寧ろそうしなくてはならん。自分を理解し仕事を理解する女でなくてはなるまい。それとも自分が全力を尽して同情する様の女が現れた時はあべこべの現象を呈するかもわからん。俺は本気になつて主の御声をきかなければならん。祈らなければならん。主は何かの御用に召すことを信じてゐる。朝鮮の現状を思ひ日本の前途を思ふと涙が出る。人類は迷つてゐる。何と云ふ恐ろしい迷の道だらう。教会の迷方を見ると恐ろしい。渡辺さんを辞して太平町の道具やへ寄つて貞洞へ行つた。変りもなかつた。晩飯を食べて兄と話して十時頃帰途についた。

五月七日

日直で事務所に出た。『労働と信仰』を読んで半日過した。赤羽君と森永君が遊びに来たので安君、佐藤君等も一緒になつて網を張つて魚を漁つた。漁つた魚を料理して鄭君から酒を貰つて大勢で食事をした。赤羽君上機嫌になつてゐた。高木君が教会の小女等を連れて遊びに来た。小女等は皆洋服を着てゐた。軽快でい丶と思つた。日本の婦人にも此処四、五年中には洋装する者が多くなることだらう。少なくも学生は大部分洋服になると思ふ。それにしても朝鮮服の用ひられないのは変だと思ふ。軽快な点に於て優美な点に於て洋服に譲らないと思ふ。赤羽君何を感じたか不意に帰つて行つた。尤も京城に出ることを僕にも勧めたが乗気がしなかつた。彼はドストイエフスキーのものを読んで感心してゐる。そしてその夢を見てゐるらしい。森永君も彼れの後を追つて間もなく帰つた。そのうちに三春が来たので事務所を締めさせて僕も帰つた。疲れてゐたので寝た。晩飯を食はずに寝たので宿の女将が心配して葛湯を拵えて呉れた。

五月八日

苗圃の成績調査やその他の手入の世話をして月谷で過した。夜は小雨の中を斎室の風呂に行つた。

五月九日

播種造林の成績調査をしたり苗圃で観察をしたりした。夕方五時頃退けてスケツチに出たら試験場に働きに出る男が居たからそれで附近の山を歩いた。その男朝鮮将棋がうまいと云ふから家に連れて来て一場教はつた。夕方朴君が寄つてパインアップルを食べて行つた。

五月十日

朝一寸事務所に出て懿寧園に出かけた。途中鍾路通りで朝鮮農具の調査を三四軒の鍛冶屋についてした。懿寧園には午頃着いた。天然生と苗圃に生えた種生苗の調査と採集をした。多田君から草花の苗を貰つて渼芹洞の兄のアテリエ《ママ》の前に植えて遣らうと思つて寄つたら居なかつた。貞洞に寄つて三十分ばかり休んで出た。石戸谷技師の家へ寄つて晩飯の御馳走になつて例の通り話に花を咲かせて十一時過ぎに帰宅。宿の女将腹痛で随分苦しがつてゐたので人蔘エキスと火を点けた懐炉を遣つた。

五月十一日

事務所に出て昨日採集した幼植物の整理と写生をした。郷里から農林学校を出たと云ふ青年が突然尋ねて来た。用はどこかに奉職口を探して呉れと云ふことだつた。又郷里のもので朝鮮の田舎の郡庁に居た五味がそこを廃めて行政講習所に入つたと云ふて来た。彼れは常人より少し調子が外れてゐる。僕の目から見ると現状で大禍〔過〕なく勤まつたら結構だと思つてゐるのに、彼に云はせると昇給が遅いとか山役人など四十すぎたらやり度くないから若いうちに転職したと。彼れには属官の事務など不適当なこと明かだが自分には気がつかない。常に不平を云ふこと、体裁を飾ることときり考へてゐない奴にも閉口する。それがまた仕事でも出来る奴なら勝手にさせるが兎角わからない奴だから遣り切れない。僕の注意の言葉が少し気に掛つたと見えて機嫌を悪くして戻つて行つた。暗くなつたのと夕立の後の小雨のため自転車を置いて傘を持つて行つた。五味も朝鮮食を平気で食べただけは感心だ。夜は『世界の批判』に出たパウエルの日本の朝鮮統治政策と柳さんの其の批評を読んだ。此の雑誌は今日柳さんから送つて呉れたのだ。政治家としては適当であり公正の批判振りであるがまだ両者の内面的の大切なものにふれてゐない。柳さんに手紙を書いて寝た。

五月十二日

大正十二年度の予算編成のため本府へ出た。途中往復の電車の内で「タウンセンド、ハリスを愁ふ」を雑誌『世界の批判』で読んだ。そしてハリスの態度に感心し且つ感謝した。木村荘太のそれに対する批評はつまらない処が多いと思つた。夕景色は例によつてよかつた。聖書を持つて山へ行つた。夜は早く寝た。

五月十三日

午前中苗圃の仕事と幼植物の調査をした。本府から戸沢、石戸谷両技師、田添技手等が来た。午後は場内を一緒に廻つたりさし網で魚を漁つたりした。飯炊の三春が居ないので昼飯を食べなかつたので空腹を感じた。此の頃酒を飲んで見ようと云ふ心持にならない。此処に越して来た当座はよく時々飲んだ。そしてそれが習慣になりはしまいかと気づかつたこともあつた程だつた。寒い日に火のない部屋に戻つても家に帰つた気がしない。仕度をとつても躰がくつろがない。何となく全身に血が廻つて居ない様の気がした。少量の薬酒を飲んで始《ママ》めて人間らしい気分になつた位だ。処が此の頃は特に勧められでもしなければ進んで飲まうとはしない。勧められても飲まないかもわからん。特別の動機もない様だが半分は生理作用から来て居るらしい。此の前坪川君の処で戯れに吸つた煙草で酔つて以来今日まで煙草を手にして見ようと云ふ気さへ起らない。これなどは殆んど全く生理的作用と見ることが出来る。

僕の体はこの頃冬頃より本調子になつて来たらしい。本を見ても遂げて見て居られる。

五月十四日　曇つて降りさうでゐて降らずに済んだ。

京城に出た。

朝の鍾路通りを歩いた。

小間物屋、荒物屋、金物屋などをのぞいて歩くのは興味が多い。又大通で朝鮮人の歩行を眺めるのも面白い。

黄金町の教会に入つた。高木君と杉山君とが日曜学校でお話をしてゐた。

井口先生の説教はルカ伝第十五章の放蕩息子のたとへ話の処だつた。説教の要点は人が自由を欲するのはい、が自由を欲して勝手に行動して却つて不自由におち入ることがある。例へば凧が一条の糸に継がれてゐるその糸を邪魔にして此の糸だになければ遠く星の世界にも行けやうものをと思つたとする。つまり継がれてゐることを不自由に思ふとする。処が何かのはづみにその絲が切れたとする。そうすると自由処か風のまに〳〵吹き飛ばされて地上に落ちなければならん。吾人の自由は神に結ばれて得る自由でなければならん。それから百の羊の内一を失つた羊牧の話や十枚の銀の内一枚を失つた婦の話をして失つたもの、元に還ることの悦びを説いた。井口さん苦労してゐるだけ話は何時もしつかりしてゐる。然し思つた。このことは僕が何時も考へて感謝してゐることだが、此の放蕩息子の話をする時自分達の学ばなければならんことを教会では忘れてゐる感がある。それは家に残つて真面目に働いてゐた兄息子の態度に就てである。現今の基督信徒の大部分は此の兄息子の様なものである。父の膝下に身だけ置いて心は離れてゐる。父の最大の悦びを共に味ふことが出来ない。僕は最大の悦びに与るために放蕩するがい、と云ふのではない。自分達自身は生れながら精神的放蕩児であるからいかに真面目の積りでゐてもすでに放蕩してゐる。父の心をいためてゐるのである。自分達が非難を悔ひ父の懐に帰つた時天に於て大なる悦びがあるのである。美しい自然を見てそのうちに融け込んだ時我が心は美に満たされ喜びは湧くのである。この悦びのないものは宗教家でも藝術家でも詩人でもない。今の牧師等は兄息子の様に教会にだけにたて籠つて信徒倍加とか一々主義とか云つて不純の忠義だてばかりしてゐる。こんなことで法悦は味へまい。十五章の末尾にある兄の態度はも少し注意して読まれてい、と思ふ。クリストが特に戒めて自らを義とする者を教へたものと思ふ。「子よ爾は常に我と共にあり、また我所有は皆なんぢの為なり」と父は云ふてゐる。自分達は神の懐にあり、又すべてのものすべてを与へられてゐながらそのことすら忘れて不平を云つたりする。又何等の感奮もなく生きることは淋しい。自分達は父から見たら兄息子であり又弟息子である。罪に生れた人間は常に起ちて父に往かんと云ふた時の放蕩息子の様に謙遜になつて父の祝福をうけなければならん。

放蕩してゐる子のために父が如何に心をかけてゐるかを考へると難有《ママ》すぎる。この放蕩児が父を認めなかつたら、例へば父が死んでしまつて居たら、別の言葉で云ふと父あるを知らない未信の徒であつたら彼れは救はれなかつたと思ふ。帰る処がないからである。

神を知ることは何と云ふ幸だ。自分の不用意の間にも絶えず神は人々を心にかけてゐて呉れることを思ふことは何と云ふ幸だ。

僕は今日此の幸を思ひ返しては感謝し喜んだ。兄の処へ寄つて兄の仕事をする傍で話した。朝鮮問題や教会の話や今の放蕩児に関する感想など話した。兄は朝鮮美術展覧会の門前に飾る噴水のあひるを拵へてゐた。

二人でぶら〳〵市中に出て道具ややなんかのぞいて明治町でうどんを食つた。兄は噴水の用事で水道課に寄つた。黄金町で別れて清涼里に帰つた。

五月十五日

事務所に出て事業竣功報告の整理をした。

建築課員から新築庁舎の引継を受けるために立会した。月谷で地毛植物の生育状況調査をした。新庁舎の引継を受けた第一日の宿直番に当つたので、点釗に夜具を背負はせて行つて泊つた。風呂済して宿直室に入つた。点釗、三春、朴書房が来た。用意して行つた薬酒を四人で飲んだ。新築の祝の印に機嫌よくなつて彼等は帰つて行つた。僕も何も忘れて一睡して夜半に覚めた。胸は動悸が打つて不思議な恐怖を感じてゐた。それはこんな夢を見てゐたからだ。五、六才の男の子に催眠術をかけて胸に五、六寸の釘を打ち込んで何か藝をさせて大勢で見て居る。そのうちに僕も居た。そして僕が可哀さうだと云ふてその釘を抜いて遣つたらその子が眠〔り〕から覚めて僕を追ひ駆けるのだ。そして却つて僕を怨んでゐるらしい。僕が催眠術をかける者に制して呉れと頼んでも制して呉れない。窮して夢から覚めた処だつた。寝て居ても気が静まらないので外に出やうと思つて宿直室の玄関に出たら正面に前の閔妃の陵が有明の月に淋しく見えてひやりとした。外を歩いて小便して寝た。此の家は陵を掘り返した跡であり山中の一軒屋であり周囲が余り広々してゐるので特に淋しい。俺は普通ならこんな処に独り寝泊りすること平気だが今夜は夢のために少し変になつた。閔妃の最後など考へたせいもある。

五月十六日

事務所に出て主に内業をした。九里面に農業をしてゐる日本人が栗の造林上に関する相談に来たので知つたことを話して遣つた。

事務所からの帰途永徽園の横に準備中の李王孫晋殿下の墓地を見た。此の子供の一生は実につまらぬ政治的の道具に、尚適切に云へば訳の分らぬ小役人のおもちやにされてしまつた感がある。何の必要あつて生れてまだ一年にも満たない小児が気候の異《ママ》ふ朝鮮まで来て自動車に乗せられて引張り廻されなければならんのか。小児がどの位の力のあるもの位は知つてゐる筈である。礼儀は大人の従ふべき道である。道具に使はれた小児こそ迷惑である。世子殿下にしても自分の故国に帰りながら敵国以上の警戒によつて日を暮ら〔さ〕なければならんとは不幸の事だ。警備の役人等が自分のお勤めの申訳に大袈裟の警戒もし過る感はある。一体日本人の役人はいやに功を急ぐ悪い癖がある。朝鮮がまだ平穏でないなら王世子など連れて来なければいゝのだ。どんな才子が来ても二年や三年に朝鮮の思想を新にすることは出来ない。荒れた山を青くすることは出来ない。此の民族全体をして日本人に厚意をいだかせる訳にはいかない。死を恐れない義の人、命を与へる愛の人が出なければならない。自分の地位を考へ、金の相談にばかり本気になり、自家の子供の事きり心配しない輩に動かされる霊は昔からない。朝鮮の前途は実に多事だと思ふ。

五月十七日
苗圃と事務所で仕事をした。元山林課の庶務主任だつた小川氏が今李王職に居るので王孫の墓地に関する用で来た序に試験場を見に来た。王孫殿下埋葬の式は午後一時頃あつた様だつた。四方の田舎から見物に集る人々は随分多かつた。僕もその時刻に小川氏と二人見物しやうと思つて門前まで出たら大勢の見物人が潮の様に逆に寄せて来た。聞けば巡査に追ひ払はれたのだと云ふ。僕等も巡査にどなられる不快をさけるためにそのまゝ引き返した。夕方斎室の風呂に行つて高木君のゐる宿直室で遊んだ。高木君は引越祝にビールやサイダーやリンゴを買つた。

五月十八日
朝から雨が降つた。事務所で幼植物の写生をした。建築課員が新築庁舎を調べに来て立会した。夕方は少〔し〕早めに退けて帰つた。雨ははげしく降つた。三春が迎へに来て佐藤君が宿直室に越して来た祝に御馳走すると云ふから行つた。又ビールやサイダーが出た。雨が降るので宿直室に泊つた。高木君と晩くまで話した。政君一家とそのゑの居る写真が来た。うれしかつた。

五月十九日

朝宿に戻つて朝飯をして事務所に出たら本府から懿寧園の物品検査をするから立会ひしろと云ふので全君と二人阿峴に行つた。本府からは小ケ倉属と是松君が来た。台帳の照合と現品調査に一時間ばかりか、つた。皆で吉田君の処で午飯の御馳走になつて別れた。それから山本隧道番の処と点釗の家に立寄つて渼芹洞の兄の処へ寄つた。左官が来てゐて仕事も大分進捗してゐた。夕方帰つた処へ点釗が風呂の知らせに来たから斎室へ行つた。高木君等の処へ乾葡萄を一包持つて寄つて又遊んだ。

五月二十日

事務所に出たら柳さんから手紙が来てゐた。

問題はパウエルの朝鮮に関する論文のことだつた。あの論文を見た時興奮して書いた手紙の返事だ。兎も角自分達の考は一致してゐる。朝鮮の現状に無くてならぬものを満たすことのために自分達は幾分でも役立ちたい意を強くした。

苗圃で溜池から灌漑水を導く水道を拵える世話をした。

事務所の裏の岡にヒバのをとりを置いて霞網を張つたが駄目だつた。宿直室で佐藤君の易の本を見て高木、田添、朴君等と笑ひ興じた。佐藤君は本式の遣り方で皆の易を見た。易も妙なものだと思つた。然し出た卦の判断が随分色々になる。そして判断者以上のことは云へない。つまり判断者の世界より外のことは判らないのだ。起きた卦は自分で判断すると却つてなか〳〵面白いと思つた。俺の短所と長所が示された気がした。然し普通の人が不幸と思ふことも自分には喜びであつたり、他人が幸福と希ふこともさ程望んでゐないことが多い。クリストの死を易者が見たら非業の死と呼ぶだらうから。

五月二十一日

旭町の教会へ行つた。牧師が居なくてスミス氏が説教をした。題は「今のエリコ街道」と云ふてよきサマリアの人のたとへ話をとつて吾人は隣人に深切にし進んで人道の改善に益さなければならんと云ふ処に結んだ。処々着想のいゝ処はあつたがいやに亜米利加式の処があつていやな感じがした。貞洞へ寄つて郷里の小宮山さんの来てゐることを知つて渼芹洞の兄の家へ行つてそこで会つた。四時頃から兄と三人で道具屋廻りをした。小堺さんも訪ねた。夜は貞洞で遊んで晩くなつて泊つた。

五月二十二日

小宮山さんと二人で清涼里に来て試験場の内を案内して廻つた。事務所で昼食をして午後は少し早退した。宿で話したり本を見たり焼物など見せたりして夕方斎室の風呂へ二人で行つて序に高木君を誘つて清涼寺で晩飯を一緒にした。小宮山兄は僕の家で寝た。

柳兄から『朝鮮の美術』を貰つた。

五月二十三日

小宮山兄と村の入口の路上で別れて兄は京城へ僕は事務所へ出た。

午後の一時に約束に依つてパゴダ公園で小宮山兄と再《ま》た会つて一緒にソルランタンを食べて道具屋廻りをした。色々買つた。美術館のためにも本や壺を買つて昨日貰つた俸給を全部遣つてしまつた。夜は貞洞で晩飯をした。

五月二十四日

朝事務所に出て苗圃の人夫を一人連れて出て小宮山兄の来るを待つた。一時間待つて駅前で一緒になつた。今日は北漢山へ行くのだ。

東大門外で電車を下り北進、北漢山の東麓から文殊菴へ上つた。途中も相変らず談じた。帰途は南麓へ下りて洗剣亭から北門に出た。その途中の酒幕でマツカリを飲んだ。飲んだと云ふより酒幕味を味つて旅の興を添へた。人夫は喜んで飲んだ。貞洞で夕食をして三人揃つて骨董屋へ行つた。北米倉町の吉田で小宮〔山〕兄の買物数点をした。その間に又時間がたつて最終の電車に遅れたので貞洞に引き返して泊つた。

五月二十五日

苗圃で終日仕事を見た。

夕方薬水の下流で水浴をした。

夜赤羽君が遊びに来た。彼は愈々学校を廃める意を決してゐた。色々話して泊つた。

五月二十六日
赤羽君と二人試験場内を歩いた。

苗圃では井戸掘をした。

赤羽君は写生をして廻つて事務所の食堂で皆と一緒に昼食して出て行つた。僕は夕方まで苗圃の井戸掘を視てゐて五時頃京城に出た。貞洞に寄つて渼芹洞へ行つた。家兄は展覧会に出す雲雀を楽しんでゐる支那人の仕上をしてゐた。

赤羽君も居た。仕事場をかたづけてから兄がビールの御馳走をした。それから僕と赤羽君は点釗の処へ結婚式の祝に招かれて行つた。式は済んでゐた。女の客が沢山ゐた。酒やそばや餅が出た。花嫁も体が大きくてよさそうに見えた。清涼里から行つた学順等四、五人と一緒に食べて僕と赤羽君だけ先きに辞して貞洞に寄つた。小宮山兄も荷造を整へてゐた。晩くなつたのと明朝同兄を送る便利とで又泊り込んだ。

五月二十七日
朝家兄と二人で小宮山兄を東大門駅に見送りに出た。処が発車時刻が最近変更になつてゐて五分ばかり前に発車してしまつてゐた。急行の十時まで待つと二時間余になるから見送りせずに失敬して清涼里に帰つた。今日も又井戸掘をした。思つたより水量が多いので仕事は困難だが安心した。
午後魚とりをした。土曜なので居残つた者七、八人で新池の干た処を漁つた。凡そ二貫匁位もとつた。急の動機で高木君の家で一杯飲むことになつた。清涼里在住の場員十数人集つた。そして飲んであばれた。皆踊つたりさはいだりした。僕も酒の量は多くなかつたが空腹に飲んであばれたのですつかりまい〔つ〕てしまつた。

五月二十八日

目が覚めて三春の部屋に二人で寝てゐることを知つた。気持が悪かつた。鄭君の深切でスープや味噌汁や卵や葛湯を飲んで午食の時までに元気になつた。

　床の内で謹慎してゐた。

酒を飲むことのつまらなさを感じた。

京城から鄭君の友人が来て僕も一緒に鄭君の処で午食をして居たら本間君が花嫁百合子さん同伴で遊びに来た。皆で一緒に飲んだり食つたりした。然し僕はどうしても酒だけは呑めなかつた。本間君達を案内して場内を歩いた。

　夕方独りで理髪をして夜は早く寝た。

五月二十九日

苗圃の仕事を見たり幼植物の写生をしたりした。夕方薬水へ行つて沐浴をしたり飲用を一瓶汲んで来た。夜三春が遊びに来た。

　龍岡へこう《マ》せ《マ》んの御礼〔の〕手紙を書いた。

五月三十日　朝から小雨が降つた。

事務所で仕事をしてゐたら扶余に居る長谷部氏が来たので二人で家に戻つて京城に出た。支那人の処で昼食して別れて土木局へ行つて苗圃の実験室新築の打合をして本府の試験室へ行つた。そこで朝鮮播種造林概況書を書いた。夜は長谷部氏と話した。兄弟でも小宮山氏とは異つて口重だ。

五月三十一日

長谷部氏と一緒に家を出て氏は京城へ、僕は事務所に行つた。播種造林に関する回答案を書いて半日過した。昼食の時点釗の披露があつて斎室の広間で場員約二十人集つて会食した。午後は事務所前庭の道路計画をするのを手伝つた。長谷部氏と約束があるので急いで貞洞へ行つたがそこに居なかつたので又急いで引き返した。氏はすでに帰つて待つてゐた。二人で尼寺へ行つて晩食をした。夜高市君が遊びに来た。

六月

六月一日

逗留中だつた長谷部氏は朝立つた。

事務所では樹木幼植物の写生をした。

夜は貞洞へ招かれて行つた。江華の三枝君と高見氏が来てゐた。夕食後家兄と三枝君と僕と三人で道具屋廻りをした。

六月二日

事務所に出て昨日と同様の仕事をした。

夕方昨日の約束によつて家兄と三枝君が来た。集めた陶器の破片など見てから三人で清凉寺へ飯食ひに行つた。松の疎に生えてゐる白い砂山の頂上で落日を眺めながら尼の料理を食べた。東銀も鄭君の処から僕の着物を持つて来て呉れて一緒に食事をした。食事の済んだ頃は京城一帯の電燈がはつきり見えて月が明かるくなつてゐた。

家に戻つたら森永君が来てゐて三枝君等は帰つて行つた。森永君は色々の話しをして十一時すぎに立つた。赤羽君のこと、森永君の此頃知り出した婦人のことなど話した。

六月三日

月谷で播種造林の成績を調べた。

午後は早退して朝鮮美術展覧会を見た。書や文人画を美術品として見ることは少し妙な気がした。洋画と彫刻はいゝものが先づなかつた。東洋画にはいゝのがあつた。余りごたくしてゐるのと光線の工合ひが悪いので見にくいからすぐ出た。

雨が降り出した。石戸谷氏の宅で晩飯の御馳走になつて本町で買物をして夕立晴れの市街を歩いて青年会前から電車に乗つて帰つた。


六月四日　朝小雨が降つたが八時頃から晴れて城壁廻り。

午前八時頃貞洞へ行つた。三枝君等はまだ起きたばかりの処だつた。仕度をせかせて家兄と三枝君と僕と三人西大門跡から踏み出して京城の旧城郭廻りにかゝつた。はじめに仁旺山に登つた。山には稍険阻の処もあつたが岩の上には大概足を掛ける踏み板が切つてあつた。山上から京城市街を見下ろすとごみくしてきたなく見えた。大地の皮膚病の様だ。人間等も寄生虫としか見えない。大地を支配してゐる者とは見えない。西方の平原となだらかな丘陵北方の巍々たる男性的の連山を眺めてゐると、教会で牧師の苦しい泣言を聞くより真の言葉が響いて来る気がした。

北門へ下りて一休し夏蜜柑など食べて白岳山に登つた。僅かの険もあつたが小道は続いてゐた。山頂で休んで又眺めた。朝鮮人の学生等も二、三人ゐた。城外の農家も美しく見えた。東大門に下つて附近の氷屋でビールとサイダーを飲んで昼食をした。それから松の茂つた淋しい道を城壁伝ひに東大門に向つた。東大門の近くは西洋人の土地になつてゐて鉄条網が張つてあつて通れなかつた。それから光熙門を過ぎて南山に登つた。南山の薬水は美味だつた。山頂にはケヤキやエンジユの大樹があつて岱《ママ》地になつてゐた。氷屋も店を出してゐた。冷しビールの一本を分けて飲んだ。少し下ると朝鮮神社の工事をしてゐた。美しい城壁は壊はされ、壮麗な門は取除けられて、似つきもしない崇敬を強制する様な神社など巨額の金を費して建てたりするの《ママ》役人等の腹がわからない。山上から眺めると景福宮内の新築庁舎など実に馬鹿らしくて腹が立つ。白岳や勤政殿や慶会楼や光化門の間に無理剛《ママ》情に割り込んで坐り込んでゐる処は如何にもづう〳〵しい。然もそれ等の建物の調和を破つていかにも意地悪く見える。白岳の山のある間永久に日本人の恥をさらしてゐる様にも見える。朝鮮神社も永久に日鮮両民族の融和を計る根本の力を有してゐないばかりか、これから又問題の的にもなることであらう。山を下りて南大門に出て西大門跡から朝の発足点に戻つて貞洞へ帰つた。今日の遠足は愉快だつた。道中は話しつゞけた。藝術、宗教、教育、その他の諸問題は引き切りなしに出た。城壁廻りも今後何年かの後には出来なくなるだらう。今でさへ開かなくなつたり道が塞がれたりした処が多い。それに城壁の完全に残つてゐる部分は実に少ない。総督府は新らしく下らないものを造るより城壁破壊の取締でも考へさうのものだ。石材は盗み放第〔題〕になつてゐる。李朝の遺跡の湮滅をはかつてゐるのでもあるまい。都市計画などする者はよろしく城壁廻りでもして山の上から大都市を見下ろして施設を案ずる用《ママ》があると思ふ。隣家と五寸、一尺の境界争ひをしてゐる連中、もぐらの様に家のなかにばかり這入り込んで考へてゐるのだからたまらない。

貞洞で晩飯をして三枝君を南大門駅へ送つて夜は教会の音楽会へ行つた。

ケーブル氏とスミス氏の合唱はよかつた。スミスさんの歌は何時もいゝ。西洋人等が他の集会に出るために会の半ばに出て行つた後は、日本人等の三部合唱や会集一同〔の〕歌があつたが皆不出来だつた。いゝ料理を食べた後に不出来の料理を食べた様に終りがさつぱりしなかつた。途中で坪川君や星加君と一緒になつて清涼里に戻つた。

六月五日　晴れ、夜雨

事務所で幼植物を調べたり苗圃を巡つたりした。午頃河野さんの一家が遊びに来た。夜は点釗が来て遊んだ。彼は花嫁と一緒に暮したいこと、従つて一家を挙げて清涼里に越して来たいが一緒に置いて呉れまいかと云ふてゐた。出来るだけ心配してやらうと思ふ。

六月六日

夕方事務所から帰りの足で宿の主人に会つて今僕の居る家の全部を借りる交渉をしたが、家賃が馬鹿に高いのに閉口してしまつた。何れ又相談し直すことにして別れた。高木君も宿直室から飛び出したがつて僕に同居を申込んで来た。高木〔君が〕晩く迄話して遊んで行つた。村の男も将棋さしに来た。

六月七日

午前中事務〔所〕にゐて午後は本府に出た。

本府の下らない役所風の空気は一寸ですつかりあてられてしまふ。

今村さんを訪ねて美術館の預け物の移転について打合せをした。

貞洞へ寄つたが兄は居なかつた。焼物の本を見て遊んでゐて夕飯の馳走になつて出た。

秋月牧師を訪問して音楽会の相談をしやうと思つたが不在だつた。奥さんに話して貰ふ様に頼んで帰宅。
夜は雷雨がはげしかつた。
柳、政君、挟間、田添、富本の諸氏へ手紙を書いた。

六月八日
昨夜の雨の害はなかつた〔か〕と思つて苗圃へ真先きに行つて見た。何ともなかつた。
苗圃の調査をした。三時頃出て専売局へ行つた。今村さんはも早や退けた後だつた。新築官舎の方へ行つて見たら自動車に乗つて来てゐた。課長や高官連の官舎はよく出来てゐたが、末輩連の官舎はみじめに建て並べられてあつた。
懿寧園は樹木が茂つて鬱陶しい程になつてゐた。苗圃を一周して調査をした。中央学校の羅氏と偶然一緒になつて帰途支那料理で晩飯をした。床屋で髪を摘んで赤羽を訪問してやつた。山本、趙、森永諸兄と生徒等が五人来て居た。赤羽君稍元気になつてゐた。此の分なら学校を廃めること思ひ止るかも分らん。雨が小降りの様子を見て辞して出たら学校の門まで来た時生徒が追つ駆けて来る。赤羽君からと云ふて蜂蜜を一瓶呉れた。

六月九日　午前中大雨
昨日懿寧園で採集して来た樹木の種生苗の写生をした。退庁の後斎室の風呂に入つて帰つた。約二十日間風呂に入らなかつたので特に爽快になつた。夕方宿の庭に植えた草花の移植と除草をした。余りせつせと働いたら何時の間にか手にまめが出来た。夜は点釗が来て遊んだ。

六月十日

苗圃と造林地で発芽に関する調査をした。

二、三回の雨に雑草が俄かに伸びたのも驚いたが、乾地に発芽した幼植物の根の発育の状況にも感心した。従つて先日中の旱魃に際しては主に根部が発育して居て今度湿気を得て地上部が伸び出したものらしい。適度の旱魃は根部の発育をたすけると云ふことになる。夕方五味が来た。

石戸谷さんを訪問して晩くまで話した。最近に営林廠技手をよして広島県庁へ行くと云ふ男も来てゐた。その男から国境地方の景況を聞いた。夜帰つたら何時の間にか部屋の鍵を紛失してしまつてゐた。女将も手伝つて呉れて約一時間ばかり苦心したが、ついに開かなかつたので南京錠をこはして入つた。

六月十一日

貞洞へ行つた。兄夫婦は子供を連れて教会の花の日に行つて不在だつた。朝鮮人の教会に入つて日曜学校から見た。礼拝になつてから少し居睡りした。僕の隣の連中にも眠つた人が多かつた。讃美歌は京城のどの教会よりもいゝと思つた。独唱した小女もあつた。パイプオルガンもよかつた。貞洞で昼食して家兄と二人で歩いた。朝鮮人の道具屋を漁つて西大門町、積善洞附近を歩いて孔徳里に焼物工場〔を〕見に行つた。日本人の経営してゐる会社は休業してゐた。造りかけてゐる物もいやなものばかりだつた。朝鮮人向きのサバル専門らしいがその不格好たらない。他に朝鮮人のはじめた工場は交趾の様の楽焼の様のもので変つた感じのものを造つてゐた。多くの内にはいゝものもあつた。画工を担当してゐる柳とか云ふ男が町寧に案内して呉れた。それから阿峴に廻つて兄の使ふモデルを探した。朝鮮は習慣も異ふから一寸〔相〕応《ママ》しさうの者もなかつた。交渉もして見なかつた。夕飯を貞洞で食べて兄の集めた画を見て帰つた。

六月十二日

朝阿峴に行つた。苗圃で発芽の調査をしたり物品を調べたりして帰途、郵便局から貯金を出して昨日見て置いた風呂敷二枚と茣蓙と錠前を買つた。簞笥も途中で商人に遇つて買ふ約束をした。午後は清涼里の苗圃で働いた。夕食後斎室の風呂に入つた。その足で駅前へ行つて朝鮮人の旅藝人の踊や軽業や人形使ひを見に行つた。原始的で粗野でゐて何処かいゝ処がある。調子にも風情にも道化の多い軽い処が多すぎるので長く見てゐられない。終らないうちに帰つた。

三春がついて来てしばらく遊んで行つた。

六月十三日

午前も午後も苗圃に居た。

浮苗圃（水上苗圃）と云ふものを拵えた。その名は仮りの名だが、理由は水分を床面に自由に供給し得て且つ日光のよく当るのを要件として拵えたもので、植物の発芽や幼時の生育に対する試験に供し度いのだ。所謂陰樹と称する様のものが陽光の不足を要するか、湿候を要するか、土湿を要するかを分離して考へて見る必要があると思ふからである。従来日覆を用ひた苗木のうちでカラマツなどは湿候をつくるに日覆を要し、ハンノキ、カンバ、ヤナギなどは土湿を保たせるために覆つたとすれば、それ等の証明実見〔験〕に供し度いのである。

六月十四日

苗圃に鍛冶場を建てるために終日働いた。九尺二間の掘立小屋だが材料がいゝのでよく出来さうだ。大工を傭はないのだから世話はやけるが変に一種の興味がある。

夕方帰路斎室の風呂に入つた

夜村の若者等が門前で大喧嘩をした。対手の一人は平素馬鹿かと思ふ程をとなしい大萬だつた。特有の腕力で対手を随分打つたらしい。村の者が集つて止めるものもあり油を注ぐものもあつた。婦人の加勢は猛烈で悪口も毒々しかつた。僕が止めたら大萬はをとなしく廃めて姿をかくした。暗闇のなかに加勢の女の罵声がなが〱続いた。

六月十五日

昨日つゞきの家建をした。屋根と壁の下地を拵えた。骨組が出来たのでマツカアリ《ママ》を人夫に買つて遣つたら機嫌よく働いた。夜は星加君、三春、点釧等が遊びに来て将棋をしたりした。

夜はむし暑かつた。

六月十六日

月谷で仕事を見た。屋根に土を上げたり壁を塗つたり〔し〕た。今村さんから電話があつたので夕方京城に出た。用事は官舎の移転のため美術館に預けてある品物を運搬する準備であつた。仁川の税関から手伝に来てゐる男にも手伝つて貰つて十時頃までか丶つて整理した。帰途貞洞へ寄つたので最終の電車に辛じて乗れた程だつた。清涼里の森の中の道で闇の中に五、六人集つてゐた。立寄つてすかして見ると若い妓生態の女一人に若い男共がたわむれてゐる。男共は村の者だつた。苗圃に来て働く青年も居た。女の声は歌か病気かで涸れてゐた。女はお腹が空いたと云ふた。男等は僕に云ふた。「その女を連れて行つて飯を食はせて泊めて遣れ」と。女はついて来さうだつた。僕は「女は怖いから御免だ」と云ふて逃げた。男等は盛りのついた犬の様にぞろ〱女の後について駅の方へ闇に消えた。

六月十七日

朝早く起きて今村さんの処へ行つた。七時半頃からはじめて車とちげで三人の人夫に運ばせた。家についた物品は別に専売局の職員等が来て運んだ。家兄も手伝つて呉れたので三時頃までにそれ〲整理〔が〕ついた。今村さんを出てから兄と渼芹洞へ行つた。兄の仕事をしてゐる隣の部屋で一睡した。貞洞で夕飯をして兄と太平町まで出て別れて帰つた。駅前に苗圃の金、朴、文等が居てついて来て遊んで行つた。

今村さんの官舎広くて間取りもよし体裁もい丶が美術館の預け物の置処がなくて、半部《ママ》以上物置に漬物の空樽やこわれ鍋と一緒に押込められなければならなくなつた。置処がないと云ふよりも主人が品物が解らないから邪魔に思ふ様に思へる。若し是等の作品を愛してゐるなら邪魔処か新らしい美しい官舎の装飾にどれだけ役立つかわからないと思つた。

六月十八日

朝事務所に出て苗圃に行つたら金等が今日魚取りに行くから一緒しないかと云ふから同意した。金、朴、盧、二萬等と出かけたら途中に寅、燮、柳等も居てついて行つた。

月谷里から長位里に出た。此の辺の景色は何時見てもい丶。写生をしたがなか〳〵出来ない。川は水が清くてなまぬるくて気持よかつた。長位里の姜と外に一人も加はつた。魚は一時間ばかりで三百匁ばかり捕れた。川辺の芝生に集まつて柳の木蔭で魚を炊いた。濁酒も少し用意して来たし飯も姜が行李に入れ持つて来た。皆楽しさうに食べた。酒は僕が少ししか飲まないので皆遠慮してゐたらしい。柳の下の午睡もよかつた。

金等が土産の魚を又とりに出かけたので僕は朴等と先きに長位里まで引き上げた。途中で畑で働いてゐる百姓に濁酒の余りをふるまつたら随分喜んだ。村では姜の案内で二、三軒古器を見て廻つて壺や筆筒を買つた。い丶屏風を二つ見た。一つは神仙を書いたのだが、買値も高いらしい。画はかなりい丶が痛みもかなり多い。一つは変つたもので字の一部に彩色した人や動物が描かれてゐる。い丶ものだと思ふ。それは許永伊と云ふ人の家だが、親が去年病人でその祭壇に今使用してゐるから一周年すぎたら売りたいから買つて呉れと云ふてゐた。老婆が今から三月目に是非来いと云ふてゐた。月谷里でも二軒寄つて見た。少し珍らしいものがあつた。夜は金二人と朴、盧等が今日の買物など持つてついて来て遊んで行つた。

今日の日曜も愉快だつた。

六月十九日

午前中は苗圃で働いた。新造した鍛冶小屋の屋根を苫にすると火事の恐れがあるからと云ふので有合のセメントで塗つて試みやうとしてゐる。そのための用事で午後、長谷川町の左官材料屋へ行つた序に美術展覧会を見た。鑑賞日なので観覧人が少ないから静かに見れた。審査員丁の女房が来てなまいきの口を利いて得意がつてゐた。似たもの夫婦だと思つた。帰つて事務所に出て家に帰つた。夜は全教奐が遊びに来た。晩飯を食べて運動鞋《ママ》を持つて行つた。点釗と高木君が来て僕等の計画してゐる共同生活の相談をした。高木君と尹君が四間、僕が四間、点釗の一家が三間半を使用する事、家賃は僕が二十円、高木君等が十八円、点釗は免除して食費は高木君と僕は月十五円づつで昼食抜の事、尹君は十二円で昼食附の事、前金額で適当の食事を点釗が供給する事等に一決した。

六月二十日

点釗は朝になつて家の移転は卜者に卜つて貰つてから決め度いと云ひ出した。苗圃で終日働いた。

夜は柳、政君、小宮山清三諸兄に手紙を書いた。

六月二十一日

骨董屋等が来て今日貰つた俸給の大部分を取つて行つてしまつた。然しこれで借金の大部分がなくなつた訳だ。去年の暮三百円近い借金があつたのを済し崩した訳になる。

余りの旱魃と暑気とで外業するとかなりつかれる。夕方ビール半本を呑んだら体がゆるんで八時頃から床に入つた。夜半園絵の夢を見て妙に弱い心になつた。疲労さへ感じた。

六月廿二日

苗圃で世話をした。

夕方斎室の風呂に入つた。佐藤君の処でビールの馳走になつた。高木、朴、鄭君等と駅前の田舎廻りの乞食芝居を見に出た。芝居は昨日だけで今日はなかつた。一緒に酒幕へ入つて見た。醋《す》い酒ときたない女とだけで飲む気にもなれず興も起らなかつた。

六月廿三日

苗圃の仕事の監督や造林地の成績観察をした。

僕の朝鮮下宿生活も四ケ月余になる。赤羽君が評して栄養がどうして保てるかと云ふ様の食物もさ程苦痛でなかつた。寒い間は菜漬と唐辛〔子〕味噌の汁。此の頃は胡瓜の漬け物と胡瓜の汁が普通で時に塩鰊、黒豆などが附く。然しい丶試練をしたと思つてゐる。今度改革したら又面白くなるだらう。

六月廿四日

道路や堤防工事の設計書を書いて事務〔所〕で過した。夕方京城に出た。駅で安書房に家賃を渡して借家の約束をした。貞洞では淑明女学校の教師が来て焼物の話をしてゐた。その人が帰つて行つてから家兄と柳さんからの手紙に依つて展覧会の相談をした。話し込んで泊つた。むし暑いのと床が変つたのと話がすぎたのとで眠れなかつた。戸棚から矢鱈本を引き出して読んで眠気を誘つた。本は『梁川文集』だつた。梁川や樗牛が日本の青年に多く読まれた時代は二十年位前のことだ。今の朝鮮青年に好まれさうの文章だと思つた。

六月廿五日

家兄と二人で家を出て西大門町の道具屋を歩いて一町目から別れて電車で帰つた。日直なので事務所に出て昨日の続きの設計書を拵えた。午後は千龍等の川狩を見物した。午食は済んだ後だが彼等の勧むるまゝに彼等の飯の時一時間ばかりをともに遊んだ。魚の汁も焼き鮒も美味だつた。

赤羽君が来て高木君の部屋で遊んだ。佐藤君がビールを御馳走した。それから僕の家に来て又一休して赤羽、高木両君と公会堂の音楽会に行つた。出演者は武岡、榊原、芝の三氏だ。武岡女史の歌は音量は多いが深くない気がした。何処か緊張味が足りない気がした。榊原はよかつた。兎に角京城では稀に会ふい、会だつた。

六月廿六日

朝柳さんに手紙を書いた。用件は展覧会のことで家兄や赤羽君と話し合つた模様を知らせたのだ。本府へ出て事業実行計画の伺書を出した。

石戸谷技師と一緒に退座して石戸谷さんの家で午食を馳走になつて一緒に清涼里に来た。新事業の準備や苗圃の世話をした。夜は斎室の風呂に行つた。宿の女将機嫌が恐ろしく悪くなつてゐる。僕が主人と相談して家の全部を借りることにしたことを快く思はないのらしい。彼女にして見ると専横な妾の家に行つて同居しなくてはならなくなることを悲観してゐるらしい。主人は昨日から計算して家賃を僕から取つてゐるので夕方連れに来たが彼女は行かなかつた。夫婦が喧嘩口調で話をしてゐる間に段々柔いで行く風が見えた。彼女は今迄僕に対し食事には可なり冷淡であつたがすべてに厚意を示して呉れた。彼女は洗濯や針仕事に特別に興味ある如く日夜精出した。彼女の夫にも冷からしい処がある。賢婦すぎて亭主が道楽をすると云ふ傾向もある。此の頃過労で眼を悪くしてゐるが他家の針仕事を引き受けて毎夜十時すぎまで働いてゐる。今夜も仕事をしまつてから僕の部屋の縁に腰をかけて三十分ばかり話して行つた。僕は眠気が催したから寝て蚊帳の内から聴いて相槌を打つてゐた。話は主人の妾が今度酒屋をはじめること、妾は里へ金や衣類を送ることばかり考へてゐること、先きのことを思ふと心配が多くて昨夜も殆んど眠らなかつたことなどだつた。

六月廿七日

正門の位置の両側の土手の計画をした。午後は雨が降つた。水田にも苗圃にも難有《ママ》いことだと思つてゐたが僅か降つて霽れてしまつた。午後は幼植物の写生をした。掛場さんが部下二人を引率して来た。

点釗は昨日阿峴へ帰つて僕等の新らしい生活に参加する筈のことを両親に相談して卜を立てた処、転宅秋まで延期すべしと出たとかで当分のうち来れないと云ふてゐた。家を借りてしまつたので宿の女将が出ると日中の留守番もなくなるので少し迷惑を感ずる。彼等の迷信にも閉口するが無理に強いて引張つて来る訳にもいかない。若し万一病気とか何とか変つたことでもあつた時怨まれることになるから。彼自身は来たがつてゐる。それもその筈花嫁を貰つたまゝ別居してゐるのだから、彼れは此の機会に僕の処へ来なかつたら嫁と同棲することもなか〳〵むづかしいと思ふ。そして一家は益々生活難に陥ることだらう。愈来なければ他に飯炊を探さなければならない。希望者は随分多いが正直で清潔ずきで、日本人向の洗濯を心得たものは少ないらしい。なりゆきにまかせるより仕方ない。

晩飯の時支那料理をとつて宿の女将に御馳走して遣つた。送別の意で。

六月廿八日

懿寧園へ行つて苗圃を巡視したり造林地を視たりした。専売局の植木屋が来たので今村さんに約束した庭木を遣つた。吉田君の処で午飯に冷し素麺の御馳走になつた。午近い頃雨が降つた〔が〕すぐ霽れた。帰途今村さんへ寄つて植込みを少し手伝つた。役所の老属官らしい男も来て草花など植えてゐた。

官舎の地均に切り崩された旧慶熙宮裏山の跡から焼物の破片を拾つた。此の岡は人手で拵へたもので小さい岡と岡を盛土して続けたものだから瓦や焼物の破片は随分ある。或種の焼物の時代を知る参考になると思ふ。家に帰つたら家主の居た処はすつかり空いて雲龍が留守番をしてゐた。夜は一人になつて柳さんと政君に少し長い手紙を書いた。

六月廿九日

腹痛を時々感じ妙に体がだるかつた。

正門の両側に造る土堤を石戸谷技師が設計し直して縄張をしたが随分奇態だ。賛成することは出来ないので手を引いた。

食事の準備がないので晩飯は支那料理のうどんをとつた。急に家が空いて留守番にも困るので点釗の祖母を連れて来ることにした。夜晩く彼の祖母と母とが来た。腹が痛むので早く寝についたら高木君が来て葛湯など拵えて呉れた。夜半中三、四回便通があつてその度毎に痛んだ。

六月三十日

役所を休んで寝てゐた。朝と午頃の便は血便であつた。赤痢でないかと思つたが発熱がひどくないのと痛みもはげしくないので安心して居た。朝鮮家屋は病気した時など不便だと思つた。道具がないので鉄瓶で重湯をつくらせて飲んだ。明日もこんなだつたら京城へ行つて入院しようと思つたが夕方は稍元気になつた。壁土の塊を焼いて下腹を温めたりニンニクを焼いて食つたりした。

七月

七月一日　終日降雨

寝てゐて朝鮮の新聞を精読したり『白樺』の小説を読んだりした。腹の工合も昨日よりよほどい丶。便に血の気もないらしい。便所に屋根がないので雨の中では傘を被つて居ても臀がぬれるので閉口する。昨夜晩飯を食べなかつたので朝は随分疲労を感じたが夕方は元気になつた。養生は昨夜点釗が京城から買つて来たソルノ《ママ》ンタンを沸して飲んだり、ニンニクを煮て食べたり、重湯とブドウ酒も飲んだ。此の分なら大丈夫だと思ふ。病気した後は身心ともに静まる、雨晴れの様に。足踏みして歩調を整へた様の気がする。今度の病因は吉田君の冷素麺と夜をふかして躰をひやして手紙を書いたことにあるかと思ふ。廿九日の暑気も関係して居るだらう。毎年暑中に一、二度はこんなこともあるのだから注意しなくてはならん。こんな処に居て独身で病気するのは変に心細いことだ。然し今考へると病んだことによつて何等の損失を感じない気がしてゐる。

七月二日

終日晴々した気持だつた。只食物の関係で少し躰に力はなかつた。寝て居て『白樺』や『東亜日報』や『京城畧記』を読んだ。『京城畧記』からは歴史上の色々の事柄を覚えた。

夕方周囲の松林や田圃を散歩した。

七月三日
　苗圃へ出た。午後は雨が降つたので事務所で幼植物を調べた。午前十時頃の驟雨は猛烈だつた。雷雨もはげしかつた。東大門外に落雷して馬が死んだ話も後から知つたのだが、まだどこか近い処に被害があつたらしい程ひどかつた。夜国分君が遊びに来て十一時頃迄話して行つた。

七月四日
　苗圃で成績調査をしたり小屋の屋根葺の世話をした。家の庭に草花を集めたらきれいになつた。食事は点釗の祖母と母が居て拵へて呉れてゐる。点釗も此の頃此処で食べてゐる。食口が多いと賑かでいゝ。事務所から戻つて帰る時も愉快の気がする。今日留守番兼飯炊きをする朝鮮人の若者を見た。正直さうだからそれを入れることに決めた。点釗の家族なら馴れて居るから双方いゝのだが易者が馬鹿言を云ふたため駄目になつた。点釗の母等も易者の言ひ草も気になるが随分此処に居たい風だ。迷信にも困り切る。僕今度飯炊きが来たら、此処を木賃宿の様にして試験場の薄給者特に朝鮮人を収容したらどうだらう。月食費九円位で引き受けて遣つたら彼等の都合もよくなると思ふし、そのかはり若いものの遊ぶのなどには少しこごとを云ふことにするのだ。
　夕方斎室の風呂へ行つて朴君と碁を打つた。雨後涼しくなつて昨日、今日などは実に肌ざはりのいゝ空気の温度だ。

七月五日

苗圃から山越に庁舎に通じる道路の開設をした。夕方関君を村上病院に訪ねた。帰路田添さんの処へ寄つて鍾路に出て솔넌탕《ソルロンタン》で晩食を済した。

七月六日

終日降つて小止みもなかつた。
幼植物の写生をした。

七月七日

前日に引き続いて雨降りだつた。朝鮮には珍しい程静かにしと〱降つた。龍頭川の砂原も水が流れた。成績調査の計算をしたり苗圃を巡つて見たりした。

七月八日

雨は止んだが曇つてゐた。苗圃へ行つて仕事を監《み》て居たら、月谷里の人夫等が村に珍しい焼物があるから買はないかと勧めるので一寸行つて見たがつまらんものだつた。事務所へ巡査が新聞雑誌の読物調査に来た。そして一時間余無駄喋りをして行つた。頭が低級なのとその低級を臆面もなくさらけ出すので閉口する。
川に水が増したので村の者が堤の前に来て魚を捕つた。帰りがけに鯉と鯰を買つた。一円に四匹くれた。
高木君が同じ家に越して来た。

今日買つた魚を料理してハプチユウを一本買つて三春、点釗、鄭、朴君等と会食した。今日来る筈に約束してあつた千龍の女房の妹の一家は来なかつた。昨日一昨日の雨のため遅れたのだらう。そのため点　の親達も返す訳に行かずに兎に角飯炊の後任が来るまで留めて置より仕方ない。

七月九日

教会へ行く仕度をして出た。昨夕の鯰を持つてゐるので先づ貞洞へ寄つた。貞洞へは三枝君が来たりして十二時近くまで話してしまつた。家兄と三枝君と三人して焼物の破片拾ひに出かけた。慶熙宮の官舎の工事してゐる処へ行つて此の前拾つた様の白磁を拾つた。今村さんへ三人で寄つた。興化門前の支那人の処で饅頭で午食を済した。それから家兄と二人渼芹洞へ行つた。二四夫の泣顔や牧栄や美恵子や朝鮮人のスケッチがあつた。二四夫の顔はよく出来てゐた。晩食は三枝君も一緒に貞洞でした。三人で市を散歩しようと相談してゐる処へ片岡さんが来て十時すぎまで話してしまつた。家に帰つたら抱川から頼んだ飯炊夫婦が来て、それの親戚や知人が集つて遊んで居た。千龍の母が伯母気取に威張つて泊り込んで指揮してゐた。

七月十日

苗圃の仕事を見た。鍛冶場の吹子を据付たりした。郷里で小学校へ通つた頃冬の日など早く家を出て村の鍛冶屋の仕事場で火にあたりながら友達を待ち合せた時の記憶をたどつて道具の配置を定めた。

家に帰つたら点釗の祖母と母は出て行つてゐなかつた。きいて見ると午食して帰つて行つたさうだ。尤も朝役所へ僕が出る時挨拶は済んで簡単な土産物も渡して置いたのだ。新らしく来た三福夫婦は豆々しく働いてゐた。そして家のうちの整頓したのに驚く程だつた。高木君も来て喜んでゐた。正直さうだし此の様子なら至極い丶と思ふ。点剣も此処で食事をさすことに定めた。夕食の時高木君と二人で話した。「自分の家の様の気がする」と。

七月十一日

朝五時頃起きた。随分気持がよかつた。

三福等はよく働く、掃除もよくする。僕の部屋も久し振りに雑巾がかけられた。彼等は沢山の道具と食糧品を持つて来た。それ等もそれ〲整頓して排列した。三福は今日から試験場の人夫に出て働くことにした。

苗圃で午前中働いて昼食をしてゐる時本府から電話で戸沢博士が昨日呼んだ筈だがなぜ出て来ないかと云ふ。僕は呼ばれた覚がない。取次いだ者が忘れて伝へなかつたものらしい。兎も角急いで行くことにした。場長の部屋に戸沢博士は居なかつた。課長室に居るさうだからそのうち帰るだらうと思つて待つた。退庁の三時の鈴がなつても四時になつても来なかつた。その間『東亜日報』を見てゐた。殆んど全部を見た。五時近くに帰つて来た。何事かと少し心配して居たが用件はつまらぬことだつた。京畿道からの照会で懿寧園の国有地の一部に朝鮮人が家を建て丶居る。それが去年の暮以来四十余に達して居る。その貸付の理由及条件を個人別に知り度いと云ふ照合ださうだ。この説明は僕が前に戸塚君にしてある筈である。書類作製に興味を有する小役人根性の連中は下らない法規を楯にして理窟をこね廻すからいやになる。何も自分達が貸した訳ではないが鉄道用地に保管換した処に朝鮮人の細民等が豕《ぶた》小屋の様の巣を造つて住んでゐるに過ぎない。南大門駅の改築で何百と云ふ鮮人《ママ》家屋は取払はれた。その人達が冬の寒さを前に控えて行き場がなかつた。国有林内に部落の生ずることは取締上困難があることは知つてゐるが、一旦鉄道に土砂置場として引渡した土地だから、その条件は兎も角その儘成る儘にして置いた迄だ。その時の処置が悪くてこごとを食つても四十戸の人達の住める方が愉快だ。何程官の暴を以てしても出来てしまつた四十余戸を今更追払ひはしまい。京城市の発展する時、住宅地は四方に伸びるは当然である。此の地などは鉄道で隧道から出た石と土砂を棄げ《ママ》た処だから、住宅地以外に利用の途のない処だ。手続上に不備であつたら可然《しかるべく》取計つてこれから手続をして置いたらいゝのだ。も一つの用件は山林会に地方会員から質疑が来た、その回答を起草しろと云ふことだつた。質疑二件のうち造林関係の一件だけ書かうと思ふ。

七月十二日

苗圃で働いて夕方、田添、高木、野路諸兄と水浴をして魚とりをしたが不漁だつた。

夜赤羽君が遊びに来た。森永君も来た。赤羽君の手料理の茄子焼でビールとハプ酒を飲んだ。十時過ぎに駅迄送つて出て別れた。

七月十三日

柳さんから手紙があつた。『白樺』のこと展覧会のことなどであつた。山林会の答案を書いたり、苗圃や道路の現場の世話をした。夜は宿直なので斎室の風呂に入つて高市君の処に泊つた。

七月十四日
雨降りだつたので事務所で幼植物の調査と写生をした。役所にいやな気持のことが多かつた。小役人を対手にするはいやになる。帰つて花壇を拵えて草花を植へて働いたら稍気持が軽くなつた。

七月十五日
苗圃で水路や堤防を拵える世話をした。
平深の木村君が来たので連れ立つて家に帰つた。何も話す話のないのに淋しい気がした。随分隔たつた世界に住んでゐる感がする。木村君は試験場に入り度い希望で運動に来たのだが五、六年別れてゐる間に縁の遠い男になつてしまつたものだ。

七月十六日
昨夜から降り出した雨が朝のうち随分はげしく降つた。教会で永眠者の紀念会があると云ふので雨を冒〔し〕て出た。行きがけに貞洞へ寄つたら清水が清州から来て居た。出張の途中ださうで汽車の都合があつて直ぐ立つてしまつた。家兄と二人教会に行つた。去年の紀念会後に永眠したものはみつゑの外に十一人もあつた。礼拝の終りに遺族を代表しての挨拶をさせられた。金を五円寄附した。赤羽君も来てゐて三人揃で富田美術館を見て白樺の特別号の挿画にする焼物の選択をした。例の支那料理で昼食をした。雨天なので朝鮮木履を履いて京城の街を歩いたが存外足もいたまなかつた。雨降りには至極便利が多いと思つた。帰宅してから苗圃が気になるのではだしになつて廻つて見た。処々流された処が少しづつあつた。それにつけても昨日の工事の有効であつたことを深く思つた。

星加君の処で田添君等と晩飯をした。夜は陶磁器の品名を整理したり柳さんに手紙を書いた。焼物の品名の方は殆んど出来たが、今度は木工品について調べようと思ふ。木工は焼物より数が多くて誰でも勝手に簡易に工作出来るから変つた《ママ》調べにくいものも多いと思ふ。

雨は時どり《ママ》してはげしく降る。

七月十七日

苗圃に出て終日働いた。仕事は土手拵、川浚《さらい》、排水溝掘などだ。仕事をして居る処へ坪川君が来て大雨のために壊れたケ処の修繕工事かと問ふてゐる。彼がも少し頭のい丶奴なら説明して遣るが、説明し甲斐がないからだまつて答へずに居た。完成したもの丶破損を繕ふのが修繕で、未完成のものに対しては修繕でない。彼等は雨が降ると戸外に出ない。壊れた処を後で行つて見た馬に物を教へた様に修繕工事と称して前と同じ様の形に直して次に又同じ損失を招いてゐる。自分達は雨や雪や大水に倣つて工事を完成する心掛が必要である。彼等のした本業には実に生命が通つて居ない。矢鱈と縄を張つて真直にしたり杭を打つたりして土面を殺して居る。俺は今日は朝から自然に倣ひ自然の力を利用して、降雨や水勢と共力《ママ》して本業を完成しやうと考へて圃に出て居る処を、なまけ者の彼に会つて妙に自分の反対の対照をはつきり考へた。俺はこのことについても何時か心を静めて書いて置きたいと思ふ。

七月十八日

月谷の星加君の机を借りて「窯跡めぐりの一日」を起草した。一日か丶つて大体の体が出来た。夕方赤羽君等が遊びに来た。赤羽君が南瓜のてんぷらを拵えたりして一緒に晩食をした。森永、柳井両君も来たが飯が済んで居た。

七月十九日

正門の両側の土手と石垣を拵える世話をして終日過した。

夜「窯跡めぐり」の原稿を清書しかけたけれども訂正が多くてなか／＼堅らなかつた。馴れない仕事だから無理でもあるが、頭を練るためにはい丶ことだと思つた。

七月二十日

苗圃と門の土手の世話をして廻つた。

夜「窯跡めぐり」を書きあげて見たが随分短くて自信がないものになつた。兎も角柳さんに送つて見ることにした。八月十日迄まだ時もあるからい丶思ひつきがあつたら又何か書いてもい丶と思つて居る。

七月二十一日

午前中月谷にゐて午後は阿峴に行つた。

草や木が茂つて鬱陶しい迄になつてゐる。

貞洞に寄つたら兄は腹具合を悪くしたと云ふて元気がなかつた。窯跡めぐりの原稿を見せた。李朝の焼物の時代に関する意見は略一致して居た。母は今夜元山へ海水浴に立つと云ふて仕度をして居た。僕は宿直なので早く帰つた。夕食後高木君と点釗と僕と三人川原で沐浴をして寝た。

七月廿二日
苗圃と正門の土手作りの処に半日居た。
午後は赤羽君が生徒を連れて来たので一緒に遊んだ。水浴をしたり将棋をさしたりして。約束して居た金性洙君はいくら待つても来なかつた。生徒の一人が急に腹が痛み出したので皆を帰して赤羽君だけ残つて泊つた。

七月廿三日
貞洞へ行つたら約束して居た写真屋の山塙君が来て居たので家兄の焼物二、三点の写真を撮つた。それから山塙君と二人で今村さんの家に行つて預けてある焼物二点を写した。
貞洞へ又寄つて家兄の書きかけて居る詩を見た。いゝのがあると思つた。それから石戸谷さんの処へ寄つて一時間ばかり遊んで訓練院の広場に水口門のどぶ川から揚げた砂中にある陶器の破片を漁つてポケットをふくらませて戻つた。
山塙君が機械を持つて夕方又清涼里に来て呉れた。僕の処にある焼物二点と尼寺の味噌甕を写して貰つた。

七月廿四日

苗圃で働いた。

明日林業講習生が苗圃に実習に来ると云ふので実習助手の促成をした。午後からその準備をして夕方高市君と舘君は僕の処に来て調べた。大体を呑み込んでから将棋をさして遊んで行つた。

夜高木君が佐野の一家と石川の娘を連れて来た。客は三十分ばかり居て一緒に散歩して帰つた。

七月廿五日

雨が降つたが渋つて居てむし暑かつた。

早朝から月谷で高市君が石油乳剤、舘君が銅石鹸液の製法を予習する世話をした。

講習生が来てから二人は同じことを繰り返した。舘君は失敗した。

地方から来た見習生のうちに秋田で一緒に居た永井君、懿寧園で見習をして居た上田、海江田君が居た。三人と一緒に家で午食をした。夜は宿直室に泊りに行つた。

七月廿六日

強い雨が降つて居たので朝寝をしてしまつた。八時に近い頃起きて帰つた。朝飯を済して又事務所に出た。終日幼植物の整理と写生をした。幼植物の研究も段々意義を感じて来た。樹木だけで八十種に近い写生をした。百種になると朝鮮に於ける林業上の有用樹木は殆んど網羅されるだらうと思ふ。

雨降りなので三福は茸狩に行つた。そして美しいのを沢山採つて来た。朝鮮語で鶖茸、そば茸、青瓦茸、卵瓦、櫟茸、小麦茸など云ふものだつた。夕方その味噌汁を炊いた。三福は田舎に育つた男だけに雨でも降ると一種の興味で茸狩に出るらしい。彼は今他人に頼まれて魚網を編みかけて居るが妙にきようの男だ。

隣家に越して来た酒屋の子が将棋さしに来た。酒屋も雨天で客が殆んどないから食ひ込みらしい。それに家族が随分多いから。子供だけでも十七を頭に七、八人居る。その子供等が仲のいゝのに感心する。

七月廿七日
昨夜の茸がたゝつて朝三回程下痢した。しかし少しも痛まなかつた。何となく下剤でも用ゐた時の様に快味さへ感ずる程だつた。然し力は少し抜けた。

葛湯に蜂蜜を入れて飲んで朝飯にした。

本府からの電話で出府した。

用事は苗圃事業の統計材料を提出することだつた。現業員の業務分担が少し変更されて居た。僕の方にはたいした異動はなかつた。午食はパンとスープにした。午後は清涼里に帰つた。途中本府の連中二、三人と仁丹の衛生博覧会を見た。花柳病や伝染病の模型は実にいやな感じのするものばかりだつた。何とも云へない悪感を催させるものだ。事務所に帰つて苗圃を一巡して家に帰つた。林業試験場の官制が発布にならないので今月はまだ俸給を貰はない。家賃の催促などされるので今日鄭君から前渡金を流用して五十円借りた。柳さんから百五十円送つて来た。これは秋の展覧会の仕度金に当てる分だ。夕方家主からそば粉を貰つて来てそばがきを拵えて食べた。腹は殆んど旧に復した。夜斎室の風呂に行つた。坪川君等の住んで居る家の庭が草が茂つて荒れて居た。雲龍の母に子供に取らせるなり自分で取るなりして自分の家の前だけは受持ちの積りで手入をしろと云ふたら誰か林業夫にやらせて呉れと云ふて居た。自分の子が林業夫であることも忘れて居るのかしら。林業夫であらうが両班であらうが自分の住んで居る家の周囲を掃除することは道楽の一つにしてい丶。図に乗るのとだらしないのには少し閉口する。そこに行くとうちの三福はしまつがい丶。

七月廿八日

終日雨降りだつた。午前中幼植物の調査をして午後は苗圃で銅石鹸液の調剤に関する試験をした。月谷の井戸水（硬水）では温度六十度以上の場合によく化合すること迄実験して時間がなく他は翌日に廻した。

夜、森永、柳井、馬場の三君が遊びに来た。三人は来月はじめに「新らしき村」に行くことに決したことを知らせに来た。森永君は一年以上交際して居るから性格も知つてゐる。村に住んでも有用な人になると思ふ。彼は村の精神をも一番理解して居る。柳井君は村の生活に永く堪へ得るかどうか疑問だ。馬場君は今夜はじめて会つた婦人だが、婦人としては比較的気立のい丶人らしい。何だか体が弱さうだから彼女の前途には悲観することも多からうと思ふ。村の生活は彼女に幸福な途であるかどうかと思ふ。自分は思つた、義務や権利で結合した社会には自分は住み度くない。只愛によつて結合した世界のみ自分達の安住出来る処だと思ふ。村に行くもの丶あるものは村に入つたら本でも読めるとか、創作でも出来るとか考えて居るらしい。百姓して生活しようと云ふことはそれ自身随分の苦心であること、宗教的理解を以て日常の生活を楽しみお互に愛し合つて居れば、それが新らしき村そのものであること。それから新らしき村と家庭問題、新らしき村と婦人問題について所感を話してやつた。村の精神がこの人達の上に幸福をもたらす様に祈る。十一時頃駅前迄送つて出て別れた。戻つてから武者さんに手紙を書いた。それは三人の紹介と三人の希望を入れて貰ふ様にのお願とである。

七月二十九日

銅石鹸液の調剤には成功した。それは石鹸と丹礬を粉砕して混ぜて熱湯で溶いて定量の水で稀釈することである。昨日の実験を繰り返して見たが此の法が一番らしい。朝腹が痛いと云ふて泣き叫んで居た飯炊女は起き平然としてマクワ瓜を食つて居た。

朝鮮女は子供らしい処があつてどこか強情だ。過ちがあつてそれを注意してもおとなしく真直に聴いたためしがない。此の間も高木君の味噌汁に菜葉が切らない儘入つてあるので高木君が何故切つて煮ないかと云ふたら「切るとはうちよう臭くなる」と云ふ。「それでも食べにくゝて困る」と云ふたら「素麺はそれよりもまだ長いまゝ食べるではないか」と云ふた調子で、何から何まで一度で「はい」とか「これから注意しませう」とか云ふた例はない。

夕方貞洞へ行つて晩食をたべて黄金町の山堝君を訪ねて写真の催促をした。龍頭川まで来たら電車は不通になつて居て、それから道路十数町の間は浸水して船が通つて居た。引き返して貞洞へ泊らうかと思つたが宿直なので勇を鼓して裸足になつて渡つた。見物等はもぐらもちが避難して来たとか、蛇が並木にぶらさがつて居るとか話して居たが実物は見なかつた。宿直室に行つたら田添君が来て居たので買つて行つた饅頭を皆と一緒に食べてしばらく話して帰つた。

七月三十日
雨は晴れかけたが俄かに雷雨があつて午前九時頃から十一時頃まで特にはげしかつた。祭基里の堤に廻つて電車道に出た。

京城に出て貞洞で待ち合せて写真屋に行つて富田さんの焼物を四点ばかり写した。それから少し遅れたが教会に行つて礼拝が済んでから、門前に待つて居た森永君等例の三人と一緒になつて家兄も一緒に嘉納さんに預けてある美術館の所蔵品を見に行つた。十二時頃から村に行く三人の連中と鍾路通の朝鮮店や西小門通の支那店を歩いて村への土産物を調へることに加勢した。長谷川町の支那料理で一緒に昼食をして別れた。井上へ行つて白菜の種子やその他の用件を達した。秋用の種子を買つたが愛想のいゝ娘が居てまけて呉れた。太平町の古物屋で役所の小使用靴の払品と軍隊靴の不合格品を各一足十円で買つた。格好はよくないが何れも堅牢であつてしかも新しい。値の安いのはゴム靴の影響ださうだ。

貞洞で又写真屋と落ち合つて焼物を写して貰つた。

兄の子供二人を連れて焼物の破片を拾ひに出て散歩して帰つて夕飯をした。

清涼里道も帰りには水がなくなつて居た。

天気はまだ上らずに降つたり止んだりして居る。

七月三十一日
むし暑い日だつた。
雨が降つたり止んだりした。

事務所で戸沢博士の処に来た落葉樹に関する質疑の回答を書いた。

苗圃では千龍が胃ケイレンをやつて大騒ぎをした。彼れの母は血眼になつて砂糖水を拵へたり、漢薬を買ひに走つたりした。夕方川に行つて水浴をして川原に流れ出して来た焼物の破片を拾つた。帰りに鄭君の処に寄つて三十分ばかり遊んだ。

八月

八月一日

前夜からの雨はなか〳〵止まなかつた。

とう〳〵終〔日〕小止みなしに降つた。

事務所で養苗指針の第三冊を書く計画をした。あまり雨がひどいので苗圃や堤防をも廻つて視た。

夜は「窯跡めぐり」の原稿を書き直した。

大体見当がついたから一時頃寝た。雨はまだひどかつた。

八月二日

心配になつたから朝飯前に苗圃や堤防を廻つた。被害は思つたより少なかつた。水量は今年中でこれ迄にない多量だつた。

事務所で事業報告をまとめかけた。

夜は又「窯跡めぐり」の原稿を書いた。大部分書き足したので前のものより十数枚多くなつた。雨は今日も止みきらずに時々降つた。

今日はしめて七月分の俸給が出たので諸方へ勘定をした。くらしを少し引き締めんと足りなくなりさうだ。

八月三日

雨は止んだが雲は重苦しくたれ下つて居た。事務所で事業報告をまとめることと苗圃を廻ることに一日過した。

有吉政務総監が基督教の信徒だと云ふので、日本人各派の教会が連合して公会堂で歓迎会をすると云ふ案内が来た。下らない太鼓持ちが居たものだ。不参と返事した。夕方原稿を封して京城に出た。途中電車のなかで考へた。何となく今夜は森永君等でも来さうだ。それとも新らしい村へ旅立ちしたのだらうか。原稿も尚一度読み返して見たい気がしたので投函せずにそのまゝ持つて東大門で菓子を買つて戻つてしまつた。帰つたら誰も居なかつたが安心した。そして原稿を叮寧に読み返して筆を入れた。俺は村のことについても色々考へが湧いて居る。森永君に会つて話して遣り度い。

八月四日

「苗圃指針」の第三号を書く材料を整理した。

午後から阿峴に行つた。用は事業の実行結果を纏めて報告するための材料を得ることと、関君の病気を見舞ふためである。見舞金は職員全部から集めて三十九円になつてそれを贈つた。彼は我儘な処が多すぎると思ふ。彼れには真の愛――親、兄弟からの愛が不足して居る。変に虚勢を張り度がる。態〔体〕裁をつくりたがる。救はれにくい性だ。

貞洞へ寄つたら母は元山から戻つて居た。腹の具合が悪いと云ふて休んで居た。

焼物の写真が出来て来て居た。どれもよかつた。商業銀行で森永君と一緒になつて柳井君の家に行つた。森永君は今度の村行のことを親や銀行の人達に説明して了解を得る会見のために出て行つた。その後柳井君を対手に村に対する自分の考へを話した。

だれでもが世俗の生活の内面に村の精神を生かす様に努力し度いと思ふ。

少し長喋りして少し疲れた。

柳井君の母堂が支那饅頭をとつて呉れてそれで晩飯を済した。

森永君もすぐ来て無事に解決出来たと云ふた。

食後も又話した。前の朝鮮人の家で人が死んだそうで時々女の慟哭する声が聞える。軒先にホタルブクロの花の様の形の紙の行燈が吊してあつて、庭先に蓆を敷いて三、四人の男が萩の枝を割つて提燈を拵えて居た。帰ろうと思つて靴を穿いて出かけた処へ馬場君が来たので又上つた。

青年二人は村に旅立つ希望でそは〳〵して居た。九時頃そこを出た。三人も買物や汽車の時間を調べるために朝鮮銀行前迄一緒に来て別れた。

家に帰つて着物を替へて宿直室へ行つた。

高市君と二人で薬水へ行つて沐浴した。

それから新らしき村の話やK等の恋愛問題を種にして信仰の話をした。話の仕舞はKの問題にのみ外れて高市がKから聞いた儘のローマンチツクな話をした。そして一時迄それが続いた。暑苦しい夜だつた。

八月五日

朝早く起きて高市君の知らない間に窓から静かに抜けて帰つた。朝の清涼里の森は又格別よかつた。薬水で洗面して一層いゝ気持になつた。

食事してから再〔び〕役所に出て事業実行報告をまとめる仕事をした。午後苗圃の者を連れて芝の種採りに出た。月谷にある朝鮮王子の陵や両班の墓所の芝生は美しかつた。誰かゞ云つた様に青草の上に寝て青空を眺めること位の贅沢はないと云ふことをつく〴〵思つて幸福を感じつゝ芝生に頬ずりした。長く続いた雨の晴れた空は澄み切つて居た。塊の様の雲が風船の様に西から東に渡つた。長位里に古器物があるから一度見に来いと村の者が会ふ度毎に云ふので、月谷に来た序に行つて見る気になつて一人で出掛けた。長雨で道が川になつた川端が崩れたりして居る。其処に焼物の破片がごろ〳〵して居る。それが李朝の中期以後のもので白無地のものばかりである。京城の水口門附近の川でも此の時代のものが多いが、それに多数の染付が混じてある。此処に染付類の全くない処から考へると、染付と云ふものは主に貴族か富豪の使用したもので、京城はそれ等上の階級の者の密度も高いだけに染付類の破片も多く残されてあるのではあるまいか。

自分の欲しいと思つて居た屏風は値が高くてとても相談にならなかつた。その他出して呉れたものは支那のものや日本の今のものばかりだつた。

夜国分君が遊びに来て高木君も一緒に三人で沐浴に出た。晩くなつて近藤君が新妻を連れて来た。話してから一緒に月を見ながら駅まで出た。此の頃の清涼里の月は実にいゝ。

八月六日

朝飯を済して斎室へ蓮の花を切りに行つた。

春学に手伝つて貰つて膨み切つた蕾の美しいのを二十ばかり採つた。最早実の熟したのもあつた。鄭君の子供が欲しがつて池の端で騒いだ。教会へ行く仕度で行つて貞洞で遊んだ。兄は『白樺』の原稿を書いて居た。兄の書いて居るものは問題はよし考へ方もい丶が、時が迫つて居るので書き落しのために出した後で後悔することも多いと思ふ。少し手伝つて読んでやつたりしたが高木君との約束があるので二時半頃辞去した。蓮の花を例の蓮花染付の壺に挿したら美しかつた。部屋中に輝いた。牧栄はお嬢さんの様だと評した。子供の実感は当つてゐる。蓮花の半を帰途今村さんへ届けた。奥さんの一周年を思ふ。慶熙宮跡の破片を漁つてい丶のを得た。清涼里に帰つたら高木君の教会の人達が来て居た。食事の仕度も出来て居た。青年二十人ばかりと一緒に小山の松林の内で味噌汁と握飯を頬張つた。食事が済んでから皆で水浴に龍頭川の堤の処へ行つた。途中、井口牧師は肺病の癒つた話と全くの健康躰同様になつたのみか肥満したことを話して裸になつて見せたりした。此の躰を示して肺患者の慰めとよき友になり度いと語つて居た。「肺病は実に癒り易い病気だ。菌自身に集団する性があるからである。医薬を用ゐて集団の外囲に生じた壁を破るから菌は尚更躰中にひろがるのだ。結核する性があるから却つて始末がしい丶のだ。発熱するのは菌と人の活力との戦を示すのだ。服薬せずに発熱が止んだら人が菌に勝つたので結核の囲に壁を作つて菌の発動を封じたのだ。所謂固まつたと云ふのだ。矢鱈躰を動かしたり出鱈目の医薬を用ゐたりすることは謹しまなくてはならん。人間の生命の力には菌に勝つかなりの偉力のあることを信じて居ることは必要である。療法の順序としては第一、食物に注意し滋養物を多くとること。第二は安静にして居て熱発《ママ》がなくなつてから適宜の運動をすること。空気浴日光浴をよくすること。心配しないこと」。

　以上は井口さんの実験談である。

　凡その病気にはこの関係があると思ふ。

　皆揃つて水に入つた。婦人等は岸に見て居た。朝鮮人の大勢は川原で飲み食ひして太鼓や鐘を鳴らして踊り狂つて居た。実に愉快さうだつた。僕も一緒に踊り度い様の気分になつて見とれた。皆と一緒に食事した天幕の処に戻つて茶を呑んで別れた。

夜は早く寝た。

八月七日

曇つて居て時々降つた。暑苦しい日だつた。

苗圃に出来る事務所新築工事のことで建築課員と請負師が来た。立会して敷地を略定めた。それから事務室に戻つて実行報告の整理をした。柳さんから光化門を弔ふための原稿が来た。なか〳〵よく書けて居る。これを読んだら誰れでも朝鮮に対する同情、人類的の愛が怯《おび》えると思ふ。昨日の教会の青年等の朝鮮人に対する態度なんか実に無理解すぎる。和楽のうちにある無邪気の友の音楽や踊を冷評し嘲笑する態度たらない。どう見てもクリスチヤンらしくもない。長い〳〵間、間違つた政治や社会制度のう〔ち〕に置かれた貧しき友が農閑の一日を村中集つてそのやるせなき心の気晴しをするために川原や野原の広々した処で踊る踊である。自分等の郷里の盆踊りなどより藝術的と云へよう。自分達は出来たら此の地で新らしき村の様の仲間を得て只助け愛し合ふことをし度い。武者さんの様に始めから精神や規則を発表せずに底力のある結びにし度い。赤羽君、森永君が居たら柳さんの原稿見せて遣り度いがと淋しく思つた。馬場君の家も知らないし見せる訳にも行かない。馬場君に会つて見たい気もするが妙に恐れをも持つてゐる。柳井君の処に洋傘を忘れて置いたので、それをとりに行つたが戸が締つてゐた。多分息子が旅立ちした後一人で淋しいから母の人は親戚に行つ〔て〕泊つたらしい。米倉町から本町に出て本屋へ寄つた。家兄と偶然一緒になつて『李朝五百年史』を買つた。それから話しながら街路を歩いた。李弘植の道具屋へ寄つた。大漢門横で大雨に会つた。貞洞へ立寄つたが霽れさうだつたから傘も借りずに出た。最終の電車で戻つた。

八月八日

終日雨降りで鬱陶しい日だつた。事務所で実行報告を纏めたり苗圃を巡つたりした。松林に乳茸が沢山生えて居た。子供の時八幡森や菖蒲田の林で生の乳茸を食つて口が茶色に染つたことなど思ひ出した。両手にかゝへて一杯採つて学順の家内に遣つたら喜んだ。帰り途にも又採つた。今度は入れ物がないから「ヘルメツト」に入れて来た。晩飯の味噌汁に入れたらうまかつた。宿直に当つて居るので事務〔所〕に入つて手紙を書いた。柳さんと政君に。

八月九日

曇つて居て降りもせずむし暑い日だつた。

気持も妙に落ちつかないので樹木園の道や山や野原を矢鱈歩いた。自分の心は住むべき巣を探して居る。何となく不安や淋しさを感じて居る。役所の感じは此の頃矢鱈馬鹿〳〵しい様の気がする。暑中休暇中の半日勤務が午後三時迄になつたり、出勤時間が馬鹿にやかましくなつたさうな。自分などは以前から休暇中でも半日にしたことなんか殆んどない。夕方も五時から七時頃までは勤めて居る。そうすることが当然で喜びである位に考へて居た。然るに此の頃の様に変に時間で強いられるといやな気がする。今度の内閣はいやに消極的だ。「人心をして倦まざらしめんことを要す」と云ふことは古る臭い様だがいゝ言葉だ。人心さへ倦まなければ時間で強いなくても仕事は出来る。そうだつたら必然時間も守られ、自発的に長時間勤務する様になると思ふ。いやに職工扱ひしやがる。もつと信じられないのか。倦まずに働き愛し合つて向上出来る神の子の団体をつくり度い気も切になつて来た。

赤羽や森永君等の京城に居ないことも淋しい。こんな日に会つたらいゝのだが。新らしき村のこと〔を〕考へた。今此処で自分達二、三人ではじめるとする。先づ森永、柳井、馬場などと一緒に創めるとする。最初の三年乃至五年を第一期として第一期は生活状態を急変せずに財産や収入を一緒にして会員の経済を統一すること。出来たら此の期間に共同自炊をすること。そして団体が終生の生業を選択計画すること。第二期は計画を遂行すること。五、六年して確立したら出来るだけ大勢を入れて遣ること。これが第三期である。それではじめは極めてひつそりして鳴を静めて居ること。

先づそれをやりかけたとする。自分とBとの間が面倒になりはしまいか。自分はBのことを思ふと妙な不安を感ずる。自分は熟しない筆でBのことを書くことは控えないと結果が妙になる気がする。只自分達が同居又は共同した場合周囲から面倒にされさうの気がする。それではBを抜いて考へるとする。そうすると又駄目だ。なぜなら自分達の団体には女性は貴重なものだ。森永君などが元気よく男らしく働き出したのもBを知つてからだ。自分達と会つて話したからと云つてなか〳〵力は出て来ない。只理窟が分つて頭がはつきりした位のもので力には容易にならない。女性は世のなかになくてならぬものだ。和げる力も奮闘させる力をも有つて居る。それには占有しなくて充分である。側に居ただけでいゝのだ。やり出して途中で二人の青年が出てBと二人きり残つたとする。自分達は年齢から考へても境遇から云つても長続きしさうだ。そんなことになつたら気が引けて弱るだらう。又はBが抜けて二人の青年と三人になつたとする。はり合ひがなくてだれてしまふかもわからん。人がきつと多かつたら内輪もめのことで気を遣ふだらう。朝鮮人を入れた場合三人の友達は特別に寛容であつて呉れるだらうか。

まてよ。僕は毎日祈るのだ。そして美しい心が保たれる。特別な力も加へられる。皆と喜んで働く。出る人があつても祈る。入る人があつても祈る。今居る三人の外にもまだどんない、人が来るかもわからん。只各自は各自の仕へるべき神に仕へることを考へて居たらい、ことになる。毎日祈つたら用は足りる訳になる。与へられたことを信ずるま、にやつてのける。自分達の団体の男女はお互に独身主義だつたら問題は少なからうがこのことばかりは始めから決定出来ない。変に固執して不自然な不自由なものになる場合も少なくないと思ふ。人間同士のことだけ考へずに、神を信じて人を愛し、人を愛して神にたよると云ふことだつたら、どうしても成功する。祝福される。

全く新らしき教会を起す考へでなくてはならん。そうだ新らしき教会を創《はじ》めたらい、のだ。社会問題、日鮮問題も具体的に最も自然に解決される。覚めて信仰に燃える信徒の団体が出来たらい、のだ。

その実行方法は、先づ大体前の様でよからう。

祈らう、このことの成就されるために。

京城に出た。Bに会ひ度い心もあつた。

柳井君の家に行つた。洋傘は保管されてあつた。母堂が居て村に行つた息子から一度便りのあつた話をした。Bの家を問ふたが分らなかつた。なんでも旭町の更科の附近だと云ふ。行つて見たが探せなかつた。Bに会つたら見せて遣らうと思つて持つて居た柳さんの原稿があつた。教団の話もして見たかつた。何となく男が女の家を尋ねることに気が抜けた。それに番地も知らず本人の名も知らないのだから無理だ。止めて東亜日報に行つた。皆退けて居たので張徳秀氏に置手紙して例の原稿も置いて出た。水標町でソルランタンを食べて晩飯にして帰つた。

　そして新教団のことを考へて興奮した。

八月十日
天気は愈上つたらしい。然し暑かつた。

石戸谷技師に立会つて貰つて月谷の事務所や倉庫の敷地に杭を打つた。

幼植物の写生をした。

新らしき教団のこと思ふと興奮して下らない仕事は手につかない。それに又今日は本府から勤務時間に関する通牒が来た。それに石戸谷技師も神経過敏になつて居て傭人の出勤の時刻を毎日の勤怠表に記入しろとのことださうだ。俺は苗圃の傭人等をそんなことで縛り度くない。もつと自由に自発的に面白く働ける様にしむけて遣りたい。

教団の話をしたいが聴き手が居ないのは淋しい。只祈る外ない。

夕食後龍頭川の川原で沐浴した。

俺にはも少し宗教的の力が湧かないと仕事が出来ない。然し時は迫つて来た気〔が〕する。

柳さんからはがきと、村に行つた二人から手紙が来た。友のだれもが緊張して居ることは愉快だ。

八月十一日

事務所に居て幼植物標本の整理と写生をした。写生の出来たものが八十種以上になつた。

自然のものの形態の整然としてゐるのに感心した。そして彼等の生存に適する地に発生するに相応しい形態をもつてゐる。その形態は自分達に蒔付や幼時の手入に関する要点を教へてゐる。数多く見れば見る程自然の深い計画に感心させられる。幼植物と一年生苗の形態に注意し出してから、養苗や造林の秘訣に触れた様の気がすることを多く経験した。

夕方月谷へ行つて銅石鹸合剤を造る処を見た。

八月の『白樺』が来た。画がよかつた。

日本の銅版刷もこの位になれば大丈夫と思ふ迄に美しい挿絵が入つて居た。

Bが何だか会いたがつて居る様の気がする。Bでなくて俺自身が会いたがつて居るのかも知れない。電話の鈴の鳴る時Bからではないかと思つたり、家に戻る時Bが来て居ないだらうかなんて思つたりした。彼女は自分達の教団に於けるマルタ、マリアの様な美しい女性であつて欲しい。自分達の力があれば浄化も出来やうし、彼女がはじめから美しい清いものだつたら自分達全体を益する。

教団のこと思ふと独りで興奮してしまふ。

俺れは存外弱い。敵が正面から名乗つて来ると用心するからい丶が、うつかりした時特に弱い。例へば聖フランシスの様に謙遜寛容、慈悲であり度いと思つても、いやな奴を見ると直ぐ腹が立つ。飯を炊く女が虚言を云ふ不潔にした処を見る。直ぐどなり度くなる。どうしても人間だ。然し余り人間すぎる気がする。それもいまにどうかなると思ふ。自分達の教団には頭も親玉もない。基督や釈迦の歩かれた道を尋ねて手に手をとつてその道を歩むのだ。お互に道中を助け合ふのだ。一生かゝつても基督や釈迦の居る処へ行けないかも知れない。自分達は大聖人や人間仲間の大勢力になることを望んではゐない。一人の小さい人間だ。広い野原に太陽に照らされて咲いた草花、大自然のうちに神に守られて動く小さい魂だ。

基督のすべも神の旨だつた。基督に依つて神を知り得るばかりでなく神は自分達にも直接照り給ふ。基督は神に仕ふる態度を示した迄で神の旨の全躰を自分達に告げることは出来なかつた。我教団には教義も総則もない。

只クリストや釈迦やフランシスやトルストイやミレーやロダンやドストイエフスキーやゴオホやブレークやセザンヌやに倣つて神を信じて仕へることをすればいゝ。自分達は書いて残さなくても此の世の人に多く記憶されなくても、神の喜ぶ聖徒の小さき一人であればいゝ。神の旨を意識して活動することは何よりの愉快だ。神は空に星を配置した様に人間をも適当に配置するであらう。各は異つた光を光つて居る。各は助け合ひ引張り合つて活動して居る。その引力が自ら動力になつて居る。自分達の世界も小さき霊の天体の様だ。自分達の一生のうち友達の愛を自覚して楽しむ日の一日でも多いのは幸福だ。神よ愛護されることの自覚は毎日でも感ぜられる筈だ。自分達人間の心掛け次第で。これは祝福と云ふものだ。

教団には信条と名のつくものはないが。

「天地万有の造り主父なる神を信ずる人間の集団であつて自分達の行為は神が導くことになつてゐる」。

天体は進化する。自然も進化する。人間も神の計画に従つて進化する。自分達も生長し進化するであらう。

今は何をも証明したがつてはならん。すべては神の胸にある。

進化は漸進的であると人は云ふ。外形からさう見る見方もある迄で、進展する種は初めに胚胎して居るものだ。大樹になる植物の種子にはその生命が宿つて居、自然はそれを護つて居る。これが運命だ。このことは信じてゐゝ。クリストはアブラハムの生れない前から在つたと云はれて居る。ゐゝ仲間がなければ独りでする。公表せずに腹のなかで決めて遣り出す。

特別の恵を感じ出した。

八月十二日

五時頃覚めた。

空は晴れて山の向ふの大村から鶏がしきりに歌ふ。

三福夫婦はひそ〳〵話しながら起きて各仕事についた。

枕辺の障子を開けて寝たので、肌触りのゐゝ朝の風が蚊帳を波うたせて居る。

隣家の鶏も鳴き出して三日月形の庖丁がばた〳〵し出した。又南瓜を切るらしい。

蚊帳をはづして表の戸を開けた。

大自然の生気が一度に迫つて来て自分を襲つた。

そして皮膚の全体から滲み込んだ。

健かさと悦びを感じた。

自分の躰も心も考へて居ることも祝福されて居るかの様に。

露に濡れた大地の色がゐゝ。

今朝はじめて咲き切つた向日葵は稍黄ばんだ東の空を見つめてゐる。

桐の葉蔭から謹しみ深いクサヒバリの歌が聞える。

一番《つがい》の鶏が来て桐の樹の根元の土を掘り返して餌を求めて居る。

雀が五、六羽集まつて歌つたり戯れたりする。同じ巣から出た兄弟らしい。

見るもの丶すべては悦びに満たされて居る。

自分も奮起を許された気する。

自分の友であり指導者である雀よ、鶏よ、クサヒバリよ、向日葵よ、百日草よ、花蓼よ、蓖麻《ひま》よ、箒草よ、
松林よ、向ふの草家よ、大地よ、蒼空よ、今日も日中暑いだらう。健闘を祈る。（朝記）

苗圃で苗木や雑草の観察をした。

夕食後庁舎に泊りの序に高木君と沐浴をした。話の行きが丶りから教団のことを話した。彼はクリスチヤン丈けに或る程度迄理解出来るらしいが吾が友ではない気がする。自分では興奮して語つたのだが彼は只すなほに聴いて居たまでだ。

宿直室では高市君と十時すぎ迄話した。Kの恋愛問題、林業上に於ける科学の役目、直覚と反省など云ふ問題に話は流れて行つた。

二人で庭を一と廻りしてから床に入つた。

八月十三日
宿直室を出て朝の精のみなぎつた林の中を歩いた。気持ちがよかつた。『白樺』を懐から出して千家と尾崎

の詩を読んだ。千家の方が矢張平明で大きい処がある。尾崎の方は技巧が重く扱はれて居て少し無理がある感がした。薬水の処は此の頃毎日の野遊客に踏み荒らされ、煙草の吸殻や紙屑が棄てられてあつた。食物の残片を漁りに来た鵲と烏の群が居た。今日も又この木蔭の泉は賑ふことだらう。氷の様につめたい水で顔を洗つた。

朝飯を済して旭町の教会に行つた。牧師は元山の部会修養会に出席したとかで居なかつた。曾田さんが説教した。題は「湖上のクリスト」と云ふてクリストの一行がガリラヤの湖上で風波にあつた時のことから処世上の教訓を得たいと云ふ話だつた。会堂の端の方で聴いて居ていゝ気持で居眠りした。話を殆んど聴き漏らさない程度にうつとり半睡した気持はよかつた。説教自身も緊張して聴くより半眠り位いで聴くのに適して居た。日曜毎に教会に出ることはいゝと思つた。教会の現状にはあき足りない処があつても、兎も角自分達の信ずるものに礼拝し尊敬するものを讃美する処だからいゝのだ。自分達は矢張人の面を見ないと淋しい、人の声は慕はしい。教会の人達は比較的善良だ。只骨抜きされたいくじなしの泣虫が多く、いやに甘垂れるので閉口する。友達が居ないので淋しい、会ふて話す友もない気がした。

若草町教会の献堂式に出席した。小さいが思つたより気持ちのいゝ教会が出来て居た。井口さんの説教の済みかけた処だつたが、「献堂式は会堂を神と民衆とに献げる式だ。会堂は市民のだれでもが入つて主人となるべき性質のものだ。市内の米屋や銀行が出来たのより深い大きい意義がある。京城市にとつても一つの大きい出来ごとである。発展である」と云ふ意を語つて居た。高見君の祝辞と歌、どこかの牧師の説教めいた祝辞があつた。教会の人達には喜色があふれて居た。自分達にもこん〔な〕集会所が欲しいと思つた。会堂として神を拝する宮としては現今一般に建てられるものは相応はしくない、無論この建物も会友集会所にすぎないと思ふ。荘厳なせめて仏蘭西教会位のものにして市民が自由に出入して勝手に拝める、喜んだり祈つたり出来る、日本の神社の様に開放した処にし度い。そうした大建築が市内に一つあつたらい〻。今の各派の会堂は各派の集会所にして、万民の拝す場所、美しい聖殿を一つ欲しい気がする。総督府が今建築中の朝鮮神社の金何百万円かを以てしたらかなりのも〔の〕が出来さうに思ふ。金の遣ひ方を知らない者にか〻ると仕方がない。少しは世界的人類的の仕事をして見る気になりさうなものだ。自分の祖先や自分の種族に生れた少し大粒の人間を崇める家を造るより、世界万民の父、万有の源である神を拝する宮をたてる方が大きい仕事である位はわかりさうなものだ。

　然しなんと云つてもないのは人だ。エルサレムの宮を建てるにはソロモンが居なくてはならん。シキ《ママ》スティン礼拝堂にはミケランジエロが必要だ。景福宮は大院君でなければ竣巧しなかつたであらう。偉大な建築は偉大な人間によらなければ出来ない。明治神宮にはどこにも偉大さを見ることは殆んど出来ない。建物は手がか〻つて居るだらう、工事には苦心したらう。けれどもあれは金と人手のか〻つた貧弱な科学応用の建物にすぎない。偉大と尨大とは異ふ。若し明治神宮の施設が人間に偉大な感じを与へたとしたらそれは建築でなくて全国から集めて植え込まれた森であらう。森には生命がある。自然が育て〻呉れる。時間が訂正して呉れる。年を経ると〻も〔に〕よくなるだらう。そう云ふことになると朝鮮神社も南山の自然を壊して山を削つたり石垣を積み上げたり盛り土したりする下らない土工を廃めて、森林でも造ることにしたら罪は軽いことになる。一体日本人は下等な石垣を矢鱈積みたがる。曾て事務所の裏の地均した処なども石垣にしたがつたのを僕が極力反対を唱へたことを思ひ出すがどうも腹が分らない。

　尨大な建物は何時でも金さへあれば出来るが雄大な建築はなか〲出来ない。雄大な建築を持つ民族は偉人を祖先に持つたと同じ意味の喜びと誇りとを感じていゝ。
日本の宗教の現状では到底偉大な礼拝堂を産むことはむづかしい。日本の宗教界とトタン葺の会堂は似通つて居るのかも知れない。人類の誇りになる様の大伽藍を望むことは悪いことではないと思ふ。軍艦の堅牢、尨大、華麗に感心し心うばはれて居た国民よ、軍備縮小で余つて来た金で平和の宮殿を建てることを考へてはどうだ。

献堂式に列した感想はこんなものだ。

それはとも角さし当り自分達教団の集会所を欲しい気がする。

京城から戻つて右の感想を記して畑に出た。今は白菜を播く畑の草取りをするために、三福が寿福と寅燮を傭つて来て三人で歌つたり話したりしながら働いて居る。畑は家主に交渉して荒地になつて居る処を借りたのだ。新しき村新教団が出来た積りで自分もはだしになつて加はつて草取りした。アキメヒシバ、ツユクサ、ヤハヅサウなどが多くてなか〳〵播けなかつた。僅か二時間ばかりしか働かないが愉快だつた。俺も百姓仕事は興味を以てすることが出来る質だと思ふ。

働いて呉れた三人の労に対して隣の酒屋から焼酎を少しとつて飲ませた。僕も久し振りに二杯飲んだ。飲んだと云ふより嘗めたと云ふ位いだつたが、気持ちがうつとりぼーつとしてしまつた。米屋が米を持つて来て呉れないので電話で催促して待つたがとう〳〵来なかつた。晩くなつてうどん粉のおすいと《ママ》うを拵えさせた。自分は今の儘で平常の心掛け次第で新しき村の精神を生かして行くことが出来さうだ。

教団のことを考へた。

自分達は村とか団体とか云ふものを作つたために団外の人を軽く見たりその人達に不遜であつてはならん。

人類のすべてに親しみを感ずる迄に大きくなりたい。小さい埒を設けてそのなかに堅まることはつまらん。村は地理的の村でなく、心の村であり度い。魂に色づけして教団の色を出すだけでい丶のだ。

自分達の生活のために他人から補助をうけない様にしたい。若し寄附して呉れる人があつたら団体の基本財産にしたい。土地とか衣食とか云ふものにして置き度い。自分達の衣食のために他人を煩すことは気が引ける。

村に行つた森永君から手紙が来さうなものだ。昨日の手紙の様子では思つたより村が理想境でない様のことが書いてあつたが、余り悲観しないで元気にして帰つて来る様に祈つてゐる。

八月十四日

此の頃朝の心地のい丶つたらない。

夜の間に降つた小雨にしつとり濡れた草花がしやつきり立つて日中の暑さも忘れた様。色も鮮かになつて大地の上に浮いてゐる。土の地色も美しい。空は拭つた様に晴れて居る。

三福は早朝から葱を植えたり水を汲んだりして働いてゐる。此の男の目のあいてゐる間でぼやつとして居たのを見たことがない。彼れが来て最早四十日位になるが少しもなまけずにそれからそれへと自発的にまめ〳〵しく働くのに感心する。朝鮮人はなまけものだと評する人があつたらその人はこの三福を見たら即座にその評を訂正しなくてはなるまい。俺はこの外にも勤勉な朝鮮人を多く知つてゐる。自分は朝鮮人の前途に望みを嘱してゐる。事務所に出たら森永君から電話があつた。

一昨日帰つた。新らしき村へ入る約束を決めて来たと云ふ。彼等の朝鮮から去ることは自分も淋しいが朝鮮のためにも惜しい気がする。然しこの若い友のためには有益であり、村に行つても必ず有用の兄弟であると信ずるから感謝し度い。自分の教団は心に出来るものだ。独りでも出来る。例へば僕一人でもその心を生かし切つたら途を行く只の人も親しい友として扱へる筈だ。今同居してゐる五人のうちでも美しい関係に発達させ得る。この家庭に教団の精神を生かして見たい。内面的に根張の強い生活をし度い。

月谷を一廻りしてから懿寧園に行つた。

懿寧園では物品の整理と苗圃を視た。吉田君の処で国分君等と食事を一緒にした。病気で静養に行つて居た関君も元気になつて居た。彼を激励するために信仰上の話をした。

随分暑い日だつた。懿寧園から戻つて月谷を一巡りして銅石鹸合剤の撒布を見て溜池で水浴して帰つた。三福が菜種子蒔きをして居るので手伝つて畦切りをした。働いて汗を出すと皮膚の毛穴があいて気持がい丶。

そこへ森永君が来たので足を洗つて家に入つて話した。村の畑に草が生えて居て作物の出来はよくなかつたとか、武者さん元気なくして居たとか、村の者達は働くことを存外喜ばないらしいとか、村の精神を理解して居る者が少ない様だとか云ふ感想を語つてから、とも角九月中に村に住み込む約束にして来たこと、村はせまくて此の頃の申込は殆んど全部断つて居るが特別に入れる様になつたのだと云つた。森永君も武者さんに対しては相当の同情を感じてゐるらしく見えた。

森永君なら村に行つても必ず役に立つと思ふ。紹介しても禍ちはない。信用してい丶男だと信じてゐる。柳井君は痔がをきて寝て居るさうだか気の毒だ。

御土産にパインアップルとバナ丶を持つて来て呉れた。おいしかつた。

森永君を対手に興奮して話した。それは自分の考へてゐる新生活法の信条、実行の方法、それから現在の新らしき村に対する批判、昨日の献堂式の所感など思つたことその儘を興奮したま、に述べた。

余り云ふと彼等の村に行くのを止める様の形になるが仕方もない。信じた通りを云ふた迄だ。彼れはその聞き分けはあるから大丈夫だ。クリストのたとへ話の様に我ふるまいの蓆は乞食やまがきのほとりの立ん坊で満たされるだらう。自分の望む客を招くために気を使ふな。それは無益だ。

教団の精神は自分の内にさへ生かせば世は一つの団体に化する。よきサマリアの人のことを思ひ出す。パリサイの人も説法師も彼の団躰《ママ》に属する信徒であつたら路傍の被《ママ》難者を親切にしたであらう。同じユダヤ人であつても団躰外の人見知らぬ人である故を以て見過しにしたのに相違ない。これは注意しなくてならんいましむべきことだ。自分達の生活する世界を地理的に限り交るべき友を血族や約束によつて定めるより、クリストの言葉の様に汝の隣を愛することが吾が教団の精神である。自分達は学者になり度くはない。教団の精神が現在の教会、新らしき村、社会主義、共産主義或は何々とどう異ふと云ふ様な分類はしない。説明もしない。世の人を説破し度くない。又それは出来ない。やつて見なければわからない。只神の道を成就するために努力するのだ。どう努力するか、神の指示に従つて行動するまでだ、と答へる。

「太初に道《ことば》あり、道は神と偕《とも》にあり、道は即ち神なり」と云ふその道をクリストも成就させんために一生をさゝげた。彼の行動はいつもそれに叶はせんためなりと云ふ信念から来て居る。自分達もいかに行動すべきかの方法については略見当はつくが声明の限りでない。只御旨の告げる儘をその時〳〵なすのみである。

兎も角自分の考を熱心に聴いて呉れる友の地上に居ることは愉快だ。此の世の生活を無駄にしない様に考へる人間を見ることは力だ。

森永君を駅まで送つて途中も話した。明晩会ふことを約して電車の出るのを見送つて帰つた。

武者さんのこと思ふと気の毒だ。兎も角彼れは普通の人間より大粒だ。大粒すぎて村に居て話し相手にも困るだらう。自分が興奮して語る時同じ様の興に入つて聞いて呉れる友のないことは淋しいものだ。クリストのお話しに心うばはれてそば近く侍つて見とれて居たマリアをクリストが賞揚した様に。よき聴手も又必要である。

武者のよく云ふいまによくなる、こゝ二、三年の辛抱だと云ふ様のことは考へて居てはならんことだ。人生の意義は行つた先きにあるのでなくて行く道中にある。道程の一歩一歩が成就であり到達である。

生活費のために乱作して生活費の大部分を印税から得る様のことは村の精神でないだらう。武者一人は立派な藝術家であるとして筆で働いても人類は喜ぶ。彼れの衣食は他の人類が引きうけて働き出すことを約束するとしても他の人達にはその仮定も考へられない。実際武者のためにだつたら自分だけの考へでも出来るだけ働いて彼れに思ふ存分の仕事をさせて遣りたい気さへする。

自分もかつては村に入らうかと思つた。けれどもみつゑの躰のことや自分の信仰のこと仕事のことも考へて控えたのだつた。

今となると行くべき道は少し異ふ方が俺に適することが分つて来た気がする。

武者さんの途も進むべき一つの態であると信ずる。彼は偉いから絶えず襲ふ淋しさやあらゆる艱難にも耐へて行けると信ずるが、他の人達にとつては外から考へたより福音でないかも知れない。

村には宗教的基礎がもつと〳〵必要だと思ふ。これは何よりの宝だ。宗教は本音でなくてはならん。

八月十五日

朝の気持ちは今日もいゝ。

窓ぎはに椅子を出して眺めて居る。

向ふの家から立つた青白の烟は低く流れて前の松林を墨画の様に濃淡づけて行く。

桐の葉もポプラの葉も動かない。

クサヒバリの音も細く長く切りもなく続く。昨日掘り返した土の色は古い画の緑青の剥げかけた処の様な新鮮な美しさがある。

そこに雀が来て何か拾つて居る。

前の家の庭先きには大きな牛が庭石の様にまだ臥た儘口を動かして居る。

鵲と鶏は日の出を告げる様に競つて鳴く。

昨日家主の老婆が来て窓の前の蓖麻を摘んで行つたので茎だけが残つて居る。松毛虫に食はれ〔た〕松の木の様に。何本も処々に植えたのがみんな裸にされた眺めは淋しい。

毛虫婆にかゝつ〔て〕はたまらない。

これからも時々来てこんなにあらしの様に吹き廻され〔て〕はたまらんなアと思つた。

朝日がさして桐の葉毎の尖端に大粒の露の玉が光る。それが流星の様に時々落ちるのもある。

山の向ふの日本人の百姓が甘藍《キャベツ》と茄子を籠に入れて持つて来て呉れた。

三福は朝飯をさきに済して出て行つた。

今日幸福の日でありさうだ。

俺の知つて居るすべての兄弟達よ幸福であれ。全人類の上に平安あれ。

神による幸福をうけよ。それはいくら大勢の人が受けても減らない幸福だ。（朝記）
苗圃に出て仕事の世話をしたり建築課員が来たので出来上つた庁舎の案内をした。近来に珍しい暑気だつた。苗圃の地面の熱した処は四十五度になつた処もあつた。日中の水浴は心地よかつた。水は湯の様にあたゝまつて居た。
星加君の縁側で三十分ばかり午睡をしたら気がせい〳〵した。林の涼しい処で星加、高市両君と落ち合つた。二人は若い予備少尉だけに軍人や軍隊の話をした。軍隊に関した話は一躰興味がないのだが、気持の具合で妙につり込まれて相槌を打つたり喋つたりして思はず雑談に時を過した。星加君は云つた、「今度戦争があつたら金鵄勲章を得るか死ぬかどつちかにする覚悟だ」。彼は真面目に時々このことを語る。僕は云つた、「君が金鵄勲章を貰つて凱旋する時僕は非戦論者の故を以て監獄に居るであらう」。これだけは僕の本音だ。

夕方貞洞へ行つて晩飯を食べた。

約束して置いたので七時頃朝鮮銀行前に行つたら森永君はすでに来て居た。二人はBの家を訪ねた。Bの家は分りにくい処だつた。そこで氷水など呑みながら話してBも一緒に三人で明治町の柳井君の入院して居る肛門病院を訪ねた。柳井君は村への旅行から痔が起きて痛み出したので今日入院したのだ。

病院を出てから夜の市を歩いて南大門から電車に乗つて帰つた。

清涼里の駅から家迄の夜の道は又美しかつた。

大空は隅から隅まで星を鏤《ちりば》めた象眼になつて居る。

大空の奥行きは人間に想像を許されて居ない気がする。

星には大小光の色や強弱があつて同じ様のは殆んどない。

あの各に自転や公転の運動があるとどうしたら思へるだらうと疑ひ度い程静かだ。彼等の運動は自由だ。

真の自由は進むべき当然の道、神の指示する道を信じて歩むことだ。

彼等は自由の運動をして居て全躰の均斉を失はない。

逆に云ふと全躰の均斉を失はない各個の運動は真の自由の運動であると云ふことになる。

寧ろ各個の運動によつて全体の均斉は安全に保たれて居るのだ。

あの宇宙にふら〳〵して居る様の星が人間の想像し得る一番確実な安泰の状態であると云ふことを知つてゐるか。自分達が地球上に如何に大建築を立て丶も、大森林を造つても、墓場を立派にしても、土を掘つて宝をかくしても、大盤石にしがみついても、その確かさはあの星の一つの糞皮に起つた出来事にすぎない。

人類よ、星の様に自由の道について進め。そして全躰《ママ》を安泰にしろ。各自許された力を出し切つて運動しろ。引力の手を汝の隣に延べて握手しろ。人の子の霊の天躰はそこに出来て星の様に輝くだらう。

草叢の土際からコウロギの一族が星の歌を歌つてゐる。

八月十六日

昨日の暑さは今年中で一番だと思つたが今日は又一丁上だ。九十五度越してゐる。

牧栄等が学校から野遊びに来て薬水の処で遊んだ。母が附いて来た。

午食してから川に行つて独りで水浴をした。

水はなまぬるで肌触りがいゝ。

流れの少し強い処に居ると按摩される様に多くもない筋肉が弄ばれる。

水溜に漬つて居ると小魚が来て肌の処きらはず接吻をする。はじめはくすぐつたかつたが放つて置いたら馴れた。小魚も馴れて無数にやつて来る。水面に眼を近〔づ〕けて覗いて居ると挙動がなか〳〵面白い。時々宙返りをして銀色の腹を光らせる。

水から上つて事務所で仕事をはじめたが眠くなつて居眠りしてしまつた。

余り暑いので仕事も出来ないから居ても無益だと思つて帰宅して手紙を書いた。柳さんと、政君に。

久し振りに斎室の風呂に入つた。

宿直室の窓を全部開け放して寝たがむしあつかつた。

八月十七日
朝起きた時は晴れて居たが間もなく曇つてしまつた。そしてむし〳〵暑かつた。部屋に居ても蒸し風呂に入つた様に汗がづく〳〵湧いて身の置き処もない程だつた。暑中休暇と云ふものは矢張必要なものだ。この位暑いと鳥も獣も殆んど活動を廃めて身心を休養して居る。鳥は羽替、人間は夏瘠せする。山や苗圃を廻つただけで何もしなかつた。い、考へも浮ばなかつた。午休に苗圃の人達や鄭君、高木君等と川遊びをした。僕は萩製の籠で朝鮮金魚を捕つた。ウナギの子や鮒も捕れた。そのうちに一雨降つて三時頃から涼しくなつて元気になつたので苗圃の病虫害に関する考を纏めはじめた。

夕方石戸谷技師の処へ行つた。用は借りて居た本を返すこと、星加君の嫁の話をするためであつた。柳井君の見舞もする積りだつたが遅くなつたので止めて戻つた。

八月十八日
朝寝て居る間に痛快な驟雨があつた。一時間余続いた。晩飯を済して事務所へ出る時も小雨が降つて居た。日中も時々降つたが晴間の方が多かつた。然し余程涼しくなつた。

苗圃の土壌に関する考をまとめかけて居る。書き出して見ると大体見当はつく。今日は天候の加減か仕事に気が向いて来た。苗圃の雑草も調べて見た。開墾してから畑が一年二年と馴れるに従つて雑草の種類の変化するのに気がついた。

夕食後京城に出た。貞洞の兄は居なかつたので上らずに柳井君の病院に行つた。途中桃を買つて序に馬場君の処へ寄りかけたが誰も来て居ないらしくひつそりして居たから尋ねもせずに引き返した。柳井君の処に森永君も馬場の弟も居た。十時半頃迄話した。

行きも戻りも電車のなかで苗圃の土壌についての考が頭を擡げて生きて居た。そしてそれは少しづゝ生長した。今日はこれで寝て翌朝早く起きて書きつけてやらう。

柳さんからの手紙と写真と為替が来た。

八月十九日　午前中好い天気で午後は夕立の様の雨が降つてきてとう〳〵地降りになつて夜も運《ママ》ひ雨の様に時々強く降つた。

苗圃の土壌と病虫害に就いての原稿を略書き上げた。余り気が急いたので少し深切を欠いた処がある気もするが精神だけは表はれてゐると思ふ。

夕方少し早く戻つたので晩飯のお菜に茄子のてんぷらを僕が拵えた。唐辛子の葉ののも作つた。

夜森永君が来た。

森永君も村に行つて農夫にならうと云ふのだから僕が農林業者としての自然に対する態度を語るために苗圃に関する論文の原稿を示したり話したりした。

話はそれから引つ張つて村に関することや仲間の噂に入つた。村のことについては何時も興奮させられる。そして勢にまかせて語つた。自分達は村の会員も兄弟も友達も師も先輩も信仰の世界に於ては第一でない。只神に依つて連る兄弟である。神に近づく途の道連〔れ〕である点でいつて神第一であらねばならんと思ふ。自分達が神について覚めて居さへすれば友は去るとも淋しくなからう。真の友神に連つた兄弟ならどこ迄行つても同じ並行線上を歩いて居るから握手して行けるであらう。村の生活に憧れて居る三人の若き友の信仰と前途に祝福あれ。三人よ神に頼よれ。森永は十一時迄遊んだ。

八月廿日　降雨

今宿直室に来た。今日の日曜はよかつた。恵まれた一日であつた。

朝は高木君と若草町の教会に行つた。それは昨日の驟雨に雨具を有たけ貸してしまつたので仕方なしに高木君の傘に入つて行つたのだ。早くて日曜学校から聴いた。不謹慎な独断の説明をする教師もゐていやに思つた。

井口牧師は不在で大島さんの説教があつた。

題は「家宰オバデヤ」と云ふので、オバデヤは暴逆なアハブ大王の家宰であつてよくエリアを助け百人の予言者を五十人づゝ岩穴にかくして置いて水とパンを与えて養つてエホバに仕へ善を積んだ。自分達まで此の世に処して絶対的方面を生かすエリアの様の途も必要であるが、相対的のうちに絶対的方面を生かしたオバデヤにも美しい処がある。現今の婦人問題、社会問題、労働問題なども絶対的方面の理想論にのみ走つて相対的方面を顧みない。『婦人の友』と云ふ雑誌などその点に於て世を毒してゐる、と云ふ様なことも云つてゐた。

大島さんらしい穏かな説き振りでもありもう一歩と云ふ気もしたが、兎も角緊張して聞けた。興奮して勝手に村のことに思ひは走つた。

会ふ度毎に云ふて呉れるので佐野さんへ行つた。午食を済してから論談した。対手は太平町とかに居る井上と云ふ男で他の四、五人も興味を以つて聴いてゐて時々口を出した。東京から暑中休暇で帰つてゐる妹娘は『婦人の友』の主幹が学校の校長とかだと云ふ関係から今日の説教に対する不平も云つた。問題は主に労働者や婦人に関する解放問題であつた。井上は自分の家の内情や自分丈の狭い考へから解放したら治まらない、自由にさせたら乱れてしまふと云ふことを云ひ張つてなか〳〵真剣に応戦した。彼れには解放も自由も追放も放縦も分らない。彼れの理念とする治まつた態はどんなものかを考へて見るがいゝ。国なら為政者の横暴、家なら長者の我儘の通る態で、その他の者の心の状態は倦んで居ようが不平があらうが強者の意志さへ行はれたら治まつたのだと心得て居るらしい。途中でこんな男を対手に喋るのもつまらんと考へたが、世の中にはこんな考へが普通だ、此の男はその代表だと云ふ気がしたしそれになか〳〵熱心に追究して来る態度に知らうと云ふ誠意も幾分見へたので、芝居の対話説教をする積りでゆつくりかゝつた。そして興奮して語つた。

三時すぎに柳井君のゐる病院に行つた。

BもMもゐた。大塚とか云ふ女も来た。病人は大分よかつた。彼等は毎日会つて居るのと村に行くと云ふ望みを控てゐる前の現在はすべて仮だと云ふ風もあつて少しだれ気味に見えた。村に行くのだと云ふ喜びは子供等が旅行にでも出掛ける前の様にそは〳〵浮いて表はれてゐた。

僕は一緒に話しするには余りに彼等より興奮して居た。只黙つて祈つた。新らしき村の生活のうちにも彼等の今の楽しさが見出されて、夢が覚めずに喜びが続く様に。

六時頃森永君と一緒に出て貞洞へ行つた。

晩食を済してから朝鮮の焼物に関する意見や新らしき村の精神や自分の考へて居る新らしい教団のことを話題にして話し合つた。又三度興奮してしまつた。九時頃雨の小止〔み〕を見て辞した。新らしき教団のこと色々それからそれへと考へた。帰り途の電車の内、東大門で電車を待つ時間も考へた。

人間が個性を出来るだけ生かし全力を傾注する仕事を持つ様になることは幸福なことだ。自分達の仲間にそれが得られるためにお互に骨を折り合ふこと。これは神のよしと見給ふことゝ信ずる。世の中の人々のためにこのことで骨を折ることは何よりの福音を伝へることになると思ふ。今の世の人々に此の幸福を感じて居る人々の稀れなこと実に驚く程だと思ふ。官吏、職工、店員、農夫何れの人々でも己の仕事そのものに興味を有つて愛と悦びを有つて従事して居る人を思つて見ると実に少ない。己の職業以外にでも自分の心を奪はれて居る。正しき何物かを有つて居る人は恵まれた人だと思ふ。それの与へられてゐる人は少しの病気も乗り切る。病んでは居られないと云ふ気〔が〕する〔から〕だらう。ミケランゼロは八つの持病を有ちながら平気であの健全な仕事を、人間の業だけではどうしても出来ないと思ふ様な大事業を完成した。ホツホ《ママ》も死ぬ迄画いた。皆んな果報者だ。

新らしき村も精神は良い。村の生活もその精神を生かす一つの途である。精神を実現する一つの形式にすぎない。途は幾つもあると思ふ。形式は他にも多くあると信ずる。俺の考へてゐる新らしき教団もその一つの途である。

然し自分が若し実行した場合は人は村の変態と云はないであらう。教会の改造、宗教の改革、基督教の進化と思ふであらう。俺自身もそれを望んで居る。

団体の小さく堅まるよりも広く世の人の中に融け込むことを考へたい。オバデヤの様に穏かに善を積み度い。だれでもの個性を尊重して美しい花と栄ある実を結ぶために倦まずに努力出来る様に力を添へて遣り度い。

良き仲間の与へられることを祈らずには居られない。一時が打つたから寝る。

八月廿一日

曇つて居て少し涼しかつた。時々小雨も降つた。終日事務所に居て「苗圃の土壌」の小論文をまとめた。大体形をなしたがなか〱むづかしい。自然現象の観察から進めて苗圃の土壌が苗木とどんな関係にあるか。適地とはどんなものか。如何なる頭で土壌を鑑別するか。如何にそれを取扱ふべきか。論じて、自然率に従順であることが最〔も〕大切なことであると主張したのだ。

武者さんからはがきを貰つた。

夜は少し興奮して村のことを考へた。そして武者さんに手紙を書いた。現在ある地理的に限られた村の世間的の成功をあせらな〔い〕様にして気兼ねも遠慮もなしにして大事なことを考へ祈り続けて欲しいこと、上よりの力に満たされて一斉に起つ日迄自重して欲しい。興奮して居たのでその他何を書いたかよく覚へても居ない。要する〔に〕同情して居る心状《ママ》をうち明けたまでだ。

実際武者さんには会ひ度い気がしてゐる。そして色々聞いたり思つてゐること云つて見度い気がしてゐる。

夜の雨はひどかつた。

八月廿二日

雨は朝まで小止〔み〕もなくつゞいた。

事務所で本を読んだ。それは今度計画しやうと考へて居る「苗圃の肥料」を書くために参考を得るためにであつたが、矢張何も読まずに書く方が纏まつて自分の主張が書けさうだ。雨は終日止まなかつた。夕方苗圃を廻つた。行く道にも川水が深〔さ〕一尺も氾濫してゐる処があつた。

夕食後例によつて独りで髪を刈つた。

雨は夜に入つて益々はげしくなつた。又水害がひどいかも知れない。漢江岸の人達は心配して居ることだらう。

教団のことは俺の頭が静かになるとすぐ頭を擡げて来る。俺は又そのことに酔ふのが楽しみだ。

「お前は毛糸の靴下やキットの靴を穿きたくはないか」

「穿いてもいゝ気はするがさう穿きたいとも思はない」

「お前はいゝ音楽を聴くことやいゝ画を見度いと思はないか」

「それ等は望んでは居るが今それが与へられて居ないと云ふて淋しくてたまらん程ではない。本物に接した後ではその出来事が自分にとつてなくてならない大切な機会、恵まれた時になるにしても触れて見ない今は余り淋しいとは思はない」

「美味いものを食べたり好きな器物を愛弄《ママ》したりすることは」

「食事には不思議な程冷淡になつて来た。美味いものの方がいゝにはいゝが何でも平気だ。先づ時に果物を欲しい位のものだ。器物や着る物にはすき嫌ひがあるが、これは無理しなくても平気になれると思つて居る。尤も器物や着る物は多くの場合俺の好きな物の方が安価で得られるので都合いゝ。金を多く出して下品なものを使つて居る者の腹がわからん」

「君の新らしい教団ではそれ等のものとどの程度まで接触して行く積りだ」

「そんなことはつきり考へたことはない」

「それでも考へて見る必要があるだらう。病気で金を遣ふことや子弟の教育に金を掛けることは勿論普通の衣食住の費用ははつきり要るだけ要るとしても、前云つた贅沢品の様なもの、無論僕等にとつては贅沢品でないものであるが、兎も角それ等をどう扱つて行くかと云ふことさ」
「それはその時になつて見なくてはわからん。贅沢品でも使ふ時と場所でなくてならんものになるから今から品物で定めて置く訳にはいかない。イエスの頭に高価なナルドの香膏をマリアが斟いだことは痛くエスの意に叶つてそれは最適当な遣ひ方であつた。そんな時慈善を看板にして融通のきかない理窟を捏ねる弟子の愚なまねはし度くない。

それに自分達は前にも云つた様に最〔も〕普通な誰もが顧みない様なものと親しんで楽しめる幸をも感じてゐる。平常はあらゆる自然からうける美の刺戟と自分の愛するありふれた焼物や版画や無理に求めなくても会へる隣人から慰めを受けて居るから淋しくない。そのくせ若し仮りに京城に世界的の音楽家が来たと云ふ様な場合があつたとする。その時はどんな工面をしても教団を挙げて聴きに行く様にする。金をいかに有益に使ふべきかも常に考へて置き度い。兎も角そう云ふことはその時〳〵に考へて定める外ない」

八月廿三日

雨は小降りになつたが止みさうの色もない。

朝の起きた心地はいつも素敵だ。日常生活に於て美しき優秀なるものにいかに接触すべきかを解決するために、マリアの香膏の処を一層深く考へるためにラルネデの講解を開いて見た。見てうんざりした。矢張り米国人だ。そしてその思想が日本の今の教会にも溢れてゐるのだ。これは改造でなくては直らない。

マリアの行為が兄弟ラザロを甦らせて貰つた深い恩恵に対する謝恩の心である様に書いてある。自分は思ふ、それより深い〳〵ものであると。聖書に表はれて居るマリアは自分達の想像し得る女性の最美なもの、気がする。彼女にはクリストがよく解つて居た、直覚的に。クリストが又彼女の美しい心をよく知つて居て常に如何に慰められて居たかを思ふ。謝恩の心も美しくないとは云はないがそれを越えた美しさがある。謝恩の意ならクリストも受けなかつたであらう。又マリアはラザロの甦される以前から如何にクリストに尊敬と信頼とを持つて居たかを考へ〔て〕見てもわかる。ラザロの甦りも彼女の信仰の力が与つてゐる気さへする。

又マリアを叱責した弟子の心が真面目でなかつたと評した迄はい〔ゝ〕が、その心を説明するために「弟子自らがイエスを尊敬する心がなかつたことを第一として、第二はマリアがその金をイエスに寄附したらそのうちから幾分をごまかすことが出来るものをと考へた」と《ママ》ことを考へて居る。自分はそれは余りの酷評すぎて評した人自身のきたない心が出過ぎて居る気がすると思ふ。弟子の叱責したのはもつと単純で只美しい行為と正しい行為とか云ふものを見分け得なかつたのだ。現今の教会に此の行為があつたとしたらどうだ。尤も今の教会にはイエスもマリアも居ないが、若し居たとしてこのことが行はれたらそれこそ牧師も信徒も百把一からげになつて反対叱責するだらう。藝術に無理解な教会信徒等よ、自分のことを棚に上げて弟子の行為を非難す〔る〕ために弟子に同情のない見方をすることは謹まなければならんと思ふ。

クリストが今生きて此の問題を裁いて下さるとしたら弟子もラルネデも、お前達はも少し考へて見なくてはいけない。大成運動の前には何物も顧みない馬車馬どもよ、マリアの静かな美しさ積極的な愛にも倣ふ様にしろ。（朝記）

昨夜の雨は随分多かつたらしく道路や土橋は各所こわされて居た。自然の威力は到る処に示されてゐた。人間共が勝手に矢鱈直線的に作つた堤防も水路も道路も眼中にないものらしい。自然は大地に自由な楽書をしたとも見える。又人間共の工作を訂正して呉れたともとれる。然し水田に土砂が流れ込んで稲の埋れたのは気の毒の気がする。然し又水の流れた道は自然だと云ふ気がする。

午前中雨に濡れて川渫《さら》ひをして見たが、水は決して人間の思ふ処を流れないのに感心してしまつた。或る部分を渫つてそこを流さうとすると一時はそこを流れるが、水の流れた処はたちまち砂が溜つて他の処より高くなる。そこで水は勝手に低い処を求めてそこを流れる。そこも五分間と続かずに又他に移る。どうしても意の如くならないので止めた。

午後は苗圃や樹木園を巡つた。雨は止んだが曇つて居た。歩いてゐる間に着物は乾いた。

夕方家で薪割りをしたら手にまめが三つ出来て痛いから止めた。一つはつぶれて血が出た。手の皮も存外弱くなつたものだ。

「君の新らしい教団とかについて質問したいがかまはないか」

「からかう意味と議論を弄ぶ気でなかつたら歓迎する。新らしい教団の名は改めようかと思つて居る。信仰に生きる団体だから信団としたらどうだらう。教の字はどうも苦しい気がする」

「今茲に官吏があつて彼は毎日の仕事の下らないことに気がつき、人間らしく生き様と決心し飜然として足を洗つて百姓になつた。処が馴れない労働と経験のない仕事のために失敗した。彼れのはじめの考へは労働の余暇に少しは藝術にも親しむ時を欲しいと思つたが、それすら忘れて働いたが全く徒労であつたのだ。彼れは以前の官吏で居た方が幾分か世のためにもなり彼自身にも益であつたと思ふ。又他に熱心な百姓があつた。彼れは熱心は熱心だが利慾の外に殆んど何物をも考へない。勤勉で計画がうまくて、仕事にも堪能だ。そのために毎年沢山の米やその他の食糧を生産する。彼れの労働は全く利慾に迷つてするのだがその結果は多くの食糧を人類に供給してゐる。それだから君何が人類のためになるか分らんではないか。初めから教団とか信団とか名ばかりつけて人類の道とかなんとか云つて見ても人類に喜ばれない様の結果になつたら駄目だと思ふがどうだ」

「自覚して生きるのは幸福な道だ。無自覚で生きることは恥ぢなければならん。犬は菓子を貰ふことを目的にして獲物を拾つて来る。目的はきたなくても人を益すればい丶と云ふのは犬の様な生活だ。仕事の結果が良くなくても信仰に生きて居る者にとつては恥ぢではない。同じ失敗は繰り返さなくても済む。経験は積り技能は進歩する。使命を感じて起つた人は幸福だ。起つただけで勝利だ」

「それでは前に云つた官吏であつた男が実際失敗して食ふに困つて居る場合幸福だ勝利だと云ふて居られると思ふか。彼れは他人に迷惑を掛けない様に、出来たら人の分も助けて遣らう、楽しむことは自分に許された範囲でやつて行かうとはじめに決心した位だから、今度のことでは恐縮してしまつてどうしてい〔丶〕か分らずに困つて居るのだ。どうしたらい丶」

「彼れには友達があるだらう、彼れの心のよく解る。先づ少なくも僕はその男の友になつてやる。自分達はそう云〔ふ〕人が世に起ることを望んで居た。そう云ふ人達と結束するのが僕等の信団だ」

「処で君、君自身もその男達を養ふ力があるかどうか信じられない。君の云ふ様に考へたら人間は一人前の労働をすることはむづかしいのに、人の分まで助だちしてやることは容易でないと思ふ。そこでだ、前に云ふた様に利慾を標榜して働いても二、三人前も仕事をする者は褒むべき人ではないか」

「そうはいかん。僕は利慾に迷つて居る人を悪人とは思はない。或程度まで同情してゐるが賛成は出来ない。褒める訳にはいかん。尤もそれは社会にも罪は幾分あるのだ。又その人を無用の者とも思はない。家畜が食物さへ与へれば人の何人分も働くからと云つて同情しないでは居られない。愛を感じてゐる。増して人間だからなア。又僕が自分の力で前の男を養ふと云ふことは出来ないことはその通りだが、自分達が協力したら生きて行けると信じてゐる。自分達の仲間のうちでそれ〴〵得意な仕事を分担してやればいゝのだ。気の向いた方面に発展したらいゝのだ。僕にはまだ五つのパンで五千人が食し飽きたと云ふことを其のまゝ信ずる信仰は与へられて居ないが。自分達が結束して正しい道に起つた時誰かゞ生活を保証して呉れる様の気がしてならない。自分達は仲間を定めて小さく固まる団体を作ることはしない。『我に敵たは《ママ》ざるものは我につくものなり』と云はれた様の広い心で人類の間に溶け込んで行くのだ。クリストを助けた税吏もあつた様に自分達に与する利慾主義者もあるだらう。そして彼等も非を悟つて人間の道に戻つたことを幸福に思ふだらう。自分達には敵は殆んどない。若し有るとするとなまけて理窟を捏ねてゐる官吏と、固つて身動きのとれない宗教家だ。彼等は敵でないにしても縁が遠い。クリストが『禍ひなるかな、学者とパリサイの人よ』と云ふた言葉も今の世まで響いてゐる。自分の仕事に使命を感じられない者は不幸だ。迷つてゐる人も不幸だ。今日はこの位にして置かう」。

八月廿四日

血が知つたと云ふものか本府へ出たい気がして早朝出勤したら昨日林業試験場の官制が発布になつたと云ふて皆少し忙しさうにしてゐた。そう云へば昨日事務所から帰りがけに高木君と話したことだつた。何だか今日は官制が出る日らしい、と。矢張それが当つたのだ。これまで二ケ月も今日か明日かと待ちに待つてた官制が愈々出たのだ。林業試験場が生れたのだ。備品の保管転換を受けるための仕事をした。帰途肛門病院へ寄つて柳井を見舞つた。夜は朝鮮焼物の名を整理した。宿直室に泊りに行かうとしたら森永君が来た。森永に信団の話をした。日記の一部を読んだりした。二人で道に出てからも暫く話した。自分達は信仰生活をするために家族と何の程度迄接触するの問題について考へた。

八月廿五日

事務所に出たら本府から電話で呼ばれた。

引き返して行つたら試験場判任職員の辞令が出て居た。殖産局長が僕等仲間五人に手渡しして呉れて且つ場長立会で訓授があつた。大要は「試験場が今度出来た。新らしい官庁であるから考へを新たにして働いて欲しい。旧い官庁には実務に老練な人もある代りサボタージにも老練家が居るものである。新らしい処では仕事は不馴のことも多からうが働き甲斐がある試験の仕事は一朝一夕に成績を見ることはむづかしい。永い年月を要するのだから充分留意して精出さなくてはならん。熱心が大事である。興味を持つことが肝心である。調査や試験をしてゐる間には副産的にも予期しない事項を学ぶことがある。それは心がけ次第である。心を揃へて働いて充分成績を挙げる様に」

本府に居て備品に関する事務をした。

四時半から江戸川で官制発布の祝賀会があつた。山林課長、水産課長、後藤技師、入江君その他庶務の者二、三人と試験場員場長以下約二十人が集まつた。藝者も居ないで皆愉快に遊んだ。宴会はこんな風がいゝと思つた。帰りに柳井君の処に寄つた。酒を少し呑んで居たので顔がぽか〳〵して居た。MもBも居た。皆に聖書に親しむことを勧めた。

八月廿六日

事務所に出て苗圃を廻つた。

午後は家に帰つて朝鮮焼物名彙を拵えた。これは訂正増補して行つた〔ら〕焼物の分類上便利だと思ふ。夜は久し振りに斎室の風呂に行つた。

八月廿七日

貞洞に寄つて教会に行つた。兄は渼芹洞に行つて居て居なかつた。中村牧師の説教にはうんざりした。なんど考へて見てもくだらない。「実際の教訓」と題して此の四年間に得た求道者の数、求道者の分類、その歩合、求道者類別受洗者数及その歩合、男女別数及歩合、求道者の住所など報告としてもくどすぎる位であつた。或は教役《ママ》者仲間の会合でゝもあつたら人を勧誘するための参考になることもあるかも分からんが。信仰を燃やすとか神に愛を感ずるとか云ふことには一向与つて居なかつた。それに又聖書から引いた文句が木に竹を接いだ様に全く無理に持つて来た様のものだつた。一体大成運動のことばかり考へて居るから話に誠意がない。目的が先きに定まつて居る説き方と云ふものはどうしても邪道に入る。それは真の真理に触れようとするより自分の考へて居る目的に早く到達し度いからである。途中に横はる真理の宝には見向きもせずに結果を急いでゐる。彼等は不信仰で大成運動を考へた。彼等の虚栄はその禍を一層大にして居る。彼等の考へたりやつたりして居る大成運動が神の意志とどう云ふ関係にあるかも考へて見たら分りさうなものだ。

役所の規約貯金を受取つたから教会に十円寄附した。説教を聞いて居る時何んだ馬鹿らしい寄附なんかするものかと思つたが又考へ直した。現状は教会の一時の迷ひだ。見捨てたものでもない。クリストが居る以上いまに何んとかなると思つて望を失ひ度くなかつた。柳井君の処へ行つた。森永が来て居た。今の教会のたよりにならないこと感じて話した。午食して出て渡辺さんへ行つた。奥さんが居て世間話をした。久し振りに人間の仲間入りした様で少しくつろいだ。上林次官の所を訪ねたが病気だとかで会へなかつた。慶熙宮跡に行つて焼物の破片を拾つた。三島手のいいのがあつた。

又病院に行つた。今度はBも来て居て讃美歌を唱つて居た。

新らしき村の雑誌を見たら表紙の裏に村の精神が記してあつた。

それを読んで気がついたので自分の所感を語り且つそれを森永君の日記の裏に書いた。大体次の様であるが少しは違ふかも分らん。しつかり記憶して居ない。

一、人類の個性を尊重すること。

各人の自我は造主のものである。造主を知ることより自我を知る途はない。人類の個性は一緒になつて神の懐にある。それを捜し近〔づ〕いて行き段々に知ることを個性の成長とも呼ぶ。各個性は一様でない。代への出来ないものである。それぞれ各々存在に意義がある。個性各個の成長はお互に助けにはなつても邪魔にはならない筈である。何故なら唯一の神に向つた軌道の並行線上にある無数の個体は正しい軌道の上にありさへすれば他の進行を妨げる恐れはない筈である。要するに自分の個性を大切に思ふと同じく他人の個性をも尊重したらい丶のだ。

一、人間の天命を完ふすること。
　天命とは神に依つて護られてゐる寿命である。各自の了見違ひや不注意で寿命をくるわせてはならない。人間の生命は矢張神の支配に属することを信じ謹み深い態度で生活することが必要である。各自の長生きすることは人間仲間の生存健康にも益であると信じられる様な心掛けで働けるだけ働くがい丶。病気や老衰で働けなくなつた時のことは心配しなくてい丶。生命は神のものだと信じて居たらい丶。
一、同じ信仰に生きる友は兄弟と名〔づ〕ける。
　以上の信仰に依つてお互の生存がお互の益であり集団的に斉美の結合と調和を見、有機的に発達し得る道を歩むべく努力する人、そうなる道の存在を疑はない人、その道を知り度がつてゐる人を兄弟姉妹と呼ぶ。兄弟姉妹以外の人をも悪《にく》むとはよくない。又それ等の人に厚意を感じられなくなるのは自分達の世界が狭められたことになる。注意するがい丶。

　略右の様だつたと思ふ。尚練らなければ駄目だと思ふ。只突然武者さんのものを読んでその個条書が少しくどすぎるのと、個性とか天命とか云ふことが書き足りない気がしたのでも少し宗教的に考へて置きたかつたのだ。全き天命や成長した個性と云ふもの丶標準を示して置き度い。村の人達が鼻息が荒らすぎるのと権利の主張に大胆で義務の遂行は理論だけ明るすぎる気がするのも此の根本精神に関係してゐると思ふ。それに引き続いて自分の所感を興奮して話した。

　夕飯は森永君を誘つて 슬넌탕《ソルロンタン》を食べた。

　黄金町で別れて電車に乗つた。

　今日の日曜もよかつた。

正しいことを一緒に考へたり語つたりすることの出来る友を持つことは幸福だ。何かのためにしやうと思つて結束した集団は個性をはづかしめる。例へば大成運動の如きである。数が多くて稠密でも弱い。個性本位の団体は数がすくなくてまばらでも強い。都会と田舎の差がある。

八月廿八日

仮事務所から煉瓦建の本館に引越した。古い書類の整頓と荷物の運搬でごた〳〵してしまつた。こうして段々試験場らしい気分になるのだらう。夕方京城の種苗商が参観に来たので苗圃を案内して遣つた。

柳さんから手紙があつた。

空が急にかき曇つて夕立模様になつたが降らずに済んだ。

柳さん、政君、大屋にはがきを書いた。

宿直室に泊りに来た。隣りの部屋では高市君が勉強して居る。実に静かな夜だ。時計の刻む音と、叢から洩れる虫の声と、時々遠くの寺で叩く木魚と鐘の音がかすかに聴える。ドストイエフスキーの手紙を読んで居る。ヴアングル男爵に送つた彼の窮状を訴へて居る処を見た。美しい感情を率直に表はして居る。こんな手紙をうけ取つたら誰れだつて一つ骨を折つて見よう、救つて遣り度いと云ふ気になると思ふ。空は晴れ切つて僅かの雲も見ることは出来ない程だ。まだ半円に満たない月は庭のはずれのエンジユの大木の上に照つて居る。広い一町四方もある庭には何もなくて只一面に草原になつて居て、カウロギの種類がつゝましやかにきれ〳〵になく。種類はかなり多いらしい。窓に腰をかけて外を眺めて居るなんとも云へない幸福がこみあげて来る気がする。外に飛び出して大地の上を歩いた。

村や信団の生活に考へて置き度いことを思ひついたから書いて置く。

三福の女房が懐妊したこと最近に知れた。それは彼女が食慾の減退と少し気むづかしくなつたのとで分つた。問ふて見たらその通りだつた。十日程前だつた。彼女は夕方暗くなつてから一人で山道を十町余も歩いて彼女の姉の家へ漬物食べに行つたり、夜になつてから亭主を駅迄羔〔羹〕を買はせに遣ることも時々ある。豚肉が欲しいと云ふので此の間買つて遣つたら大きな片を煠《ゆ》で、それを切つて食ふのでなければいやだと云ふ。なか〳〵始末がわるい。

甘いもの、菓物など矢鱈欲しがる。そのくせ飯は欲しがらない。所謂つはりと云ふものらしい。此の頃苗圃の農夫の妻も二人とも身重で大分我儘を発揮して居る。話しは外れるが今年ははらみ女が多い。殆んど知つて居る妻君の大部分はそうだと云ひたい位だ。閏年には猫もしやくしもはらむと云ふが妙に当つて居る。

此の間高木君は云つた。飯炊き女に子が生れたら自分達の共同生活は解散しなくてはなるまいと。自分も彼女の不潔と、云ふことをきかないのと、だらしないのとを気にして居たから、この上子が出来たら少し始末がわるからうと云ふ気もしたが、此の自分達の仮の一家に新らしい人の子が加へられるのだと思つたら明るい気になれた。そして答へた。何に却つて愉快だ感謝してい丶。その時は君の知つて居る田坂産婆へ君は走つて呉れるだらうし皆で働かう。そして祝はつてやらう。然し僕の云つたのは彼女の夫や母が心から狂喜して居る程、考へずに率直に喜べる純なものでなかつた。そうなれば本物だが。村や信団の生活に於て自分達はこう云ふ出来〔事〕にいつも純な心が持ちつゞけられるだらうか。自分達はまだい丶としても懐胎した女自身の窮窟な思ひは想像し切れない程のものがあると思ふ。この間森永君が来た時その話をしたら、そのことを彼は村の雑誌に武者さんの書いたもので見たと云ふ。何でも婦人で村を去るのは懐胎した場合に多いと云ふて居たさうな。矢張りこの経験は誰でもするのだなと思つた。

真の共同生活、信仰に生きる団体は何にも同居や同じ地域に限つて住まなくてもい丶筈だ。雀の生活を思ふ。彼れは今頃から正月頃にかけては群をなして藪や草原に餌を漁つたり砂原で砂浴をしたりポプラの大木に集合して歌つたりして生活を楽しんでゐて、愈春になりかける頃から一番《つがい》づ丶別れて巣を営み全力を新らしい家庭のことに傾注してそのうちに喜び楽しんでゐるものらしい。雀の世界には理知が発達してゐないから道徳もない、礼儀の約束もない。全く本能だけに生きて居るらしい。然しその本能の働きには随分純な美しさがある。自然である。新らしき村からはらんだ女が去るのも無理ないと思ふ。雀がポプラの林を去つて淋しいあばら屋の瓦のすき間にたてこもる様に。それから一番は気を揃へて枯草や羽毛や苔など集める。家の出来る頃には卵は産れる。卵が揃ふと牝は温める。牡は巣の附近で歌つて彼女を慰めて力を添へる。雛が生れたら又子供等の食餌のために両親はうき身をやつす。子供等が一人前になる迄彼等の家庭は保たれてゐる。愉快さうに両親は子供等を引率して遊ぶ。彼れ等の家は育雛のため家庭は生殖時だけのものらしい。八月の中旬頃から彼等は他の家族と合して大群になり楽しさうな団体になる。その時には彼等は生理的に生殖のことは感じて居ない。

人間の団体もこのことを抜きにしたら始まりはよからうがそうも行くまい。（このつゞき明日書く）

八月二十九日

朝早く高市君の眠つてゐて知らぬ間に宿直室をぬけ出て帰つた。朝の空気はよかつた。

朝飯を済して又事務所に出た。午前中書類の整頓や古い調査表の整理をした。午後は『山の科学』を読んだ。眠気が急に催して来て五分間ばかり居眠りしたら頭がすつきりした。

夕方王子製紙の藤原社長の晩餐会によばれて朝鮮ホテルに行つた。お客は山林関係の者が多く、主に役人で少しは実業家も混つて居た。皆で五、六十人居たらしい。食事が済んでから他の食堂で活動写真を見せた。写真は米国の林業に関するもので伐木から運材、製紙までの作業のものと、森林調査に応用した飛行機上からの写真であつた。米国の富原《ママ》の宏大なのに少し驚いた。彼等が全力を以つて世界に威張り世は金次第と考へて堕落する因は此処にもあるのだなと思つた。資本家の煙草をくはへた傲慢な面とその生活、労働者の単純な乏しい生活とその労作は此処でも同じことだなと思つた。カナダの東海岸では労働者は主に欧州から早い頃移住した者の子孫で、彼地では一等下の民族とされて苦役に服して居て後から移住した者等は労働を忌む風が盛んだと云ふ。朝鮮に於ける日本人を思ひ出す。彼の地の労働者等は支那人の労働者の様にメリケン粉に豚脂位を常食にして居るのださうだが、その働き振りや食事振りを見ると秩序があつて敏捷なのに感心する。秋田県の山中四年間の生活を思ひ出した。規模が小さいだけでよく似た処がある。アメリカの西海岸は大木の大森林が多いさうな。そこの労働者は体裁振つて居て食事の時などは面を洗ひ髪をくしげづつて上着をつけてするさうだ。土着の労働者が居ないからであらう。

藤原氏は欧米に漫遊して見て来た実見談を以て説明して呉れた。此の写真も今度土産に提げて来たのださうだ。

此の頃の実業家の遣り方には感心だ。

彼等はこれから朝鮮の国境の森林をねらつて居ることは明かだ。北海道も彼等によつて裸かにされた。樺太だつてもういくらも余さないだらう。それでこれからは鴨緑江上流から西比利亜に見込をつけて居るだらう。

そこで此の際総督府の役人や新聞記者などを集めて米国の仕掛の大きい事業振りと進歩した科学応用の状況、資本家の威力を見せつけて置くのだ。先づ以て官吏を太つ腹に教育して置く様なものだ。そこで彼等の注文を提出するとする。一丁先手を打つて置いたので望を達することが易い。

朝鮮の普通の山役人は落葉を盗まれたの枯枝を折られたの、やれ置土造林だの、やれ張芝工事だの、根炭の改良だの云ふて爪で拾ふ様なさゝやかな仕事をしてゐるのだから、時々御馳走でも食はせて尨大な写真の景色でも見せて洋行談でも吹きまくつて少し気を大きくさせて居かないと、彼等の望む様な仕事は成就しないかもわからん。

兎に角あんな工業は森林を荒らすにきまつて居る。此処十数年で朝鮮の森林をも松毛虫の様に食ひ尽すであらう。製紙事業は今の世に必要にきまつて居るから利用するのは一向差支へないが、これにともなふて跡地の荒れない様の斫伐法と森林が永続する様の造林法が実現されることが必要だと思ふ。

製紙会社が商略で御馳走したり写真を見せたりしたのだとしても兎も角いゝ思ひつきだ。洋行土産としては活動写真で彼地の事業の実況など紹介することは何よりだと思ふ。自分で洋行した様の気持になつてそのいゝ方面だけを受けて居たらいゝのだ。

本町で買物して高木君と二人十二時近い頃帰宅した。

八月三十日

事務所の部屋が又代へられたので半日ごた〳〵してしまつた。吉田君から病人があつて困ると云ふ手紙が来たので午後苗圃を巡つてから阿釗へ行つた。途中渼芹洞へ寄つて兄を誘つて焼物の破片を拾ひ方々《かたがた》行つた。懿寧園の樹木の茂り方は何時行つても驚く。実に静かだ。吉田君の奥君腹膜炎と腎臓炎と心臓もわるく脚気もあるとかで寝て居た。顔色を見るとたいしたことないかと思ふ。多分又妊娠かもわからん。それより病人の関君が泊り込んで居るのに迷惑して居るらしい。関の病気は重患だと思ふが云ふことをきかんから手におへない。京畿道の戸塚技手が来て居て話して居る間に兄と行き違ひになつてしまつて別れた。一人で山の脇の開墾地へ行つて焼物の破片を拾つた。いゝのはなかつた。貞洞へ来たら兄も僕を尋ねてわからんから一人で歩いて今戻つた処だと云ふて食事をして居た。一緒に食事をして集まつた破片をひろげて見て遊んで、二人で太平町まで出て道具屋を二、三軒見た。吉田で茶碗と水入を買つた。奨忠壇に花火があるので電車はこみあつた。

八月三十一日

朝武者さんからはがきが来た。僕の先日の手紙の返事と三人の仲間に伝へる言葉が書いてあつた。武者の云ふことには充分同情出来る積りだ。今は弱いこと云つて居れない時だ。村に対する信仰、辿つて居る精神は余り径庭ないかと思ふ。村が人類的であればあるだけそうである筈だと思ふ。実行論は各自異なるのは当然だ。各自の予算がある筈だ。それは一致する筈はない。この前送つた手紙は武者さんに対する注文ではない。あの人がそれを聞く人でないことも知つて居る。そんな僭越なまねはしない。只自分の思ふことを話したまでだ。自分はあの人にも村にも同情して居る積りだ。只祈つてゐる。その意味で手紙を書いた。（朝記）

十一時頃から家を出て渼芹洞の兄の仕事場に行つた。兄は仕事を終つた処でモデルの朝鮮人も肌ぬぎの儘部屋の掃除を手伝つて居た。兄は弁当を僕とモデルの男は僕が途中から買つて行つた支那パンを食べて昼食にした。それから家兄と二人電車で黄金町に行つた。黄金町を西から東まで歩いて道具屋を探したが展覧会に使へる様のいゝ棚はなかつた。それから太平町から京城日報社の横町の簞笥屋を見て廻つたがなかつた。公会堂の食堂で炭酸水と葡萄酒を一杯飲んで菓子を食べて、明治町か〔ら〕北条倉町の骨董屋を漁つて棚三つを買つて適当に硝子を入れることを建具屋に頼んだ。兄と別れて柳井君の家に行つたらまだ退院して居なかつた。Bの家に行つた。仲間は此処に居た。柳井も退院して此処迄来て居た。浜口君も居てはじめて会つた。柳井君痔の方はよくて退院したのだと云ふて居たが、風邪の気味で急に熱が出で咽喉が変だと云ふ。痔の治療のために食物を加減して滋養価値の少ないものを少量しか食べて居なかつたので栄養不良になつて居て、他の病気を併発したのではないかと思ふ。何時もの食料が病人にしてはまことに貧弱すぎると思つた。病院はなぜ此の点にも少し注意しないだらう。自分が病院に行つて見て第一に感じたことは食事の粗悪と時刻の不定なことと便所のきたないことだ。主食物である粥はいつも飯の煮返しである。夕飯は炊事夫の都合から五時頃に持つて来てしまふ。便所は不潔で不便で這入つただけてひり度くなくなつてしまふ。通〔じ〕のことを気にしてゐる痔の患者にとつては不快な便所はどんなにか苦痛であらうと思つた。病患部を切開したり注射したりすることきり考へない。その仕事に便利の様に食事を消極的に制限して排便を少なくすることきり考へない。尊い人間の活力を信じない。内に漲る生命の力を養ふことを等閑にすることは悪い。藪医者の罪だ。体質の弱いものなら三週間も生命の力を虐待されたら新らしい病気が出て来る筈だ。

Bの処を六時頃皆と一緒に辞して帰つた。途中清涼里の駅前でビビンバプの夕食をした。三福に注意されて事務所に泊りに行つたら今夜は高木君の番で先きに来て居たので遊んで帰つた。宿直室で恋愛問題や何かゞもとで人生観や宗教問題の話をしたが対手は共鳴しない様だつた。同じ信仰の友のないことは淋しい。祈りの心で日誌を書く時、感謝の心で林や野原を歩く時が一番楽しい。日誌と山はよき友だとつく〴〵思つた。

九月

九月一日

役所は場長や庶務が引き越して来たのでごた〳〵した。午前は土壌の原稿を書き直した。炊事部が解散したので午食はするわけにいかなかつた。肥料の本を読み出したら眠気を催して来た。無理に我慢したら眠らずに済むのだが、此のうつとり気が遠くなつた処を覚めては惜しい気がしたので机の上に肘を枕にして居眠りした。麻酔剤でもかけられたらこんな気持かもわからん。支那人の阿片煙草の味もこんなものだらう。いゝ気持になつて居たら場長が呼んで居ると云ふ使があつた。行つたら苗圃や造林に関する話であつた。此の場長の指導をうけて二、三年仕事をして同一の経験をする迄はなか〳〵話は合はない。石戸谷技師と話の合ふ様になつたのも此の二、三年だ。矢張同一仕事で一緒に苦労しないと話せる様にならないものらしい。

時間が来たので場長は又明日実地を一緒に見ようと云つて戻つて行つた。

苗圃を一巡して帰つた。

夕食の時向ひの家の嫁が煮た肉とスープを鉢に入れて来て呉れた。それは今朝殺した犬の肉ださうだ。スープも無論犬を煮出したものだ。殺し方が惨酷だつた。朝、道端で犬の悲鳴が聞えるから門の処へ出て見ると、大きな犬がポプラの樹に頸を縊つてつるされて頭をめつた打ちに叩たかれて居た。高木君はつるすはじめから見たと云ふ。此の犬大きくて面相は恐ろしかつたがおとなしかつた。只夜人を見ると吠えるので森永君などこわがつてはだしになつて通つたりしたこともある。肉を見てい丶気持はしなかつたが経験のため食つて見た。味はどちらもよかつた。スープを一鉢買つて鄭君に贈つた。

宿直に当つて居るので事務所に行つた。

風呂に入つて鄭君の処で話した。

『フランシスの小さき花』を読んで、自分の余《ママ》り遠いので心細くも思つた。

フランシスの美しさは人間には真似出来ない気さへする。実に聖なるものだ。人間の想像し得る限りの聖《とう》とさを表はして居る。

九月二日
此の二、三日の暑さは土用中にも多くなかつた暑さだ。事務所では客が来たりしてろくな仕事も出来なかつた。駐在所の巡査部長が道路の改修に要する国有地使用願のことで来た。場長も石戸谷技師も居ないので来たら伝へて呉れと云ふて話して行つた。帰つて行つた後へ長位里の呉参奉と石串里の杉本とか云ふ男が同じ用件で来て話して行つた。

肥料に関する本を調べた。

午後近藤君と樹木園を廻つて札の落ちて居る木を調べて三時頃帰つた。

高木君がすしを拵えた。二人でビールを一本呑んで夕飯した。すしもよかつた。

三福がマンテキ〔網袋〕を造る縄を綯《な》つて居たので一緒に綯つて見た。雑談しながら一時間ばかり綯つて裂いたワングル〔カヤツリグサ〕が無くなつたので止めた。い、運動だつた。


「人間の幸福と云ふことをどう思ふ」

「幸福とはどんなものかと云ふことか」

「そうでもい丶」

「定義は別に考へて居なかつたから一概には云へないが感じた経験は確かにある」

「経験にのみ因るべきものか」

「同一の出来事でも幸福の感じられる場合と感じられない場合があると思ふ。それで実験した幸福には誤りはない訳だ。金が溜つたら幸福だらうと考へたとしても実際溜つて見て幸福が感じられなかつたら、その場合金の溜ると云ふことは幸福でなかつたのだ」

「君の経験した幸福とはどんなものだ」

「随分沢山あるがそのうちで宗教的世界を理解する様になつてからのものが多い。それ以前の出来事も宗教的に解釈し得るが、その事の経験中に幸福を感じなかつたか、感じても深くなかつたかである気がする。宗教的に自我が覚めると云ふことが幸福を感ずる第一資格である気がする」

「宗教的に自我の覚醒して居ない人は真の幸福に与《あずか》れないと云ふのか」

「そうだ。恋愛でも美衣美食でも、労働でも科学研究でも、病気でも恋人の死でも、友からの誤解でもあらゆる人生の出来ごとに宗教的見解を附して幸福を感じていける訳だ」

「そうすると喜楽、悲痛悉く幸福なりと云ふことになつて妙に味のない人生になりはしないか。いくら宗教的見解が正しくても人間である以上悲しい時には悲しむ外あるまい。それをはじめから幸福であるべきものなりと高をくくつて置いて、悲しいことを幸福に感じなければならん約束を守ることは虚偽であり不自然ではないか。僕もよくそんなクリスチヤンを見る。いやに虚勢を張つて嬉しくもないのに約束によつて嬉しがつて見せて他人と自分を瞞着して暮して居る者がある。尤も悲しいことでも嬉しいと云ふ約束に従へば嬉しくなり、嬉しいことでも悲しく考へて居ると涙が出たりすることはある。然しそんな真似を正気でする気になれない」

「君の云ふことにもほんとうのことはあるが宗教の妙味に触れて居ない考へだ。くだらない約束に従つて人生の出来ごとを考へ、万事を型に拠つて行ふと云ふことは虚偽に相違ない。只自我の覚めた心を直接その対象に向けて判断するのだ。そして悲しかつたら悲しみ、嬉しかつたら喜ぶのだ。何も約束を守る必要はない。約束を思ふすら不純である。それで僕は云ふのだ、クリスチヤンになることでなく自我の覚醒が必要であると。型を守つて万事を幸福であるべきものなりと断定してかゝるのでないから、すべての経験は味がない処が実に複雑な新らしい味に満ちてゐる。例へば庭先の小さい景色でも毎朝美しく感ずる。その美しさは毎朝新らしい。型を守らずに無理でなく只感ずるのだ。そしてその美に酔つた時幸福を感じないで居られようか」

「それでは覚めた心で経験して幸福を感じたら幸福であり、幸福が感じられなければ幸福でなし。約束を忘れた平気な心で自然を見て美しく思つたら美しいので思へなかつたら美しくないことになるだらう」

「それはそうに相違ないが君の心はまだ覚め切らないからその質問が出るのだ。覚めた心の状態を君は考へたことがあるか」

「自己の人生観に依つて自我の存在を自覚した態ではないか」

「先づそんなものだらう。僕はクリスチヤンだから自分の信仰から簡単に云ふと信仰に依つて神と自分との関係を自覚した時と云ひ度い」

「その時クリスチヤンの心はどんな状態になるか説明出来るか」

「自分は神から愛せられてゐると信じて居る。自分の存在も神の慈悲によると云ふ信仰に依つて居るから悲痛からでも遁れようとしない。却つて徐《おもむ》ろに味はふとする余裕がある。信仰は約束でない。嬰児が慈母を信頼する様なものだ。自分達が食物の美味を欲するならば真の美味は食物の選択のみで得られない。身躰の強健と空腹とが第一の条件である。いかなる美味の物でも満腹の時、身躰に故障のある時はその真味に触れ得まい。そこで一口に云ふと健全なる信仰と切望する心とが祝福をうける資格者であると云い得る」

「僕には信仰と云ふ程のものもなし、真の幸福が何にかも知らないから切望することも出来ないのだ。どうしたらい〔い〕のだ。然し僕もこれで随分色々の幸福を感じて居るよ。自分の関係して居る仕事が思ふ様にいつた時、彼女と恋した時、結婚した時、子供の生れた時、自分の苦心の認められた時、い丶友達に会つた時、信ずる友から同情をうけた時、美しい自然に親しんだ時、かなり過分な幸福を感じて居るのだがなア」

「君が幸福を感じないとか感ずる資格がないとか云ふて居ない。只、君、前に引いた例の様に美味なものは誰にも美味であることは普通であるとしてもその程度は一概に定められない。各人の感じを比較対照することも出来ないが、感じた味は各自異なると見るが至当である。躰質、強弱、空腹の程度、嗜好の差異等があるから同一の人でも時に異ふ。幸福も深い妙味に触れるためにはそれだけの準備が要るのだ。そしてその準備に益〔々〕進歩があり、その進歩に従つて幸福の味は益々妙境に入るのだ。即ち前に云つた信仰と希望とが準備であり、愛に依つて実行して進めて行くのだ。君も大分話が分る様だから話すが耶蘇教の話を暫く辛抱して聞け。僕がこの幸福についての大切な聖書の文句を読んで見るから。

『幸福なるかな、心の貧しき者、天国はその人のものなり。

幸福なるかな、悲しむもの、その人は慰められん。

幸福なるかな、柔和なるもの、その人は地を嗣がん。

幸福なるかな、義に飢え渇くもの、その人は飽くことを得ん。

幸福なるかな、憐憫ある者、その人は憐憫を得ん。

幸福なるかな、心の清き者、その人は神を見ん。

幸福なるかな、平和ならしむる者、その人は神の子と称へられん。

幸福なるかな、義のために責められたるもの、天国はその人のものなり。我がために人なんぢらを罵り、また責め詐りて各様の悪しきことを云ふときは汝ら幸福なり。喜び喜べ、天にて汝らの報大なり。汝等より前にありし預言者をも斯く責めたりき。』


どうだ素晴しい言葉だ。そしてみんな真箇だ。此の言葉の力も信仰に依らなければ感じられない深さを持つて居る。この言葉は幸福を得る鍵だ。前にも云ふた様に、神と自分との関係を自覚した心、神の前に出た時小さく力なき醜き心を悟つたなら、不完全な知識も腐り易い宝も面倒な約束も棄てゝ、赤裸々になつて憐憫や清浄や平和を求め義のために奮ひ立つであらう。そこに幸福がある。要はすべてを棄てることだ。虚心になることだ」

「一寸待て虚心と自覚とは矛盾しないか」

「決して矛盾しない。神との関係を自覚することは『神我に居り我神に居る』と云ふ様の境で我心が神のうちに住むのだ。それで虚心と云ふのだ。真空の如き神に満たされて居る人の心を虚心と名〔づ〕けるのだ。花を見て美しいと思つた刹那その美しさに酔つた瞬間は心は花に居り、花は心に住んで区別もないであらう。神についてのその心の状態を貧しい心又は虚心と云ふたのだ。そしてすべては与へられた結果が幸福だと云ふより、虚心とか心の清きとか云ふその心その者が幸福である。神に奪はれた心、神を宿した心が幸福なのだ。達者な者でなければ食物の美味に触れ得ない様に、健全な信仰を離れて幸福は味へない。真の幸福は神から来るのだ。自分達は世俗の幸福と区別するために神よりの幸福を祝福と名〔づ〕けて置かう。俺は今、祝福を感じてゐる」

九月三日　二百十日の低気圧が来たのか風が吹いて晴れたり曇つたりした不安の日だつた。

朝は教会に行つた。

教会からBの家に廻つたら連中皆集まつて居た。Bだけ居なかつたがしばらくして病院から戻つて来た。彼女が肋膜に水の溜つて居るのを押して柳井君の看病をして居たことがわかつた。女の瘠我慢と云ふか不節制にも困つたものだ。彼女は平気を装ふて訪問に来た教会の会友や玄関で会つた隣の妻君と話して居たが何だか苦しさうに見えた。信仰上の自覚を促すこと、慰めるための話しを笑談に混ぜて話して一時頃皆と辞した。東亜日報社へ行つて柳さんの原稿の話をした。それから近藤君の家と野路さんの処へ寄つた。野路さんの処では林業試験の話が出来て二人が調子づいて語つた。それから又Bの家へ行つて晩飯を一緒にした。Bは寝て居れずにちよい〳〵起きたり寝て居ても食事を拵えるもの、世話をやいた。尤も馴れない柳井君と彼女の弟がするのだからだまつて居れないかもわからん。手拭を借りて風呂に行つて来た。僕が京城の湯屋に行つたのは八年ぶりだ。躰が瘠せて貧弱で大勢人の居る処で裸になるのは耻しい気さへした。然し気持はよかつた。夕飯の後森永君も来て皆で横になつて話した。Bは咳が時々連発して苦しがつた。こんなになる迄医者にも見せずに役所へ通つて居るなんてつまらんことをしたものだ。十時少しすぎに立つて帰つた。空はまだらに曇つて小雨が降つて居た。

九月四日

役所に居た朝のうちは妙に眠むたかつた。そのうちに乗気がして来て夕方迄一息に肥料の話を書いた。略見当がつき出した。

夜は柳さんと馬場に手紙を書いた。柳さんのは古い日本の農書の注文、馬場へは神よりの慰を受けるために祈ることの勧告をしたのだ。僕の病気に対する信仰を書いて送つたのだ。

九月五日

事務所では試験場官制発布以前の事業実行報告をまとめることに殆んど終日過した。苗圃の新事業の計画もした。

洗濯棒を朝飯前に一本と夕飯後に一本拵えた。ハンノキは存外細工がし易い。こんな仕事や畑の草取りなんかすると脳が軽快になる気がする。夜は宿直室で高市君と国分君を相手に宗教上の話をして興奮した。

十一時頃寝た。月がよかつた。

九月六日

朝苗圃を廻つて来て事務所では例の実行報告の尻まとめをした。不整理なしちらかしの他人の仕事の後しまつには閉口する。場長は判任官以上を自分の部屋に集めて屁をひつた程のことを大事件の如く話した。時々呼び出されるのでこれも閉口する。

帰つてから高木君と一緒に京城に出て貞洞へ行つた。用件は展覧会の会場の相談である。相談してその場で兄と二人で手紙を書いて柳さんに送つた。そして二人で町をぶら〳〵歩いた。本町で買物をしてから旭町のBを見舞つた。森永も柳井も居た。Bは少し快かつた。疲労したのかすや〳〵眠つて居た。十時過ぎにそこを出て帰つた。

宿直室に行つて泊つた。

九月七日
午前二度午後一度場長室に呼ばれた。午後は一時前から四時過ぎまでかゝつた。

午後のは試験事業の分担で必要な打合せであつたが、これも一時間もかゝれば充分出来ることを三時間以上も引張られては閉口だ。

只今日場長の云ふたことに感心してい、ことが一つあつた。それは「試験事業は各自の縄張りを決して設けない。事務上の所属がどこにあつても自分の気づいたこと、研究して見たいと思ふことがあれば勝手にやらせる方針である。試験の仕事は命令では出来ない。乗気がしなければ駄目である。各自勝手に云ふなり書いて出すなりして見ろ」と云ふことであつた。

夕方から貞洞の一家が六人揃つて月見に来た。一緒に食事をして枝豆を食べて遊んだ。

帰る頃に月が出た。晴れて居てよかつた。

書き度いこと沢山あるがのどが少しいら〳〵するから休む。

九月八日

事務所に出て苗圃事業の実行予算と試験場開庁以前の事業実行調書とをこしらへた。星加君も国分君も終日手伝つた。場長がつまらぬことに呼び出すのでがつかりしてしまふ。

夜高木君が帰国のことで牛肉と葡萄酒を買つて来たので星加君も招んで晩飯を一緒にした。

高木君は今度恋人と婚約するために行くのだ。夜は早く寝た。

九月九日

事務所に出て昨日の続きの仕事をしたが何となく躰に気力が乏しい。腎臓病でないかと思ふ。此の頃時々小便の終りが濁つて出る。別にどこも痛まないが小便の終りに殆んど乳白の尿の出ることもある。糖尿とか蛋白尿とか云ふのではないかと思ふ。医者に見せなくても少し平気になつたら癒りさうなものだと思ふ。

夕方苗圃に行つたら事務所の柱も立てかけて居た。僕此の頃役所の空気がいやでな〔らな〕いことがある。上役共がいやに我を通して居る気がする。場長ない《ママ》「汝、我を拝せば餓ふることなからん」と云ふた態度に見へて苦しい。

然し苗圃に出て苗木を見た時、山の中をぶら〳〵歩いて植物に親しんだ時、焼物の破片を拾つて歩いた時、只生きて居ることを幸福に思へる。夕食後京城に出て訓練院の広場で焼物の破片を漁つた。

石戸谷技師の処へ寄つたら田添さんや関君や新らしく来た小使も来て雑談をした。

九月十日

朝の急行列車で関君の帰国するのを南大門駅で見送つて馬場の家に行つた。母親の人が鎮南浦から戻つて来て居て、Bは手紙か何か書いて居た。貞洞へ行つて午飯を食べて太平町の爺の処で徳利と地図を買つた。秋月牧師と渡辺法院長を訪ねて版画の展覧会のこと〔を〕頼んだ。牧師は外出して居て会へなかつた。渡辺さんの快諾を得たので、画を持つて来ること忘れない様に柳さんに電報した。用を済してBの家へ行つて休んだ。支度をとつて銭湯に行つたら十日は風呂屋の公休日だつた。

帰宅してから椅子に拵へるチゲの木取りを削つた。

夜は宿直した。

九月十一日

場長と苗圃や砂防造林地を一まはりした。

場長と春砂防植栽の計画について論じたことを思ひ出す。場長の〔は〕実行の結果を見た今日は機嫌よく同意して居た。現今行はれて居る芝張工事は全く土木工事であつて林業のためにする砂防植栽の地拵でない。林業家の行ふ砂防は地盤と植物の関係から這入つて植物の生存によつて地盤を安泰にし土壌を肥やす様にしむける方法をとるべきで、矢鱈杭を打ち込んだり石垣を積んだり芝を張りつけたりして、階段工事が水平だとか何とか云ふて全く土方か職人の仕事と心得て居る者が多い。土砂の流れさうな処にはそれぐ〵適当な工事をして出来るだけ多く木の植えられる場所を造り地毛の繁殖をはかることが必要である。木が活着するかも生育に適するかも考へずに、方五尺距離と云へば石があらうが木の根があらうが尺の当つた場所に植えたがつたり、岩盤に当たらうが傾斜が緩であらうが階段工事の尻尾を水平にどこまで〔も〕伸して行きたがつたりすることの不可も、今日は場長大いに同意して寧ろ我意の如く話して居た。彼れは此の方法で少し大きく計画して見ろと迄云ふた。

午後は又苗圃の計画を進めた。

夕方例のチゲ椅子を拵えた〔た〕めに左手の薬指に負傷した。

夜宿直室に行く途中斎室の附近に蛍が沢山飛んで居た。日本では晩春初夏に見る蛍を初秋の今見るのは奇妙だ。

九月十二日
終日雨が降つた。
役所では新らしい事業の計画書を書いた。
夕方戻つてから三福に手〔伝つてもら〕つて椅子を仕上げた。至極具合がい丶。夕食後は新らしい椅子の上で『白樺』の柳さんの「李朝陶器の特質」と「李朝窯漫録」とを読んだ。柳さんと小田内さんと赤羽君からはがきが来た。三人とも近いうちに会へることの知らせだ。夜も雨は止まない。

九月十三日
種子の調達計画や砂防造林の実行計画書を出した。
「此の頃飯炊き女の怠慢になつたのには閉口だ」

「来たばかりの頃は豆々しく働くと褒めて居たではないか」

「ほめたのは亭主の方のことさ。女房の方は褒めた覚えはないが、若しほめたとしたらそれは馴れ易くて朝鮮の女に珍らしく内気でない、別の言葉で云へばおてんば娘だと云つたのだらう。その馴れ易いのが増長して此の頃ではとかく僕の云ふこともきかず地金をどん〳〵発揮するので閉口する」

「それア君馴れれば馴れない以前よりは勝手なこともするだらう。朝鮮人には朝鮮人の風俗習慣があるから時々は地金も出すだらう。君がそれは余程理解して居る積りでも具合の悪いことも多いに違ひない。そしてむかうだつて随分不自由を感じて居ることは同情してい、と思ふ」

「僕もこれで随分朝鮮臭くして居る積りだが、先方だつて少しは日本人の習慣を学び好みに合ふ様に心掛けたらい、と思ふのだ」

「無智の女は君の注文通りにはいかないさ」

「そう云へばそれまでだが始めから云ふと亭主の伯母が来て田舎に貧困の若い夫婦者が居るが下人に置いて呉れまいかと云ふてしきりに頼むので、飯を炊くこと、洗濯をすること、家の番をすることを条件にして住む家と食事はこちらで負担することにして約束が出来た。彼等は喜んで田舎の家をしまつて出て来た。その頃は喜んで努めて僕等の意に添ふ様に心掛けて居る態度が表はれて居た。処がこの頃のだらしないつたらない。便器は勝手な処に置き放題、布巾は洗濯したこともなし、乾かしたこともない。食物のことは云ひ度くもないが序だから云つて見ると、普通有りふれた材料で労力さへかけたら野菜の料理が出来るのだが、自分の勝手な仕事をするか遊ぶかして居てそのことに意を用ゐない。初め砂糖は嫌いだと云つたから本当かと思つて居たら買つても〳〵使はないのになくなる。それを此の頃になつて独りでなめるのだと云ふことを自白した。自分の好むものは拵へるが、こちらから注文したものは決して造らない。日本醤油は色が黒くて見ばが悪いとか、味噌は味がないとか云ふて放つて置けば勝手の真似をする。てんでこの頃はつけ上つてしまつて敬語を用ゐないとろく〳〵返辞もしない。住み所も彼女等を主人の住むべき内房に置いて僕の居る部屋は下人の居る下房である処なども大いに得意らしい。彼等の親戚は諸方からお客にやつて来て遊んで行く。今も彼女の嫂は京城から来て一週間余り滞在して居る。彼女の兄は一週に一度位は必ず来る。何でも京城で三文商ひでもやつて居るさうだが食ふに困つて居るのではないかと思ふ。僕等の竃もこんな大勢に侵蝕されてはたまらないではないか。それに彼等が何か来て仕事でもするならい丶が只遊んで居る。そのため三福の嗅までが遊んで、洗濯する麻布のシヤツを三四日も水に浸したま丶放つて置くのだからやり切れない。此の暑さでもたちまち腐るだらう。

それにつけても三福が気の毒だ。彼は来た時と同じに体のつゞく限り働いて居る。嗅のなまける処は彼が償つてゐる。嗅に云ひ附けた仕事でも彼の手が空いて居たら自分で達す。女を見て腹が立つて居ても男を見ると直つてしまふ。彼は働くために生れて来たかの様に働く。彼女は虚言つきで、怠け者で、強情で、不潔で、食ひしんぼで、あまへつ子で、変んな処に気位が高くてどうも始末におへない」

「君も常には悟つて居る様だが今日は妙に愚痴が出るなア」

「君だから云ふのさ」

「どうかしたいと云ふのか」

「どうしたいとも考へて居ない。どうに〔か〕なるだらう、そのうちに。僕が朝鮮人から得た経験を有りのま丶に告げたまでさ」

「それは君の経験に相違ない。その話のうちには朝鮮の婦人の或る一面があると同時に君自身をも語つて居る。その女が君に尊敬を要求して居るより多く君の方がその女に尊敬を要求して居るのではないかと思ふ。その女だつて生活を楽しみたいだらう、君と同様に。そう云ふことは女は男より露骨だ。自分の嗜好に適する食物に飽きたいだらう。自分の身内や親友と共に食したり話したりして遊び度いだらう。自分の地位や境遇のことなんか考へることは男程敏感でない。宿屋の女中がお客さんを友達の如く考へる様なものだ。時々戯談を云はれたりすると真面目な時との区別がつかないのだ。君が少し大きい心になつて同情の心で考へるなら彼女の行為は赦せる筈だ。虚言を吐いたからと云ふて矢鱈責めたつて始まらない。怠けるからと云ふて悪口を云ふて追ひ使ふことは止めなければいけない。怠けると云ふても朝晩の食事をどうにか調へ洗濯も間に合せる、家の留守もよく見て居るではないか。君に妻君があつたつてそれ以上どれだけも要求出来まい。虚言のことも伝統的に雑作もなく口から出委せの出放題と云ふ迄で甚だしい悪意のない種類のものと思ふ。朝鮮人にはそれがよくある。日本人にも昔しはよくあつたらしい。今ある老人にはそんな人が多い。又田舎の者にはよくある一つの癖だ。その程度の虚言を常用する仲間同士の間では余り気にせずに言葉の調子さへ合えばそれで過せるものらしい。君の眼から見ると亭主は勤勉で正直でいゝが嬶は怠惰で虚偽だと云ふことになるが、その男の勤勉の原動力が怠惰の女にある。男の正直が女の虚偽と無関係でない。少なくも三福等夫婦の間について考へてそうした関係を知るであらう。女は男にとつて大切な女だ。男は此の頃腫物のために足が痛んで自由に歩行も出来ない程でも女の受持ちの仕事まで助けて働く。彼れの労作は妻のためのみでないにしても妻とともに何かを営むと云ふ本能にかられて居ることは事実であらう。女の怠惰は男の活動力を殺いで居ないだらう。彼等の間には有機的の関係がある。切り離して考へる訳にいかない。

まアその儘腹を立てずに眺めて居ろ。人情の美しさに触れるであらう。彼等の楽しん〔で〕居るのを祝福してやれ。君の信団の最も近き兄弟等の幸福を祈れ」

九月十四日

曇つて居て夕方雨になつた。風も吹いた。少し荒れるらしい。

事務をとつて居て屋外に戻る心地つたらない。砂山に登つて穂の出揃つた広々した田や秋草に飾られた草原を見渡すのもい丶。北漢山一帯の山々の眺望もい丶。何となく此の幸福は自分一人の独占〔の〕様の気がして恐れをさへいだく。

今日もそれを深く感じた。

夜は柳さんの『朝鮮の美術』を読み返した。

何時読んでもい丶。

「飯炊女少しおとなしくなつたよ」

「それは君の接する態度が更まつたからだらう。それでおとなしくなつた様に見えるのさ」

「そればかりでない。嫂が今日戻つて行つたから淋しいのと虚勢を張る必要がなくなつたからだらう」

「兎も角君自身の態度も影響することは事実だ」

「態度は別に更めて居ない」

「形に現はれた態度を云ふのではない。それ等に対し只同情ある理解を持つて云ふことで沢山だ。これが人に接触する秘訣だ。これがなくて人と人とは親しむことは出来ない。君がその女のいゝ処も悪い処も呑み込んで大きい同情を以て接するなら――愛の心で傍観して居るのでいゝ――他人に対する愛の心は祈りの心である。段々よくなるだらう」

九月十五日

安甘川の原蚕種製造所へ行つて氷庫の構を見学して京城測候所へ行つて気象観測に関する設備を視た。それは皆苗圃の設備計画の材料を得るためである。

懿寧園へ行つて苗圃の世話をしたり吉田君の処を見舞つたりした。

渼芹洞の兄の仕事〔場〕へ行つた。兄と僅かの言葉の端から云ひ合ひになつた。兄の云ふことは俺にはよく分る積りだ。然し僕の云ふことを頭から否定して来る処に妙な感情を持つのだ。始め僕がこう云ふ意味のことを云つたのだ。「自分達と見解の異ふ宗教家、美術家などとつき合ふことは無益だ。不快な権威家、強情な邪教徒、御都合主義の学者など、話すことは恐ろしい。うつかりすると調子を合せてしまふか変に巻き込まれさうな気がする。そして取り返しのつかない損をすることがある」。兄は「その考へは悪い。誰でも同じ様に交際して人格を認めて居たらいゝのだ。各々特長ありいゝ物を持つて居るからそれから大切なものを学べばいゝのだ」と云ふ。「僕はいやな人からでも知慧を貰つたり盗んだりして迄も知者になる必要を感じて居ない。人間は生きるために知識は存外役に立たない。神の声、神の知慧を知ることは静かに祈ればいゝ。此の世の智者、学者、権力者を尊敬する〔こ〕とより神を畏れることだ。神に依る智者、学者ならいゝが。神の声を消す連中だつたら恐ろしい。商人とお客と云ふ風の交渉ならいゝ。勝手に必要な知識の材料だけ貰つて他は受け取らずに済むだらうが普通にさうはいかない。人によつて時によつても異ふかもわからんが自分の今はもつと深い心の友を要求して居る。もつと心の触れ合ふ友を欲しい。自分はその嫌はれる傾向を持つて居る人の存在を無視したりするのではない。人その者は尊いであらう。只下らない傾向を好まないのだ。それ等の住む世界を嫌ふのだ。それかと云ふて友として清い美しい心の持主、信仰の厚い人ばかりを要求するのではない。本当のことを知り度がつて居る人、神の声に耳を傾ける人、正しい道を求めて居る仲間と一緒になり度いのだ。そのことは宗教でも学術でもなんでも同じだと思ふ」。

自分達は論じて少し気まづい思ひさへした。然し議論のために云ふのでなく心だけは了解出来さうなものだと思ふ。

論ずるのは馬鹿らしくなつて止した。

西小門で兄と別れて小田内さんを京城ホテルに訪ふたが居なかつた。Bの家へ寄つて銭湯へ行つた。市の湯はいゝ。Bの母さんの支度して呉れた夕飯を御馳走になつた。そのうちにBは役所から戻つた。肋膜が悪くて咳をして苦んで居た者が役所に出てしかも居残りまでして働くとは驚いた。一昨日も午後熱発《ママ》したと云ひながら勤めるとは随分乱暴すぎて何とも云へない。

そうしなければ暮せない程の生活状態でもなささうだが、何だか気の毒の気もする。柳井君と一緒にそこを出て途々村のことや、Bがも少し体を大切にするといゝことなど話しながら駅に行つた。七時五十分着の列車で柳さんと赤羽君と石丸さんの令息とが来た。柳さんの泊る今村さんの官舎へ集まつて色々話した。

少し遅れたため帰途東大門からの電車がなくて清涼里迄歩いた。

九月十六日
氷庫の設計をしたり傭人の勤務に関する内規の起草をしたりした。本府から小ケ倉君が物品の引継ぎに来た。夕方柳さんの処へ行つた。小田内、今、赤羽諸氏や家兄も集まつて居た。一緒に食事をしてから揃て町を歩いた。太平町の老爺の店からはじめて米倉町の建具屋に此の間頼んで置いた棚を見たり、長谷川町で分院行の地図を買つたり天池の道具屋へ寄つて富田翁を訪ねた。
鍾路通の自動車屋で分院行の約束をして皆と別れて帰つた。

九月十七日
分院行。（紀行ハ別に書いて見る積り）

九月十八日
帰着。

九月十九日
朝役所へは少し早く出た。朴君が一人来て居ただけだつた。苗圃及造林事業に従事する傭人の服務に関する内規の案を書いて出した。石戸谷技師は通つたが庶務から苦情が出た。仕方もない。当方は傭人を積極的に働らかせてその代り病気などで休んだ日も日給を支給する様にし度いと考へたし、対手は会計官吏として欠勤の日には日給の支給は出来ない、その代り普通の日には定められた時間だけ働らけばいゝと云ふのだ。先づ何とか考案し直して談判する外ない。
石戸谷技師から腹具合はどうかと問はれた。昨日の欠勤届で又下痢でもして休んで居ると信じたらしい。問はれて見ると虚言も通しかねて実を吐いたら変な顔をした。場長も仕事のことで呼び出したから行つたら「腹はどうか此の頃悪疫が流行するから大切にしろ」と云つた。返事に困つて「別に何でもなかつたですが少し痛みました」と云ふて置いた。二十日間の賜暇が与へられてあつてもどうも休むのに気がひける。役所の空気がいやに引つ詰つて来た。午前も午後も月谷へ行つた。本府の鈴木技師が来て場長、島田技手等と一緒に山を廻つた。金萬洙君が友達を連れて来て苗圃で会つた。
夕方赤羽君が来た。それから一時間ばかりして柳さん石丸君家兄が来た。此の頃買つた色々のものを出して見たり話したりして一緒に晩飯をした。十時近くまで話して帰つて行つた。駅前まで送つて別れた。

九月廿日
午前中は場長室に二、三度呼ばれて過してしまつた。
午後は場長に引張られて山を廻つた。場長は禿山の土砂の移動を防ぎ且つ苗木の植床の多く出来る植栽方法の研究をするために色々の考案をして居た。
夕方西大門町の柳さんの宿へ行つて今村さんの一家、石丸君等と一緒に食事をして展覧会の相談をした。帰り途は空が冴えて寒い程に涼しかつた。

九月廿一日

種子の貯蔵に使ふ氷庫と普通の種子置場の設計をした。案が出来て夕方場長の決裁をとつた。

石丸君が写真機を持つてやつて来た。

一緒に厳妣の陵を見て京城に行つた。

柳さんの処でゴシツクの彫刻の写真を見た。随分感心してしまつた。此の写真の会は京城にも喜ぶ人があると思ふ。

赤羽、浜口両兄と一緒に旭町に行つた。

森永君等が近いうちに新らしき村に出発するので一晩一緒に遊ばうと云ふのだ。集まつたものは森永、柳井、赤羽、浜口、B等でBの母も弟も晩くなつてから加はつた。柳井君は彼の同僚が彼のために送別会をして呉れるとかで出て行つた。お茶を呑みながら村の話や禅の話、易断の話で十一時過ぎまで話した。

帰りの電車が東大門から先き無い時刻になつたので浜口君の下宿へ寄つて同衾した。

九月二十二日

朝起きた時は電車が通ひ出したばかりで町中電燈がまだ点いて居た。

面も洗はずに飛び出した。

朝映〔え〕の鮮かな光を背に黒く立つて居る東大門の姿は美しかつた。門の前に来て市外電車に乗り替へるために下りた。

門外から城内に流れ込む人の群れは盛なものだつた。工場へ通ふらしい少女の群、青い菜大根をチゲに満載した百姓、荷車を曳いて来る人、弁当をか〔ゝ〕へて大股に歩いて来る人、皆元気がいゝ。市から出る人は少なくて殆んど皆入つて来る人ばかりだ。家庭を離れて暮す此の人達の今日の一日の平安を祈り度くなつた。田舎道の朝の電車の中は寒むかつた。その寒さは身にも心にも適当の刺戟だつた。（朝記）

京城苗圃の事務所の古材運搬の賃金七拾五円の仕《ママ》払を会計がしないので三度行つて談判したがびく〳〵して居て払はない。低級な融通のきかない小役人の対手になることは閉口だ。異《ママ》式でも正しいことがあり規則に叶つて居ても不正のことがあることを知らない。

食費の計算をして支払をした。今月は十円位の不足を来した。一体米の多くいるのに驚く。五人で九斗以上食ふ勘定になる。

夕方京城に出て今村さん〔宅〕で晩飯の馳走になつて、柳さんと二人で南大門駅へ長与氏を迎へに出た。予定通七時五十分に着いた。駅前で二人と別れて大阪屋へ行つて貼り出しの框《かまち》を借りる約束をして又今村さんへ寄つた。長与氏の九州巡遊の談を聞いた。

十一時頃帰宅。

九月二十三日

庶務が人夫賃の支払に誠意を持つて居ない。兎角彼等は変に規則ばかり気にして居て仕事が運ばない。場長までが加担して人夫賃の支払、そん〔な〕仕事より他に忙しい仕事があるからそんなこと構つて居れないと云つたので少し癪に触つた。人夫はその日〳〵の食物にも窮して居る。取つた金は直ぐに晩に鍋の中に入るのだ。一週間なり十日目の勘定日をどれだけ待つて居るのか知れない。自分のことでも考へて見るがい、。

若し役人の給料を一日でも遅れて支払したとしたら大騒ぎするであらう。又困るであらう。「他に急を要する仕事のあることも知つて居るが、人夫賃の仕払も急を要する仕事に属する。しかも手続の済んで居るものを何時までも引張つて延ばすとは不都合だ」とどなつたらその甲斐があつて仕払ひすることになつた。夜は宿直した。宿直室で水谷川、古屋、高木、小田内の諸氏にはがきを書いた。

九月廿四日

仏岩山の窯跡見のこと急に昨夜中止したので京城に出た。途中駅に行つたら浜口君仕度して来て待つて居たが僕と一緒に引き返した。約束によつてBの家へ行つたが赤羽は居なかつた。浜口君と二人上つて一時間ばかり待つたが来なかつたので柳さんの家へ行つたが逢へなかつた。支那料理で昼食して又Bの家へ行つたが赤羽は来なかつた。僕等の出た後へ来たつたさうだ。柳井や森永も来て三時すぎまで遊んで待つたが逢へなかつた。博物館へ行つたが閉門になつて居たし柳さんを訪ねたが未だ帰らなかつたし、途《みち》で市島さんに会つて一緒に貞洞に行つたが兄も居なかつた。今日は妙に八方塞がりの日だ。思ひ切つて帰宅した。遠足を中止したので傭つて置いた人夫だけ山を下見に遣つたら、白絵三島の破片を沢山持つて来て縁側に置いてあつた。随分いゝのもあつて嬉しかつた。

夜は焼物辞彙の整理をした。

九月廿五日

事務所に出て仕事をして居たら柳、長与、富本の三氏揃つて自動車でやつて来た。あわてゝ玄関に迎へたら今日はこれから金谷陵へ行くのだと云ふ。僕も加はつて一緒に出た。途中の眺めはよかつた。仏岩山、水落山の一帯から道峯山、北漢山の山々が赤土の岡の間にそばだつて鋭い線、安泰の姿、落ち着いた焼物の画の様な色、その上に美しく巻いた雲があつて実によかつた。皆自動車の上から進行につれて変る景色を見てたゞしきりに感心した。金谷の陵もよかつた。朝鮮最後の王者の陵だけに一層妙な感じがした。景色はよかつた。

帰りは真直に食堂園に行つた。今村さんが来て居て御馳走するのらしい。妓生を二人呼んだ。一人は裴竹《ママ》葉と云ふて画を描くし、一人は劉山紅と云ふて歌のいゝ唱ひ手ださうな。竹葉は画を描いたが一寸素人離れして居た。飯の済んだのは三時過ぎだつた。今村さんと別れて自分達四人は鍾路の通りを買物して廻つてパコダ公園の塔を見たり白書林に寄つたりして今村さんの家へ集まつた。家兄も来た。十時頃まで遊んで富本さんの土産の焼物を貰つて帰つた。

西大門町で専売局の自動車に会つたら今日金谷に行つた運転手だつたので鍾路まで乗せて送つて呉れた。

夜は星が冴えて秋の虫がよくないてゐる。

皆んな寝静まつて僕の帰つたのも知らないらしい。

清涼里の夜は静かだ。

九月廿六日

朝は疲れて居てとても普通に起きれなかつた。それは昨夜中に二度はげしい下痢をしたからである。腹は少しも痛みはしなかつたが実に苦しく力なかつた。昨日の朝鮮料理が障つたのかもわからんが何も別に悪いものもなかつた様に思ふ。役所に出ても何をする気力もなかつた。それだのに参観人やその他の用事で四度も苗圃に通はなければならなかつた。然し夕方になつて元気はなかつたが気持はよくなつてゐた。家に帰つて間もなく柳、富本両氏が来た。晩食はお寺へ行つてした。柳さんは腹が痛むと云ふて食べなかつた。富本さんの星の話をきゝながら帰つた。赤羽君も来た。

皆んなして晩くまで話した。

富本さんの話に天然の呉須を焼物の染付に使ふと、いかなる火度に於ても調和する様の色が出る。従つて素地の土の硬軟や含有物質の種類〔の〕多少にも調和する。質の硬い火度の高い明の染付の様のものに使つた場合は鮮やかな鋭い感じを出し、朝鮮の染付の或物の様に火度の低い軟い感じのするものになると沈んだ落ちつきのある感じを出す様に、その含有してゐる鉄やマンガンや銅やニツケルやなんかが作用する。つまり天然の呉須は多くの素地や多くの焼方に適応するが、純粋のコバルトはいつも調和しないと云ふ説明が実際的の経験から語られた。十時過ぎ迄焼物に関する話がつゞいた。赤羽君は明日の学校があるからと云ふて帰つて行つた。他の二人は泊つた。

九月廿七日

病気にかこつけて欠勤した。実際下痢の弱りと数日来の疲労もあつたが役所の仕事より家に居て焼物の話でもする方が面白かつた。

面白いと云ふより有益であり人間らしくありそうするべく恵まれた至当の時間である気がした。柳さんは昨日からの腹痛と絶食で随分疲労して居る様に見えた。午前中は二人に朝鮮将棋の歩き方の説明をしたり富本さんと駅に出たりした。高木君に旅費を電信為替で送つた。柳さんは午食を済して間もなく帰つて行つた。富本さんは模様（図案）の話をした。僕も今迄大体そんなことは考へたり聞いたりして居たのだが今日一層はつきりした。

模様は新らしく案出することはむづかしい。劇の様なものだ。民謡童謡などの様なものだ。民族が自然から得た美を人間化して持ち伝へたものは実に完成した美しさを持つて居て改良の余地はない。そうした程の模様、自然の美がすつかり自分の有になりきつた模様は一年に一つ考へ出せるかどうかわからない。それで古い模様を学ぶことは必要だ。然し只多く学ぶことは恐ろしい。又そうすることはよくない場合が多い。古い物を学ぶと同時にいつも自然を見詰めることが肝心だ。自然から握つた美でないと力が乏しい。富本さんの話はこんな意味だつた。そしてそれを興奮して語つた。

この模様の話はその他の藝術にも宗教にもいかに大切な呼吸であるかを深く思つた。教会総則の実行者、聖書神学の上の物知り等よ、神の声を聞くことを忘れて自分の太鼓のみを乱打することを慎め。現代の或図案家の様に模様の寄せ継ぎや下らない約束に縛られて手も足も出せないいぢけた真似をせずに、自由な自然に倣ひ、只古の人達がいかに自然に忠実であつたかを古のいゝ模様から学ぶがいゝ。古の聖が見たものを自分も見ようと努力し祈る者でなければ救はれない。聖者の言葉も尊いが云はしめたその根に一層尊いものがある。

二人で夕方今村さんへ行つた。鍾路から停電のため歩いた。柳さんの一族と一緒に晩食の御馳走になつて、柳、富本両氏と嘉納さんへ行つた。そこで赤羽、柳井、浜口諸兄と一緒に展覧会に出す焼物の整理をした。最終の電車で富本兄と帰宅。

十月

十月一日　雨

富〔本〕兄と二人で京城に出た。途中の電車で妙な田舎者から松茸を買つた。その男が自分で自分は田舎者だから他人は自分をごまかすのだ、矢鱈ごまかされてたまるものかとがんばつて居る努力が彼れを自身を不利の位置に導いて居て滑稽でもあり気の毒の気もした。柳さんの宿へ行つて赤羽等と一緒に教会に向つた。

東大門の電車課へ展覧会の電車を頼みに行つたがだめだつた。貞洞の日本基督教会で美術館主催の中世基督教藝術の彫刻版画展覧会をしたのだ。礼拝の済んだ後一時間ばかりで画の陳列が出来た。柳さんの講演もあつてこれは二時から始まつた。「中世基督教藝術の特質」と云ふ題であつた。なか〲よかつた。

渡辺さんに晩飯に呼ばれて柳、富両氏と一緒に行つた。途中小場さんへ寄つて展覧会に出品して貰ふ焼物の選択をした。

渡辺さんを出てから太平町の道具屋へ寄つて歩いて今村さんの処へ行つて焼物の整理をした。帰りは例に依つて終電車だつた。富兄と二人景色を眺めながら並木の大通を歩いて帰つた。

十月二日

午前中は役所で働いた。

赤羽、今両兄が来たので一緒に尼寺へ飯食ひに行つた。今君五拾円美術館に寄附して呉れた。家に帰つたら富〔本〕兄が渡辺さんの人達（夫人と娘達二人）と来て居た。柳さんとの約束があつたのでお客には構はず永楽町へ行つた。途中萩の籠を買つて行つて焼物をそれに収めた。
柳、赤羽、柳井、浜口諸兄と家兄も一緒だつた。
晩飯は皆と一緒に술넌탕《ソルロンタン》を食べた。
明日使ふ人夫を仕度するために阿峴へ行つた。
点釗の家の者が喜んで酒など買ふて来て歓待した。

十月六日
水落山
起きて間もない処へ星加君と千龍が来た。急いで食事をして身仕度をした。富本兄を家に残して星加君等と停車場へ行つた。
九時何分発の咸奥〔興〕行列車に乗つて蒼〔倉〕洞で下りた。黄ばみかけた田圃中の小径を曲り曲つて仏岩山と水落山の間を目がけて進んだ。麓の村には日本人の農夫の家も三、四軒あつて早生稲を刈り乾して居る女や畑打ちをしてゐる男もあつた。朝鮮人と一緒になつて働いて居る群もあつたが、京城附近で見る様に日本人がいやに威張る振りがないので気持よかつた。兎角一緒になつて働く場合は日本人が監督振つて惰けて居るのが例だのに。
少し行くと砂ばかりの川原があつてその両側には若い櫟林がある。朝鮮女の群が頭に大きな石を載せて拾つた団栗を袴の裳に包んでぞろ〳〵歩いてゐる。頭上の石は木の幹をそれで叩いてその震動で実を落すためなのだ。そのため団栗のなる木は毎年石で打たれるのでどの木もどの木も地上三、四尺の部分に負傷してたんこぶになつたり、よじれたりしてゐる。女達は拾つて行つた団栗でこんにやくの様のものを拵えて食ふのだ。又山奥へ行くと団栗を煠で丶乾して置いて冬中飯に炊いて食ふこともする。道端にあつた楢槲の木に千龍が上つてゆさ振つたらぼた〳〵落ちた。通りがゝつた婆さんが頼みもしないのに拾つて手伝つて呉れて行つた。婆さんは孫らしい三、四才の女の子を連れてゐた。婆さんが団栗を拾ふためにかゞんだ時前腰に堤げて居る巾着の紐に真鍮製の鈎様の美しい形のものがあつた。手すれた加減が随分長年愛用してゐるものらしい。問ふたら煙管の雁首の掃除をする道具だとのことだつた。

峠の城皇〔隍〕堂の藪で樺の種子を得て間村と云ふ処に出た。川向ふの林の中に瓦葺が見えるから行つて見たら小さい弥勒堂であつた。小ぢんまりして感じのいゝ建物だつた。焼物の水入の様に一つぽつつりまとまつてゐた。槲とシベリアハンノキの多い山麓の斜面を登つて行きながら槲や楢類の実を採つた。小春日和でぽか〳〵暖かすぎたが山脈の背に出たら風もあつて涼しかつた。見晴らしもよかつた。道端に変つた焼物の破片が一つあつた。はてな此の辺に窯場はないかなと四方を眺め廻すと、右手の斜面に白い破片の班〔斑〕が見えた。しめた！　と独語しながら走つて行つたら矢張り例の三島手の窯跡の一つらしい。話で聞いたり此の間人夫を傭つて取り寄せた窯跡は仏岩山と記憶して居るが、若しやその窯跡ではないかと思つたりした。直ぐその上に寺があるので其処迄行つたら判明すると思つた。禿山の中腹に水の流れる渓もあつて附近には僅の畑も開かれ、白楊なども茂つてゐて建物は割合に大きく確かり出来てゐた。突当りに横額が掛つてゐて鶴林庵とあつた。前に人夫を寄越した窯跡は黄二庵と云ふ処だと聞いた。それを朝鮮音で何度も読んで見たら似てゐるので或は同じ処の様の気がしてならなかつた。多分そうだらう。

窯場らしい処の横手には家の跡らしい礎石があつて燔造当時の建物の跡らしい。

破片を見ると味のある轆轤跡に白絵土を象嵌したり菊花模様の押型に白絵を入れたりしたものが普通で、地色は鼠色で高台の外に五徳跡がある。

寺にも誰れも居なかつたので窯跡の話を聞くことも出来なかつた。只小猫が一匹居て鳴きながら懐いて来た。建物は気持のいゝ古い様式のものらしかつた。住んで見たい誘惑をさへ感じた。住職は物貰ひにでも里へ下つて行つたものらしい。猫は腹が空いてゐると見えて追払つても追払つても自分達に付き纏つた。食事をはじめたら狂気の如くせがみついた。バタの付いたパンを遣つたら鼠を捕つた時の様にうなつて嘗めてゐた。精進料理の寺の生活は猫には随分みじめなものだらうと同情した。

食事を済して裏山に登つた。小猫は数度追ひ返へされてとう〳〵断念したらしく怨めしさうに自分達を見送つた。山の上からの展望はよかつた。西には道峰山、北漢山、南山などが一連りに見えてその間に京城市街の一部も見えた。見渡す限り禿げ山で山の間は黄色に熟した稲田の象嵌になつてゐる。峰伝ひに登つて水落山の頂上に達したのは午後二時頃だつた。頂きから東を見ると光陵の山々が手近に見えて南の方には漢江も光つて居た。

樹木の茂つた東面の谷を下つたら途中から道を失つて出鱈目に歩いた。里に近くなつてから柴刈りの男に尋ねて道が知れた。麓に僅四戸ばかりある小部落があつた。裏山の滝から樋を用ひて灌漑する水田もあり、川端や家の背後には栗林もあり田畑の畦畔には漆や椿も植えてある。何となく有福《ママ》さうな村だ。胡麻塩頭を五分刈にした五十格好の男が居たので村の話を尋ねた。彼れは年にも似ず日本語をも少〔し〕は解して居た。焼物の窯跡のことを尋ねたら、「窯跡か何か知らないが前の山からも裏の山からも向ふの山からも焼物の破片は沢山出る」と云ふ。前の山へ行つて見ると殆んど全山破片がちらばつてゐる。破片の形や窯に用いた支へなどから考へても窯跡であつたことは疑ひないが、窯跡らしい部分が見つからなかつた。不思議に思つて探し廻る間に気がついた。それは山の頂きに近い処に両班のらしい稍大きい墓があること、此の山の向ひに文石など用ゐた立派な墓のあることである。窯場のある筈の此の山は向ひにある大きい墓の大切な安〔案〕山であるから墓の造られた後に窯を築く筈はない。その前に窯跡のあつたのを墓の造営のために地均してしまつたものに決つてゐる。それで全山に破片がちらばつてゐて特に窯跡らしい処がなくなつてゐるものと推断される。探し廻つて居る間に山麓〔の〕路傍に石碑のあるのに気がついて行つて見ると、李朝の大官李神道の墓であることが記されてある。そしてその碑は「崇禎紀元後百八十七年甲戌八月□日立」としてある。その年は西紀千八百十四年朝鮮純祖十四年に当る。窯は兎も角それ以前のものであるとして百余年前になる。どれだけ前かは今断言出来ない。

破片によると白絵土を釉薬の下に塗つた一種珍らしい手法に依つてゐる。地色は青磁系統のもので鼠色のものが多く、普通は内面だけに具合よく白絵土を施してゐる。主に鉢や皿が多くて高台にも釉薬のかゝつたものが多い。五徳跡が概して高台の外についてゐるのも珍しい式である。

村の入口に庭石と呼ばれてゐる上面の広く平らな大石があつてその上に村人が集まつて居た。夏の夜など此の村の人は多分こうして此の石の上に寄り集つて涼みながら話すことだらうと想像される。

自分達もその石の上に上つてこの村についての話しを聞いたり村の人が拾ひ集めて置いた団栗の実を買つたりした。

その間に日が暮れかけた。若し自分一人の旅だつたら此の村にでも泊つて外にも尚二つあると云ふ窯跡を訪ね〔た〕かつたのだが、公用の途中でもあり引率して行つた者の手前もあるので少し遠慮して思ひ止つた。

宿と定めた興国寺に着いたのは七時頃だつた。寺は建物の形や排置《ママ》も美しく掃除もよくしてあつた。境内には欅や櫟やあべまきや赤松の大樹が多く、大葉菩提樹もあつた。案内された大雄殿の西隣の一棟は土塀が囲《ママ》らされて小さく美しい門までついた一構であつた。その門越しに伽藍の上に十六夜の円い月が出た時の美しさつたら実に素敵だつた。

夜は若い坊主等が遊びに来てこの山中の生活にも似つかない様の浮世話をして居た。

星加君等が相手になつて話して居るのを聞きながら眠つてしまつた。

十二時頃咽喉が乾いて覚めて起きた。井戸端を探したが釣瓶がないので僧侶の住宅の附近を月の光で彷徨した。まだ起きてゐる家も多かつた。起きてゐるのは多く女共らしい。女の声で悲鳴をあげて喧嘩をしてゐる家もあつた。探し廻つて距《はな》れた一軒家の側にある井戸で水は呑めた。

朝の四時から五時迄自分達の部屋の軒に吊つてある大鐘を叩いて若い僧はお経を上げた。乱打するので寝ても居られず一緒に縁先きに出てこの日誌を書いた。

十月七日

帰宅

鐘を叩いた坊主の行つた後で一睡して前にそびえてゐる仏岩山の頂を太陽が照しはじめた時起きて井戸端に行つた。口をそゝぐために坊主の家の近くに行つたら女共がまだ喧嘩をしてゐた。昨夜の継続らしい。静かな山奥の澄んだ空気も喧嘩の声で濁つてしまふ。

食事の時一人の坊主が団栗のコンニヤクを大きい箱盆に一杯持つて押売がましいことを云ふ。それは昨夜の雑談の時「団栗のコンニヤクは珍味だ」と云ふたら「雑作もないから朝の膳に出さうか」と云ふので「頼む」と云ふたのを口実に、「注文に依つて拵えたのだから全部買つて欲しい」と云ふ。価は僅かだが妙に不快を感じた。面倒だから僅かを食べて全部の勘定を払つて置いた。星加君等が昼の弁当を頼んでアルミニウムの箱を二つ渡したら、普通の食卓を調へて渡した弁当箱を添えて持つて来た。普通の食事の代価を欲しいにしてもそんな真似をせずにもつと深切《ママ》な方法があると思ふ。弁当を註文したのに汁や液汁の多い漬物まで添えるとは只金を要求するためにした冷たい遣方である。不快な奴だから余り関係しない様にして居たが、そのうちにアベマキの種子を集めたのがあると云ふから買ふことにした。価を問ふと一斗二円だと云ふ。この山中で団栗が栗と同価とは乱暴な値段だ。一円五十銭でも高いのだが行きがゝり上一斗だけ買ふことにした。彼の家の裏庭の隅に李朝白磁の筆筒があつた。大破して底はぬけ側面もひゞが入つて今にも二、三個に割れさうになつてゐるが、白磁に陽刻した竹と松の模様は一寸類の少ない図だから標本になると思つて眺めて居たら「買はないか」と云ふ。安ければ買つてもいゝと思つたから「何程か」と問ふと「五円」と答へる。此の坊主下等の商人みた様にいやに掛引するのでもう話すのもいやになつて、只「いらない」と云ふと「三円でもいゝ」と云ふ。馬鹿らしいから黙つて帰らうとすると「何程なら買ふか」と云ふ。「これは破片同様でそんな値打ちのあるものでない。今日は兎も角止す」と云ふてそこを出て裏山で木の実を拾つてから又その家の横の道を通ると、例の筆筒の主人が門前に居て今度は妙におとなしく筆筒を欲しかつたら持つて行けと云ふて渡すから、只貰ふのも気の毒だと思つて側に立つて居た子供に十銭遣らうとしたら「も少し出せないか」と云ふてゆすりにかゝるので愈いやな気がした。筆筒を返して其処を去つた。

寺の門前に美しい林に包囲された村がある。その林には徳陵と云ふ李朝の王族の陵がある。それから途々木の実を落して拾つたり扱き取つたりして清陵峴を越えて鶴林庵の麓の道に出た。一軒の農家に寄つて栗を買つて煠でゝ貰つて今朝の弁当を分け合つたりして午食をした。老人は軒先きの水落山のよく眺められる処に座つて草履を拵えてゐた。嫁らしい三十女が子守をしながら栗を煠でゝ呉れた。子供が二人午食をするために書堂から戻つて来た。兄弟らしい。兄は十二、三らしいが髪を結んで居る。それの嫁らしい赤い上衣を着た十四、五の女の子も厨房の戸の間からちら〳〵見える。いくら朝鮮でもこの頃はこんな若い夫婦は珍らしい。

食べ残りの栗を三人で分けて雑嚢に入れて昨日来た途を蒼洞駅に急いだ。

駅に来て見ると京畿道の李君が居て、「昨夜興国寺に泊つた」と云ふたら「感じはどうだつた」と云ふから、「位置も建物も気に入つたが坊主等の気風がよくなかつた」と云ふと、「それはその筈あの寺の坊主が村の男等と共謀して京城から静養に行つて居た婦人を強〔姦〕して強盗まで働いたことがある。しかもその犯人坊主はつい一週間ばかり前に出獄して来たことが新聞に出て居た」と云ふて、李君は犯罪当時のことをもよく知つて居て面白さうに語つた。

今から思ふといかにもそんなことのありさうな気分のみなぎつた寺だ。

汽車のなかでもその話で持ち切つた。

清涼里を乗り越えて往十里に下車し電車で一図《ママ》に展覧会場の貴族会館に行つた。観覧者は皆帰つて柳、富本、石丸、赤羽、浜口、家兄、小田内の諸氏と外にもだれか四、五人残つて居た。柳兄はいきなり走つて来て僕の肩に双手を置いて、「変りはなかつたか、会はうまく行つた」と云ふて会の成功を満足さうに語つた。早速昨日の獲物の破片を出して二日の旅の模様や窯跡の発見を報告した。残り物の栗も皆で食べた。

夕飯は例に依つて一同とソルノンタンで済して夜は今村さんへ泊りに行つて柳、富本両兄の間に這入つて寝た。

十月八日

終日展覧会場の後仕舞。

夜は手伝つて貰つた人達十人ばかりと食道園で晩飯をした。

富本、石丸両兄と一緒に清涼里に戻つて寝た。

十月九日

石丸兄と一緒に逍遥山に登る。星加君千龍も一緒。夜は山寺の岩間にある小室に四人同宿。

十月十日

山を下り星加君等に別れ、小駅の旅舎にて石丸君と二人手紙を書き、食事をし、市日の賑はひを見物して夕方の汽車を待つ。

夜は柳、富本、赤羽、石丸諸兄等と貞洞にて会食。

十月廿二日

日誌をしばらく書かなかつた。それは美術館の展覧会の仕事や柳、富本両兄の滞城で毎日の様に一緒に歩き廻つて居たのと、引き続き江原道へ出張したのとでつい等閑になつたのだ。柳兄等の居た間は殆んど毎日京城に出た。富本兄は十数夜も清涼里に来て一緒に寝た。夜晩く二人で並木のある大通をとぼ〳〵と歩いて話しながら帰つて来て寝につくのは何時も十二時すぎだつた。しかもその上寝話に興奮したりした。愉快だつた。その間に石丸兄、赤羽君、小田内氏等も一緒に来て一夜泊つた。

此の一ケ月ばかりは忙しくもあり愉快でもあつた。展覧会の結果のよかつたこと、美術館の仕事が一部の人に稍理解されたことも歓びだ。

一人になつて淋しくなると又日誌を書く様の静かな時間にも親しみ度くなる。反省と祈禱の時間だから他人が居ると妙にその気になれないのだ。

展覧会のこと出張中の記事を日誌に書いたら随分書き度いこともあるが、いつか暇があつて気が向いたら書けると思ふ。

宿直室で目が覚めた。

仕事のはじまらない先きに苗圃に行つて世話をした。今日は日曜だが、これから忙しいので働くことにしたのだ。此の頃から冷蔵庫と種子置場の新築中なので少し忙しい。それにその仕事が自分の設計で素人造りだからなか〳〵思ふ様にいかない。然し出来上つたら面白いものだらうと思ふ。人夫等も下手ではあるが叱られても熱心に興味を持つて働いてゐる。朝飯食ひに帰つたのは十一時頃だつた。

それから食後は柳、富本、石丸、斎藤諸氏に手紙を書いた。

夕方又苗圃の仕事場に行つて見た。

夜は京城に出て久し振りに日の出湯につかつた。気持よかつた。馬場と大阪屋に立寄つて支那人の処で晩食して教会へ行つた。曾田さんの伝道説教があつた。此の頃旅費が少し余分に手に入つたので教会へ十円寄附した。僕は約束献金とか何とか云ふ献金は閉口だ。都合がついて気の向いた時苦しくない程度に時々出す積りだ。

写生や苗圃の成績調査に使ふために三脚椅〔子〕を買つて帰つた。

十月二十三日

苗圃で終日仕事を見た。村の森永から手紙が来た。夕方赤羽君が羅、趙両氏を連れて遊びに来た。高木君をも誘つて尼寺へ行つて夕飯を食べた。夜は朴君と宿直した。

十月廿四日　午頃から降り出した雨は夜になつてはげしくなつた。

朝事務所から戻つて京城に出た。赤羽と一緒になつて歯医者へ行つた。そこで随分長い間待たされたので午過ぎになつてしまつた。二人で支那料理で午食をして富田商会へ寄つたり、大阪屋へ張出框を返したりして、旭町の入口で赤羽と別れた。貞洞へ寄つて兄と一緒に話しながら懿寧園へ行つた。兄の写生をして居る間、吉田君の妻君の病気を見舞つたり、吉田君と苗圃中を廻つて仕事の指図をしたりした。帰りも兄と一緒に西大門まで来た。

途すがら兄は三、四枚の写生をした。

夜は美術館の帳簿を整〔理〕した。

十月廿五日

苗圃の種子貯蔵庫を造る処で働いた。こんな仕事になると皆の者が一種の興味を持つて働いてゐるらしい。最初約束した煉瓦屋も大工も断つて来たので今は苗圃の者だけでやつて居るが、段々形が出来て来るので皆熱心に働いてゐる。人間は工作には本能的に興味を感ずるものらしい。氷庫などは殆んど類例のない新しい試みだから働くものに油がのらんと仕事が出来ない。夕方歯医者に約束して置いたが遅れてしまつたので止めた。夜は国分君や点釗が遊びに来た。

十月廿六日

朝小雨が降つて曇つて居た。大分の農林学校の生徒が修学旅行で来ると云ふので、その案内のために懿寧園苗圃へ行つた。生徒の来るのを待つ間物品の整理や種子を調べて居た。学生二十人ばかりと教師と京畿道の佐々木君とが来た。一緒に造林地や苗圃を廻つた。朝鮮に来る旅行者に対する案内者の態度、案内者の朝鮮人に対する理解同情の程度に依つて旅行者の観る朝鮮に大差が生ずるものらしい。今日などの生徒等も教師も美しい暖かい朝鮮には触れずに過ぎるであらう。僕は只林業上の簡単な説明をするだけに止めた。

義州通で皆と別れて歯医者に寄つて帰つた。帰つてから役所に出て苗圃の仕事を見た。六時頃に又朝の生徒等が此処に来たので又案内した。晩くなるので只ぐる〳〵廻つて永徽《ママ》園や晋殿下の墓をも序に見て行つた。

それから夕飯を済して宿直するために再〔び〕役所に来て居る。此の日誌を書いてゐる側には山内君と点釗とが居る。山内君は雑誌を読んで居るし、点釗は何もせずに火鉢のそばに根切虫の様にまるまつて寝て居る。今夜は少し寒い。翌朝は霜が降るかもわからん。

今迄の共同食堂を二三日中に解散する。

それは世話する者が少ないので三福の仕事が多過ぎるのと経費が嵩むからである。

居住者が各自家賃を負担しそのうちで三福に一部分を無賃で提供して家の番をさせる事、掃除洗濯等のため番人を使役する者は別に謝金を出すこと、食事は各自勝手にすることとした。無理解の者と共同することは面倒だ。

十月廿七日
宿直室から戻る道は空気が澄んで実に清々しい。空は高く晴れて小鳥も鳴いてゐた。ヒハやアホジが多かつた。晋殿下の墓の前は支那人の石工等が最早仕事をはじめて居た。支那人の勤勉振には何時もながら感心する。昨夜八時すぎに通つた時は鑿の尖きを拵えるために四、五人共同して焼いたり、叩いたり、冷したりして居たのだつた。仕事に精出すことにかけては朝鮮人も日本人も到底かなはない。朝のこのすが〳〵しい空気のなかで調子よく打つ金槌と鑿の音を聴いてゐると愉快になる。楽しさうに働いてゐる人を見ると「幸福な人よ」と呼びたくなる。
午前中は月谷で種子庫の屋根下を拵える木を選んだり墨《ママ》をしたりした。
午後は歯医者へ行つた。

夜は森永と政君に手紙を書いた。

手紙を書いてゐる時すさまじい音がして雹が降つた。ランプを持つて出て見たら大豆粒位のものが節分の豆を播いた様に庭に散らばつてゐた。

十月廿八日

午前中は苗圃で大工の真似をして過した。

午後は歯医者へ行つて右の上顎の齲歯《むしば》に銀を嵌めて貰つた。歯医者の思つたより永くかかるのには少し閉口だ。そしてごし〳〵摺られる時の感じの悪いつたらない。本当に寿命が縮まる思ひがする。そしていやに器械的なのに驚く。一般に此の頃の医療の傾向には感心出来ない点が多いが、今度の歯の痛んだ時などでも手当の遣方はよくなかつた。僕の躰具合から云ふと灸や足を温めたことが奏効して居たと思ふ。下体が温まり出したら痛みも楽になつた。食餌とか按摩とか、灸とかアンポウとか云ふことは病気の時最〔も〕必要な手当であると思ふ。

下駄の歯入屋みた様に毎日ごし〳〵されるのでいやになつたが、中途でよす訳にもいかないのでも少し我慢しやう。

太平町でもみじ湯に行つたら母や兄が子供を連れて来て居た。湯を出てから太平町で真鍮の食器と靴を買つて南大門で電車に乗つた。敦化門通で赤羽を見つけたから、電車を降りて明日の水落山行の話などして別れた。

愈今夜から食事を別々にすることになつて僕の分は支那人が運んで来た。

三福が紙捻の背負袋を編み出したので見ながら少し手伝つてやつた。

今日僕の不在中に金性洙君が葡萄酒を二本贈つて呉れた。多分お誕生の祝だらう。

十月廿九日
清涼里駅で九時発の北行列車に乗つて蒼洞で下りた。同行は加藤灌覚氏と家兄と僕の三人。田圃の稲は大方刈られ稲束を牛車や牛の背で運ぶ人達に細い道で頻繁に会つた。小川の水は減つて水は澄んで居た。その内に沢山の小魚が暢気に泳いでゐた。眺めてゐると愉快になる。妙にいゝ気持になる。いゝ音楽を聴いてゐる様の気がする。

稲の刈株からは青い葉が出て四、五寸にも伸びてゐる。赤とんぼが羽根を重さうにして少し老衰の態をしてとまつてゐる。自分は少し先きになつて二人は少し後れて朝鮮歴史の話しかなんかしながらついて来た。

弥勒堂の裏の日蔭で果物を食べて一休して山路にかゝつた。

鶴林庵のすぐ下にある窯跡の処に荷物を卸して破片を漁つた。

今日連れて来る約束してあつた人夫が来なかつたので、外にある大きい方の窯跡を見ることが出来ないと大分興味をそがれると思つて気遣つた。その内に鶴林庵の僧が来たから尋ねたが、その男は今年の夏来たばかりだから不案内だと云ふ。仕方なしに大方ありさうと思ふ方向に沢を降つて行つて見た。三町ばかり行つた処に小さい窯跡を発見したがそれはあの男の説明した程大きくなかつた。今度は小高い処から附近の地相を眺めてゐると、十間ばかり南にそれらしい斜面があつたので行つて見ると、ある〳〵破片ががら〳〵してゐた。雑嚢を最初の窯の処に置いて来たので入〔れ〕物に窮して帽子〔を〕脱いで入れた。随分変つた破片もあつた。此の前人夫を寄越した時は鉢と皿しか持つて来なかつたが、今見ると徳利、壺などや模様も菊花や渦巻の外に線で描く魚や草花や雲鶴さへあつた。二人が荷物を置いた処に居てしきりに呼ぶので帰つて行つて破片を見せたら、感心して是非行つて見度いと云ふ。鶴林庵で食事をしてから案内することにして庵に行つた。僧は湯を沸したり生の馬鈴薯の皮をむいたりして出して呉れた。生馬鈴薯もいやでなく食べられた。持つて行つたパンで食事をして僧に礼を述べて、今日探し当てた窯跡へ馳せ下つた。三人は又三十分間も破片を漁つた。菊花や渦巻模様が大部分を占めてゐてその他は稀であつた。変つたものは余り造らなかつたものと見える。

それから更に谷川に添つて下つて帰途についた。その途端で僅かの窯跡を更に一つ見つけた。それは稍薄手で稀に白磁に近い淡色のものもあつた。

加藤氏は云つた。民族美術館が三島手の或物を李朝の製品として扱つたのを京城の骨董屋や鑑定家等は憤慨して居る、と。

汽車に乗遅れたら厄介だからと云ふので徳洞の窯は見ずに駅に向つた。

朝見た田圃中の小川の魚は子供等にすつかり水を乾されたり捏ね廻はされて、大〔き〕いのは籠の中に拾ひ込まれてしまつてゐた。

子供等ははしやいで騒ぎ廻つて居た。

駅で小一時間も待つて汽車は来た。列車には露西亜の白軍の避難者が一ぱい乗つて居た。女も子供も老人も居た。身を持つて逃げ延びる敗軍の光景を見ると只涙だ。北条や平家の末路もこんなであつたらう。高麗の終りにこの目に遇つた人達もあらう。戦争の禍、軍国主義の罰《ママ》〔を〕思ふと祈らずには居られない。〔他〕

人事でない気する。

列車の中は人で一ぱいで皆昇降口に立つて居た。自分の隣には露西亜の少年が四人と女や青年も居た。気品のある容貌の者や炭坑の人夫の様のきたない者もあつた。東洋人と区別出来な〔い〕様な血色の者も少なくなかつた。少年等は美しい毛皮の帽〔子〕や日本の軍人の様の形の帽子を被つて居た。しつかり抱いて遣り度い気がした。気の毒でたまらない。何か厚意を示す方法はないかと考へて見た。菓子もパンも持つて居なかつた。財布をポッケットの中にあけて隣りに居る五人に十銭ばかりづゝ遣つたら少年等は随分喜んだ。汽車はすぐ清涼里に着いてしまつた。もつと此の人達と一緒に居たかつたが仕方ない。言葉が通じないのでつまらないが加藤氏は露語を知つて居たので何かしきりに話して居た。少年等と握手して下車した。停車時間中駅内に下りてぶら〳〵した露西亜人も多かつた。多くは軍人で内には旧王朝の勲章を胸にかけて居る者もあつた。突然発車して小犬と一人の少年が乗りはぐれた。列車の上の人達は手を延べてそれ等を乗せて遣らうとした。列車の速度は益々加はつた。少年は駅員や車内の人達に助けられて漸く乗り込めたが犬は乗れなかつたらしい。露西亜から敗軍の主人に従つてはる〴〵来た小犬がこんな処で主人に離れては気の毒だ。列車について行つて先きの鉄橋あたりでけがでもしなければばいゝがと心配になる。

家に帰つて三人一緒に支那飯を食べた。

九時頃まで話した。月がよかつた。二人を駅前迄送つて事務所へ行つて宿直した。

［十月三十日］
午前は苗圃で仕事を見て出張から戻つた石戸谷技師と苗圃を歩いた。

午後は場長を案内して又苗圃へ行つた。

歯医者で右の上奥歯に又一本銀をつめた。

貞洞の赤羽君の蓄音機を聞いた。ベートーフエン、エルマン、シウベルト、シウマンなんかいゝものばかりだつた。

終電車で帰つたらおまけに途中で停電して歩いたりした。

[十月三十一日]

天長祝日と云ふのでお休み。お休みと云ふと此の頃矢鱈楽しい。

世宗の実録から朝鮮物産を抄録したものを加藤氏から借りたのでそれから更に陶磁所を抜萃した。随分多い。殆んど終日かゝつた。

午後一時頃赤羽と浜口が来たが彼等は飯を食べて午睡をした。その間にも実録の抜書をした。

晩食は駅前の支那人の家で三人で食べた。

赤羽等に勧められて久し振りで活動写真を見に行つた。黄金館へははじめて入つて見た。近年見ないうちに写真の精巧になつたのには感心した。和製のものでも随分いゝ。然し弁士の下等なるは憤慨し度くなる。

終つて外に出た時は小雨が降つてゐた。

東大門から高木君と一緒になつて戻つた。

十一月

十一月一日

苗圃を廻つたり事務所で少し事務を遣りかけた。色々の仕事のために事務と云ふものに一ケ月以上も手をつけなかつたので大分停滞したものもある。此の間うちの展覧会その他についての活動は到底事務気分にはなれなかつた。

夜は星加君が来て縁談の纏まつたことを告げて居た。

夜中に思ひ立つて三福に手伝つて貰つて部屋の整理をした。

十一月二日

終日事務をした。事務は実に味のないものだ。書類の作製には何時考へても自信がない。

夕方苗圃を廻つて仕事の世話をした。

愈々冬が近くなつた。今朝などは薄氷が張つた。霜も随分強かつた。

十一月三日

苗圃で氷庫の建造や新に参案中の発芽試験室の設計をした。うまくいきさうだ。

夜は十時頃迄陶器名彙を補筆したり模様の名称を調べたりして、それから十二時半まで発芽試験室の設計図を書いた。疲労したので床に這入つたが、その設計がそれからそれへと脳裡に浮んでなか〳〵眠れない。

十一月四日

午前中は苗圃で氷庫の煉瓦積と種子蔵の屋根葺の世話をした。氷庫は一ケ月かゝつて漸く屋根だけ余して出来かけた。種子蔵の方は今日屋根を葺くと愈出来てしまふ。こんな具合にして自分の住む家を一つ作つて見たい気がする。午後は百葉箱の設計をした。これから新にも一つ造る発芽促進装置をした温突屋が決裁になつた。此の家も新らしい考案だから直営でしなくてはならん。

夕方又苗圃を廻つて暗くなり際に家に戻つた。此の頃晩飯は支那料理にして居るが、支那人が家庭で食する普通食を頼んであるので殆んど毎日変えて持つて来る。飯、ウドン、パン、焼飯と云ふた具合だ。口にも合ふし体のためにもいゝらしい。此の頃の食事は朝バタパンとミルク、昼は役所の食堂の日本食、飯と味噌汁と沢庵漬が普通である。

夜は宿直で事務所に帰つた。風呂に入つたのでゆつくりやすめた。

十一月五日

宿直室から戻つて来て教会に行く積りで家を出て少し早いので今村さんに寄つた。興化門の処で家兄に会つたので一緒に貞洞へ行つた。東京の太田さんから手紙が来て居て、兄に今度八王子に出来る感化院に来ないかと云ふ風のことが懇ろに書いてあつて、終りに僕にもどうかと云ふ意味があつた。貞洞では山壔君を頼んで子供等の写真を撮つた。小場さんが外出の序だと云ふて寄つた。家兄の計画してゐる陶磁器窯跡研究の話や太田さんの感化院の話をして、遊んで午食を食べて二人で出て街をぶら〳〵歩いた。

古物屋や荒物屋銀細工屋などのぞき廻つて五時頃西大門町で別れた。清涼里に戻つたら金君と全が来て居て一緒に晩飯して話して行つた。

十一月六日

終日苗圃で働いた。新らしく考案した温室の地均をした。

夜は富本、柳、政、森永、柳井、古〔吉〕屋の諸兄に手紙を書いた。富本兄に紙捻のマンテキを送るために小包を拵えた。

寝てからも温室の構造の部分が現の様に浮んで来てなかく眠れなかつた。

夕飯後に附近の林を散歩した。月の出が美しかつた。此の頃美しいものを見ると何となく生き甲斐を感ずる程うれしい。赤楊の林も松の森も美しい。川端に燈火をともして漬葉を洗つて居る群が遠くに見える。

十一月七日

朝早くから黄昏近くまで働いた。温室の基礎工事は出来た。どうやらうまくいきさうだ。政君と富本兄から手紙を貰つた。富本の詩は気に入つた。政君もいゝ手紙を呉れた。今日は特に恵まれた日の気がする。

夜は田添氏に代つて宿直をしてやることにしたのでこれから行くのだ。今雨が降り出した。この雨模様で三、四日暖かだつたらしい。机の上をかたづけて居たら暗い処に蜂が居て右の人さし指を刺した。今少しいたい。

十一月八日

雨は晴れて冷気は加はつた。宿直室から戻つてオートミルを拵えてパンと一緒に早飯をした。苗圃で午前中煉瓦積をした。

午後は場長、島田技手と一緒に禿山に上つて砂防植栽の計画をした。

四時半頃から苗圃の事務所に場員を招待して事務〔所〕の落成祝をした。三十人位集まつて、すき焼と薬酒とで晩飯を一緒にした。

田添氏と京城に出て公会堂の雅楽の会へ行つた。階段の附近に約五十点の楽器があつた。珍らしいものもあつたので名称を控えて来た。曲目は太平春とか寿斉天とか昇平萬歳とか長春不老とか何れも暢気なものか荘厳なものだつた。王の動駕の時とか宴会、舞踏の際とかに奏する曲であるだけに盛なものだつた。何れも宮中とか軍中で行はれたものださうな。盛んであつた朝鮮の昔が偲ばれた。

李王がこれを聴いても感動しない様に愚に生れたことは皮肉な幸だ。此の楽に打ち興ずる主人は永遠に居なくなつたのか。その昔しは民衆を威圧し畏敬の襟を正させたこの楽、大官等と共に萬年長歓を唱つたこの曲は今は淋しい哀れな調べになつてしまつた。

赤や緑の衣を着た楽人等よ、お身達が居なくなつたらその調はこの地上から消えるのか。王威を鳴り響かせ〔た〕楽の音調が薄らぐと共に王の影はうすくなるであらう。否王の影がうすくなるから響が消えかけると云ふ方が当つてゐるだらう。時代の勢であれば致〔し〕方もない。然し民族の歌よ、盛になれ。民族よ、これ等〔の〕楽を復興せよ。王を護つた調べは民族を励ますであらう。王の動駕の曲はそのま丶民族の進展の曲になれ。高麗の軍中楽は民族奮起の楽になれ。賀宴舞踏の曲を民族打揃つて奏する平和の日よ来れ。

富本に手紙を書いて寝につく。

十一月九日
朝は随分寒かつた。砂山には五、六分も霜柱が立つて居た。終日温室の仕事をした。段々形をなして来るので愉快だ。
夜は朝鮮楽器の名称を調べた。
尹君が来て将棋を一度した。

十一月十日
昨日よりも一層寒むかつた。畑の土が上層六分位凍つた。

温室の仕事と苗圃の成績調査要領を考へた。

石戸谷技師も現場に立会つた。

それからそれへ仕事は多い。愈々土地が氷つてしまふ迄は根限り働くのだ。此の頃夜も長いので自分の仕事をするにも適してゐる。然し疲れるので思ふ様にも勉強出来ない。躰の具合のよくなつただけは幸だ。

家に戻つて仕度をとつた処へ支那人が夕食を運んで来た。現在実行してゐる食事の方法は至極躰に合ふものらしい。

今夜はこれから宿直に当つたので事務所に行く。

十一月十一日
終日温室を建てるために働いた。
〔図〕
高木君と品評会見に行く約束もしたが棟木の構造の変更やなんかで一緒に行けなかつた。夕方急いで一人で出かけたが閉会の後であつた。序に石戸谷さんの処へ寄つて夕飯の馳走になつて遊んだ。小林、田添両氏も来て賑かだつた。

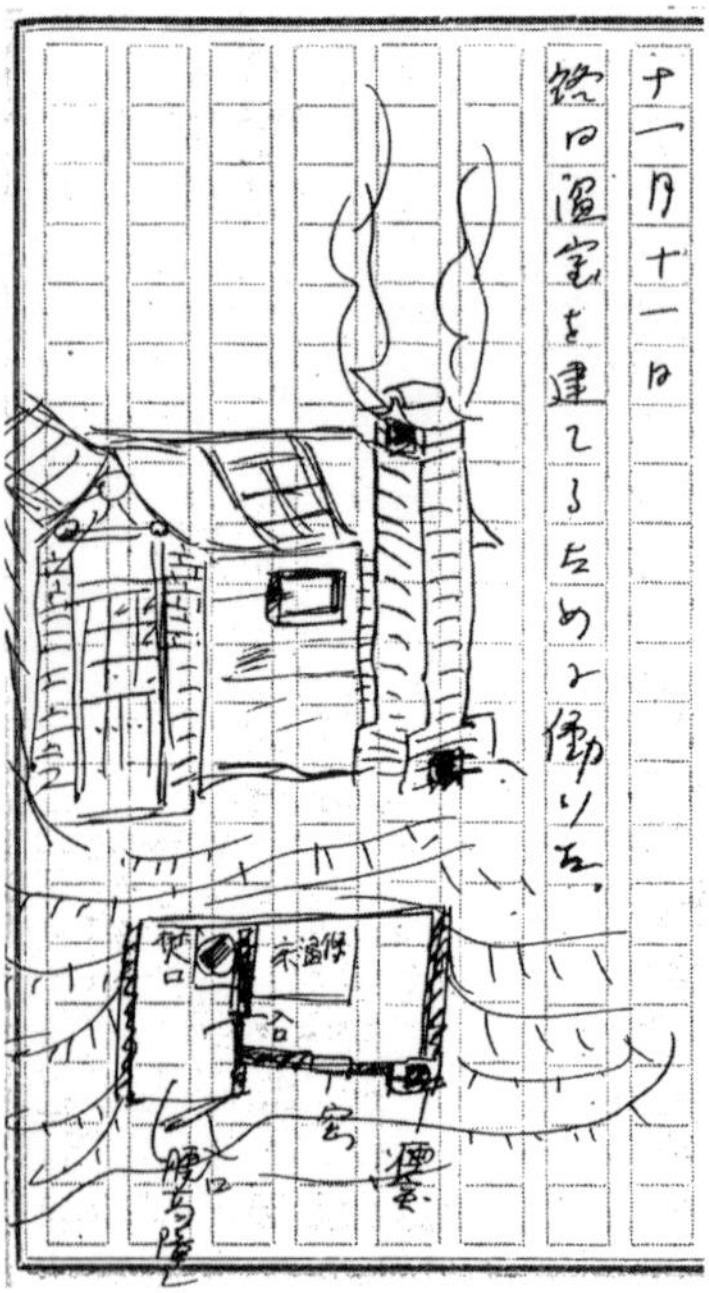

日記中、唯一の挿し絵

十一月十二日

朝苗圃に行かうと思つて出かけたが、雨が降り出したので京城に出ることにした。品評会を見て教会に行つた。教会は随分つまらなかつた。非常な淋しさを感じてしまつた。

大阪屋を見て馬場の処へ寄つた。馬場は居なかつた。居ないで却つてよかつたと云ふ気もした。居たつて話しもない。森永等が居たら話対手にもなるが居ないと妙に間が悪い。話も合はない。森永の置いて行つた本だけとつて直ぐ出た。貞洞で昼食をして兄と二人西大門町から孝子洞の方を歩いて仁旺山に登つた。昔の寺跡を探つて居る間に兄と離れてしまつた。僕は遊んで居た学徒等と一緒に降りて山の中腹で休んで待つたが来なかつた。呼んでも返辞がなかつた。

斎藤さんへ寄つて教会の壺の台や教会の樹木の話しをして夕飯の馳走になつて居たら主人が帰つて来た。食卓の其の座で二時間許《ばかり》雑談をして辞去した。泊れと云ふて随分とめて呉れたが温室と成績調査が気になるので帰つた。

拾壱月十三日

苗圃で働いた。温室は屋根に泥を上げた。

夜は椅子を改造した。

拾一月十四日

歯医者に寄つて懿寧園へ行つた。吉田君の処で昼食を食べて苗圃の成績調査をした。

帰りは貞洞へ寄つて夕食を食べて遊んで例に依つて兄と市を少し歩いた。

十一月十五日

苗圃の成績調査をした。

庶務主任と場長とが主張して苗圃の空地を料金を取つて貸付する様にしなくてはならん、面積二千坪以上だつたら競争入札にしてその借受人を決定すべきであると云ふ。低級な法規の遵奉者にも閉口する。苗圃の事情を説明しても解らないのに驚く。場長は技術官だけに了解して居るらしいが、矢張規則の前にぶる〳〵して居る処は同じだ。苗圃の空地を耕作のために貸付したのは、新墾地ではあり土地改良の目的であつて寧ろ当方から頼んで耕作して貰つたのである。雑草と木の根株の多い荒畑を直ちに苗圃にすることは困難であるから熟田に進めるために貸付したので、決して他の官有地の場合の様に土地を休ませて置くのは惜しいから貸付して官収を計ると云ふ風なものと意味が異ふ。試験場は収入を目的とする営業官庁でない。大切なのは林業上有益な施業法の発見工夫である。多くの手数をして僅かの借地料を取る。そこで残る書類は整頓の形になるだらう。試験成績なんかのことは少しも考へずに居る御苦労なしの小役人共には閉口する。自分の責任のことばかり心配してゐる。俺は始末書位何通でも書いてやる。この問題で少し興奮してしまつた。夜中に覚めて『白樺』のユーゴーやヱルハアランの詩を読んだ。随分よかつた。昼の問題が馬鹿らしかつた。役人なんかぶち廃めてしまへと云ふ気になる。

十一月十六日

計画中の砂防工事を始めた。場長に立会つて貰つて嶋田技手に土工の実地指導を頼んだ。従来の砂防植栽が単に芝を張つて山の斜面を打ち堅める様な式で植樹に適してゐなかつた。今度の方法は植樹の場所を拵えることを主とし、且つ斜面を安定な勾配に導き、樹木の繁茂に依つて砂防と造林の目的を達成しやうと云ふのだ。
うまく出来さうだ。
夕方帰つたら赤羽が来てゐた。久し振りに少量の薬酒を呑んで晩飯を食べた。高木君も一緒だつた。赤羽君は泊つた。

十一月十七日
赤羽君と二人駅前へ行つて汁掛け飯を食べて別れた。
苗圃の成績調査と砂防工事の世話をした。
専売局の笹木君と事務官が植木の相談に来た。場長と一緒〔に〕山を案内した。
夜はロンドンの西野入君と政君とに手紙を書いた。

十一月十八日
苗圃の調査と砂防工事で働いた。
辺雲龍が嫁を貰つたのでふるまいがあつた。
阿峴からお客が二十人以上も来てゐた。花嫁は白く塗つて人形の様に拵えてゐた。

薬酒を少し呑んだので家に戻つて寝てゐたら近藤君等が来て誘ふので京城に出た。石戸谷さんの処で十時頃まで遊んで近藤君の家へ寄つて飯を食べて十二時すぎまで話した。帰りは電車がなくなつてしまつたので高市君と二人歩いた。随分寒むかつた。

十一月十九日

曇つてゐて寒い朝だつた。頭高やひはの群が不安相《ママ》に飛び廻つてゐた。苗圃に行つて間もなく雪が降り出した。一時盛んだつたが積らなかつた。砂防工事も苗圃の苗掘りも休まなかつた。仕事の世話や調査をして夕方まで働いた。苗圃の風呂に入つて宿直室に泊つた。夕飯は牛肉を買はせて坪川君等と一緒に小使部屋で済した。

国分が来て碁を二回やつた。

十一月二十日

昨夜は此の頃になつて最も烈しい寒気だつた。最低温度が零下十度五分を示してゐる。今日は日中も寒むかつた。終日寒暖計は零度から上らずに済んだ。成績調査も後二、三日で済む位まで進んだ。

十一月二十一日

寒い風の吹き通す処で終日成績調査をした。

砂防をしてゐる山をも時々廻つた。

夜国分君と高市君が遊びに来た。
夜中に雷雨があつてしみがゆるんだ。

十一月廿二日
苗圃の土の氷つたのが解けて苗木を掘るのに都合よかつた。此の頃の四、五日の様に寒くないので調査も楽だつた。
夕方少し早く仕舞つて歯医者に行かうと思つて出たが、種子屋が来て呼び戻されて種子の検収をしたり事務で雑用があつたので晩くなつて京城に着いた時は暗くなつてしまつたので、医者は自宅に帰つてしまつた後だつた。北内に美術館の借金を済し、平田、青木堂、安合号、山岸等で買物して戻つた。曇つて暖かい。

十壱月二十三日
朝出て歯医者へ行つた。型によつて拵えてあつた金冠を右上の小臼歯に被らせた。用が済むと何処にも寄らずに清涼里に戻つて苗圃で成績調査をした。新らしく出来上つた温室で納豆を拵えるために国分君に手伝つて貰つて仕込んだ。

十一月廿四日
出張命令の上申、苗圃の成績調査。
夜貞洞に行つた。三福に拵らへさせた莞草の編袋を家兄にやつた。嫂が毛糸の帽子を編んで呉れると云ふので頼んだら見てゐる間に仕上げて呉れた。嫂の編物をする前に集つて皆と色々の話をした。僕の一身上のことがよく話題にされた。嫁を迎へたらい丶とかその〻を連れて来いとか母はしきりに云ふた。僕の心持ちは一寸理解されにくいらしい。僕自身も厳密に云ふたらどうしてい丶かわからんが兎も角現在幸福を感じ感謝してゐることは事実だ。自分の運命のことも少しはつきり知り度い。神の御声を伺つて進み度い。俺は今感謝の数々を実験してゐる。

夜は更けて一時近くなつて泊つた。僕一人あた丶かい温突に寝た。

十一月廿五日

夜の間に雪が降つて五寸近くも積つて居た。苗圃の事務に出たら皆が外業を休んで人夫も一人も来てゐなかつた。

俺は少し不満だつた、自分が日頃云ふてゐる精神が了解されて居ないことを思ふて。それは林業など自然を対象にしてゐる仕事では何時でも自然現象に注意し機会を逸しない様に心掛けることである。砂防植栽でも苗圃の種子播きでも直播造林でも、植物に場所と機会を与へることが人間の受持つ仕事である。所謂役人根性を出して日曜だと云ふては休み雨だ雪だと云ふては惰《なま》けて居てはならん。風とか雨とか雪とか云ふ自然現象は植物生育、自然の進化になくてならん機会である。殊にこの際種子播きをしなければ此の雪の後氷つたら播く時がなくなる。幸昨日床拵をして床面に蓆を被ふて置いたのだからその蓆さへ除けたら下は氷つて居ないのだ。無理に人夫を集めさせて午後から皆と一緒に圃上で働いた。風は寒むかつたが土は種子を播くのに不適当でなかつた。

十一月廿六日
朝家のうちのかたづけに手伝つて　笥の位置をかへたり箱を並べたりして部屋を掃いたりした。

朝飯のトロロは甘かつた。久し振りに家庭的に大勢で食事をした。

日中に又雪が降つた。

家兄と二人で雪の降る町を歩いた。道具屋、支那人の店、銀房、本屋など廻つた。

夕方は温度がかなり下つた。朝鮮銀行の前で兄と別れて電車に乗つた。

夜は部屋の整理をした。

十一月廿七日
苗圃で種子の整理をした。
田添氏がどこかで聞いて来て小間使の鐘福が小使の靴を盗んだ疑のあることを知つた。全君に調べて貰つたが不明だつた。実際盗んだのかどうかも不明なのを検べるのも気の毒だと思つたが、この子は以前にも金の銭入の中から一円札二枚を抜いたことがある位だからもしかすると又悪い心を出したかもわからん。此の儘置いたら人間になれないから却つてかあいさうだと思つて倉庫に連れて行つて取調べたら自白した。山の木の下に置いてあるから持つて来て返すと云ふて出て行つた。間もなく戻つて来て実際は盗らないのだと云ふてゐる。又少し叱つて検べると今度は必ず持つて来る、今後は決してそんな悪いことはしないと云ふ。今度は真箇だと思つて出して遣つたが二時間余も帰らなかつた。盗つたには相異ないらしいが子供ではありあまりいぢめても仕方ないから、何れ後日云ふて聞かせる積りにして帰宅しやうとしたら、田添君が事務所に迎へに来たから又苗圃に引き返して鐘福に色々話してやつた。太陽はどつぷり暮れて倉庫の内は暗くなりかけた時、子供は泣きながら以後は決して悪いことはしない、靴はこれから行つて出して返すと心から云ふた。僕も妙な一種の喜びを感じた。刑事が犯人に自白させた時の満足とは少し異つた放蕩息子の復帰にも近い喜びであつた。

鐘福と二人急いで彼れが最初に置いたと云ふ靴のありかを見たが、そこにはなくて小使の家の物置にあつた。子供は盗んだことが知れかけたので先刻二時〔間〕ばかり〔の〕間に物置に置きかへて胡麻化したものらしい。子供はこんな事件のために帰宅が遅れたので帰つたら母に叱られることを気にして泣いたりした。事務所の前で別れた時は暗くなつてしまつて居た。

今日は妙な出来ごとで頭が妙になつたので高市君を誘つて京城に出て、旭町で湯に入つて西大門町で高市君の支那靴を買つて水標町で雪冷〔濃〕《ソルランタン》湯を食べて帰つた。冷気緩んでいゝ夜だつた。清涼里の田圃は氷がはりつめて湖の様に光つて月は朧に人家は煙に包まれて春の夜の様に美しかつた。

十一月廿八日

苗圃で山林会に来た質疑の解答を書いた。

二件で終日かゝつてしまつた。尤もその間に場長から呼ばれて事務所へも行つた。用は傭人の年末賞与金査定のことだつた。

夜は宿直。

（これから行く）

宿直の対手は大堂老だつた。坪川君が遊びに来て碁を打つた。坪川君の帰つて行つた後、大堂老はしきりに嫁の世話をすると云ふて勧めた。十二時過ぎて床に入つた。

十一月廿九日

苗圃で書類の整理をした。

夜は赤羽の家遷《ママ》りに行つた。

赤羽兄妹と浜口君等と一緒に新らしい家で晩飯をした。

中央学校の生徒等が大勢手伝に来てゐた。

蓄音機を聴いた。ベートーフエンやエルマンは矢張りよかつた。

晩くなつて清涼里に来る電車がなくなつて帰り途を歩いてしまつた。

空は冴えて寒むかつたが風がなくてよかつた。月がよかつた。

十一月三十日

出張の支度をして門前まで出た時停車場の方角で汽笛がなつた。遅れたなとは思つたが駅前の雑貨店まで行つて問ふて見た。汽車は出てしまつてゐた。荷物をそこに預けて家に戻りながら考へた。この次の列車は四時頃だからそれまで役所に出やうかそれとも家で仕事をしやうか。それよりもいつそのこと光陵まで八里歩いて見よう。ことに春川街道から行く道は大正三年の秋自転車で日帰りに往復したきりだから歩くのも一興だと思ひ立つた。荷物を背負はせる人夫を探したら林海奉が行くと云ふので傭ふことにして連れ立つた。駅前から柳並木のつゞいてゐる大通を東に一里余行つて左に折れた。松枝や割木を運搬する牛や牛車が長く続いた。皆光陵の方面から京城に向つて送り出す燃料だ。光陵迄の半道中まで来た頃海奉は淋しがつた。海奉はまだ十三の少年なので淋しがるのも無理ない。若しこれが光陵の森林にかゝつてあの小暗い迄に茂つた林を見せたら随分淋しがるだらう。殊に今晩光陵に泊めて明日独りで山道を返したら随分恐ろしがるだらうと考へ出した。そこで一緒に途中から道連になつた行商人に序に荷を持つて行つて呉れまいかと頼んだが、その人は光陵まで行かずに途中の村に泊る用事があるので断られた。休んで思案してゐたら僅の荷を背負つた男が来たから行く先きを尋ねたら、光陵の近所まで行くのだと云ふので荷物の交渉をしたら雑作もなく承知して呉れた。

海奉には約束の賃金の半額七十五銭を遣つて返して後から来た男に荷を托して連れ立つた。男は馬鹿正直と云はれる程のすなをな奴だつた。道中色々の身の上話などした。

楊州の山林課出張所に寄つて一休した。

五時頃試験地の事務所に着いて野路君と一緒に食事をして泊つた。

十二月

十二月一日
光陵の朝は一層つめたかつた。
苗圃も氷つてゐるので午前中永井技師の炭窯を見に行つて山の穴小屋に寄つた。
午後は人夫を一人使つて苗木を掘つて調べた。朝から食事は新橋君の処ですることにした。

十二月二日
終日苗圃の成績調査をした。夜は野路君、村上技師等と話して過した。

十二月三日
野路君と苗圃の予定地踏査をして人夫に区域線を刈払はせた。

十二月四日
午前中苗木や苗圃から掘り出した種子の調査をしたが、降雪で外業も出〔来〕ず、午後は村上技師と温突で話してしまつた。野路君等は獐狩に村の者と山に行つたが何も捕らずに戻つた。夜は村から鶏を買つて来て、村上、永井、今井、山内、野路諸兄と一緒に食事をした。

十二月五日

午前中雪を除けて苗圃の調査をして済した。午後は村の者や試験場の連中が合同してやつてゐる猪狩を見物に出かけた。

総勢は二十人以上も居た。昔の富士の巻狩など思ひ出して勇壮の気もしたが、うたれた大きな牝猪がチゲの上に横〔た〕へられて頸をぐつたりした儘運ばれる姿〔は〕淋しかつた。何とも取り返しのつかないことをしたと云ふ感じがしてならなかつた。猪は二頭一緒に居たのが牝の方が心臓を一発で射貫かれてたほれ、牡の方は逃げる処を後肢をうたれて逃げる道々雪を血で染めて馳〔駈〕け出したそうだ。軍勢は追せきしたが暗くなるまでかゝつても再び姿を見なかつたと云ふて戻つて来た。夜に入つて連中は肉の分配をして元気よく別れた。僕等にも肉を少し呉れたので野路君の処に集つて食事をした。

十二月六日

午前中は野路君と苗圃地の計画で実地を踏査した。

午食を済してから立つて帰途についた。

荷物は人夫が朝から出て停車場前の店に預けて置いて呉れた。

汽車には一時間余の余裕があつた。

五時半頃家に着いた。

柳兄と政君から便りがあつた。

夜は高木君が来た。石川の娘の発狂したこと聞いて驚いた。

七日
苗圃を廻つたり場長に出張中の模様を復命したりして冬の日はたちまち過ぎてしまつた。
夕方京城に出た。発電所の故障で電車がなか〲来なかつた。電車を待つ間支那人の処で主人と朝鮮将棋をした。新橋君から貰つた猪の肉を持つて貞洞に行つた。白石牧師夫人の訃報が来てゐた。気の毒なことだ。
皆と温突で雑談に夜を更かし最終の電車に間に合つて帰宅。

八日
赤松苗の冬芽の発育状況を写生した。
夕方家に帰つたら不破君の花嫁が吉田の妻君に連れられて来て居た。不破君と林君とが来、高木君も加はつて僕の狭い部屋に一杯だつた。支那料理をとつて皆と食事をした。
客を駅迄散歩旁々送つて帰つて手紙を書いた。松村、柳、富本、政の諸兄へ。晩くなつてから国分君が来て例に依つて警察談をして十二時頃迄ゐた。興味の中心の異《ママ》ふ話しの対手は何より閉口する。送り出した時空は澄んで月がよかつた。静かな夜だ。

九日
苗圃で成績調査の表を整理したり苗木の再調査をしたりした。妙に頭がおちつかない。
夜高木君と二人赤羽の家へ行つた。例に依つて生徒等が来てゐた。今度ベートウフエンの会をする準備に子供等を手伝はせてゐるのだ。折角内地から来た彼の妹は一週間も一緒に居ないで別れてしまつたと云ふて居なかつた。赤羽随分淋しさうにしてゐた。赤羽の家を持つ様になつた最初の計画は長く放浪した一人の妹を呼んで導き且つ慰め、自分も又慰められ度いと云ふやさしい愛情から出発して居たのだ。処が愈々会つて見ると彼とは正反対で物質と名誉を渇望し孔雀の如く着飾つてゐて、却つて兄を救ふために来て遣つたのだ、兄は世渡の道を知らないと云ふ態度だから二人は合ふ筈がない。赤羽は釜山迄迎ひに出て彼女の姿を見た時悲観したと云ふてゐる。釜山迄行く様になつたのも彼が哀れな妹を救ふ大決心が出来てゐたであらう。そして放蕩息子が父の懐に帰つた時の様の態度に砕けた心を持つたしほれた姿の妹を想像して居たに相違ない。処が女王の様な晴々した却つて兄を改心させ様と云ふ様な意気込の妹を見たのでがつかりしたことであらう。今から思ふと引越の夜なども二人の会話を聞いてゐて、此の同居が長続きしたらいいがと思つた程彼女は強情だつた。

会う迄は二人とも随分慕ひ合つたらしかつたが、理解されない別々の心を持つた二人はどうしても一緒に居れない筈だ。赤羽の心情を気の毒に思つた。彼の純粋さは一層はつきりする様のものだが随分淋しいことだらう。彼女も何時か醒めたら悔ゆるだらう。いつまでも醒めずに居たら尚不幸なことだ。清いもの美しいもののうつらない眼を持つた者は救はれない。両親もない兄妹二人が理解し得ない別の世界に住まなくてならんなんて淋しすぎることだ。

俺は只一人の子に神のことを教へて遣り度い。それにつけても政君の神についての信仰とお互の理解を思ふと感謝に余る。彼の膝下に置くことに不足はない。俺はこの幸福を伝へ、神の旨を宣べ、世の人の幸福を進めるために何かし度い。赤羽のこと他人のことでない。何処にでもあり誰でもよく味は丶せられる悲劇だ。

然し醒めてゐる者にはそれが堪へられない程の淋しいことであつても清い鞭であり尊い励ましであるが、神を知らない者には只馬鹿を見たと云ふいやな経験に過ぎないだらう。その者は死ぬ迄一生馬鹿の見通しで終るだらう。

赤羽は浜口君と龍山に行つたので僕は高木君と本町で用を達して日の出湯に入つて本屋廻りをして帰つた。途中も赤羽と妹のこと考へては彼の心情を想像した。小説でも書いて見たい気さへした。

夜は冴えて静に星が美しい。

日本に居る娘は今何かの夢でも見てゐるだらう。

（十二月九日夜十二時）

十日

教会に行つて富田さんの美術工藝館を見た。部屋の具合、陳列、入口の体裁いづれも不出来。随分出鱈目なのに驚く。

貞洞で午飯を食べて帰り宿直。林君、朴君来り、かるた、碁などをし寝てから、尹君に朝鮮語を習ふ。

十一日

朝飯を事務所で食べ苗圃に行く。写真屋来り苗木の成績を撮る。午食をする暇もなく夕方迄働く。

夜柳兄に手紙を書く。

十二日
此の間から出張して復命書を書かうと思つて準備したがなか〱考へがまとまらない。夕方は時間通〔り〕四時に戻つたら小副川主事が竹中某を連れて就職口の周旋方を頼みに来た。夜は点釗が来て遊んで行つた。

十三日
成績調査を纏めかけた。
夜石戸谷技師の処に寄つて赤羽を訪ねて遊んだ。蓄音機を聴いて泊つてしまつた。四畳半の部〔屋〕に炬燵を中央にして三人巴形に寝た。

十四日
種子購入その他に関する公文を数件起案したゞけで一日過ぎた。
朝は随分冷えた。浜口君は早くから起きて飯の支度をした。主婦に逃げられた新家庭は寒い朝特にみじめだなと思つた。赤羽は起きながら頭がいたいと云ふた。赤羽は教育のことを云ふて愈々仕方なければ学校のない小島か癩病の住む島へでも行くよりないなど、云ふてゐた。三人は炬燵で食事をした。浜口君は遅れさうだと云ふてすぐ馳《ママ》り出して行つた。後から釜や茶碗をかたづけたり戸締をして赤羽と二人出て鍾路五丁目で別れた。家にも寄らず前を素通りして事務所に出た。

朝の電車のなかは随分つめたかつた。

十二月十五日　朝見たら雪が四寸ばかり積つてゐた。

試験報告の草案を書いた。

年末賞与の辞令が出た。二百円貰つた。

阿峴から吉田君が来たので高木、高市君等と一緒に高木君の部屋で夕食を一緒にした。

夜は随分冷えた。

十六日

試験報告の草案を一つ書き上げた。

夕方、全、尹両君を連れ支那料理でうどんを食べて音楽会に行つた。

赤羽のベエトウフエンの年譜の説明を兼ねた講演があり、柴山のレコードの説明があつてベエトウフエンのレコード二十余を聴いた。

その間に茶菓も出た。会衆五十余人なか〳〵良い会だつた。山本君と二人赤羽君の処へ行つて泊つた。

十七日

浜口君早くから起きて食事の支度をした。四人はすき焼で朝飯を食べて揃つて出た。

本町の電車終点の近くに岡の上に新らしく建てられた洋館がある。門の表札にある主人の名は私営の印刷所を専売局に買収されて巨万の金を一手に握つた未亡人と云ふので知られてゐる。そこの息子が沢山のレコードを持つてゐると云ふので聴きに行つた。門の格好、門燈の形から折れ曲つた道、家の外観まで、いやに成金風のきざな家が出来たと思つて通る度毎に妙な感じがした。赤羽君もあの燈籠に何時か石を投げてやらうと考へたことがあると自白した程好意の持てないどこか親めない処のある家だつたのに、今はこうしてお邪魔をしやうとは夢にも思はなかつた。しかもその若主人と云ふのが美術学校の写真印刷を出たとか云ふおとなしい音楽ずきのよささうの男だつたので一寸当が外れた感じさへした。十二時迄遊んだ。部屋も日当がよくて気持よかつた。

四人は更に黄山〔金〕館で活動写真を見た。「火華」と云ふ社会劇を見た。比較的よかつた。西洋もの丶活劇は実につまらなかつた。

初に奈良名所をうつした。それも西洋物の刑事巡査や悪漢の矢鱈出るものよりよかつた。四人で出、赤羽の家に戻つた。途中僕だけ戸塚博士を訪ねて帰省の内許を得た。赤羽の処で食事をしてから浜口君と二人旭町に行つて赤羽の妹の復帰を促すために交渉した。

赤羽の妹、兄の爪の垢でも煎じて飲ませなくては駄目だ。精神的の物にかけてゐる。これは赤羽君の教育でもよくなりはすまいと直覚的に思つた。兎も角復帰しさうになつた。叔母夫婦も二言目には直ぐ世間を云ひ出す所謂世間的すぎて話しは通じさうにもない。黄金町の角で食糧品を買つて電車に乗り四丁目で浜口君と別れて帰宅。

高木君が大堂氏からの縁談に対する返事を求めに来た。大堂氏先に直接勧めたのを断つたので更に高木君に話させたのらしい。

大堂氏はじめ仲人にならうと云ふ男〔と〕僕とは余り交際したことがない。彼等は僕の役所に於ける現在より外に何も知らない。それが対手の見込をつけた全部である。若し俺がその全部と見られたものを投げ棄てた時どうだ。それは悲劇に終るにきまつてゐる。それに俺は今妻をさう欲しく思つてゐない。自分達が理解し合つた対手でも出来たらその時は格別だが、只の世間的の女と結婚することはまつぴらだ。直覚的にその女のこと知らうと云ふ気になれない。

十八日
苗圃の事務所で「種子の産地別アカマツ養苗成績」を書いた。
賞与の現金を貰つたの〔で〕京城に出た。教会に出したり貞洞で子供はじめ皆に歳暮を遣つたり土産ものを少し買つたり本屋の払をしたら百円なくなつた。年末に賞与を貰ふことは便利のい丶風習だと思つた。但し金の使ひ易いのに驚いた。
帰路は電車がなくなつて歩いた。

十九日
昨日〔の〕続きを書いて報告書を書き上げた。
場長室に呼ばれて忘年会の打合があつた。
夕方高橋氏と二人支那人の処〔に〕行つて忘年会の料理を注文して序に一緒に食事をした。一旦戻つてから高木君と二人で京城に出た。赤羽君の処に寄つたら浜口君一人きり居た。暫く話して遊んで居たら赤羽の妹が帰つて来た。今度は長くゐて呉れるとい丶がと思ふ。本町を歩いて北米倉町の支那人〔の店〕で靴を買つて馬場を訪ねて東大門からの最終電車に間に合ふ時刻迄遊んだ。馬場病弱の身でよく働くのに感心する。
廿日
朝三福を連れて京城に出た。忘年会の買物をして廻つて午頃三福に背負はせて先に帰した。懿寧園に行つて杭木の伐採ケ処を見て廻つたりクリスマスツリーを伐つて教会に届けたりした。点釗の家に寄つて依頼して置いた新調のパツチを受取つたり麻布を註文したりして暖い温突で休息した。娘等も皆元気で働いてゐた。
今村さんに寄つたら主人は例に依つて宴会に出る処だつた。子供等と一緒に晩の食事をして双六をして連れになつて遊んでやつた。帰らうとしたらていちやんがすがつて引き止めるので可哀さうになつた。

廿一日
夜六時半から星加君の結婚式が若草町の教会にあつた。式後佐野さん〔の〕処にふるまいがあつて行つた。十時頃新郎新婦と一緒に車を三挺揃へて苗圃迄帰つた。

二十二日
事業の実行済の報告を出して不足経費の追加を追認して貰つたり、その他の案を二、三書いて忘年会の支度をした。四時からはじめて会は一時間半ばかりで済んだ。その間に親睦会も決議された。傭人を会から除外すると云ふ原案が石戸谷技師の提議で改正されたことはよかつた。自分も極力賛成した。尤もこのことは前に場長等にも述べたことがあるが、庶務や場長は傭人は職員でないと主張して除外しやうと云ふのだ。法規上の職員とはどんなものか知らないが、兎も角同一官庁に職を奉ずる仲間の会と見たらい丶のだ。

三福に先きに荷物を貞洞に届けさせて置いて石戸谷さんと馬場の処へ寄つて貞洞に行つた。荷物を整理してゐたら赤羽が妹と二人で来た。

寝たのは十二時すぎだつた。今夜本町を通つた時交番巡査に故なくして調べられたことが癪に触つてゐる。

廿三日

寝てゐるうちに赤羽が細引と荷札を持つて来て呉れた。起きて荷物を縛つた。

駅には家兄が車で一緒に出て呉れた。

汽車のなかはこみあつたが大田辺で周囲に居た人達は大方更新された。向きあひに細長い丸まげの二十四、五〔の〕女が乗つてすじ向に居る二十前後の丸面の女と盛に話した。丸面の女は三十すぎた洋服の男と一緒で、その男としきりに何か喋つては笑ひ〳〵してゐた。声色が美しいので小鳥が囀る様に聴えた。妻君と思つてゐたらその細長い女との会話によつてそれが女中で、主人について朝鮮の農場に行つてたのが避寒のため今引き上げる処だそうだ。主人と云ふのは先年胃を切つて医療を加へたのでそれ以来食物に特別の注意を要する関係から、どこに行くにも此の女中を連れて歩くことになつてゐるさうな。所謂おこもりと云ふものらしい。女中ときくとどこかいやしい処が見え出して来た。女は平気で美声で囀つてゐる。「中江」の女中のこと思ひ出して思はず微笑した。飛切よくてこんなものだらう。

列車のうちが広くて少しはきれいに出来てゐるが、換気や温度の調節がよくないためか気持がよくなかつた。本を見ても三十分ととげられない。

廿四日

海上は案外をだやかだつた。しら〴〵明け〔る〕頃甲板に上つて見ると船は海峡に這入つて居た。右には九州の電燈が行列の様に輝いて居た。八幡辺だらうと思ふ。陸は只黒い山に見えて鬼ケ島へでも乗り込む様の気がする。海中に消えたり点いたりする電燈がほたる〔の〕尻の様に時として光る。

顔を洗つて支度をしてゐる間に夜はすつかり明けたが曇つてゐた。

駅を出て突き当りの露店でバナヽを買つた。牛乳と柿と干葡萄とで朝飯を済した。食事をしてゐる時刑事巡査らしい男が来て「朝鮮から来たか煙草はのまないか」と尋ねて行つた。通例より船が一時間早く着いたと云ふので汽車を待つ時間も長かつた。

列車に乗つてから年賀を書いた。百六十枚ばかり書いたら少し労《ママ》れた。広島辺から乗客がこみあつたので書くのを止めて神話の時代を読んだ。

廿五日　朝は静穏、日本晴れ。

名古屋を過ぎて余程たつたと思ふ頃覚めた。顔を洗つて席に戻ると左手の前方に富士がかすかに見える。大きい鉄橋にさしかゝつた時右手の川尻の方から真赤な太陽が上つた。道端の松の木もこじんまりした住家も広重が五十三次を描いた頃のまゝの様の気がする。少くも空の色と山の色はこの通りであつたらしい。錦画《ママ》を見る様の平和の色彩だ。

隣席に一人居る美しい娘子は日の出に向つて両手を合せて五分間も祈願をこめた。娘も日の出も美しかつた。此の頃の若いものにも奇特のものがある。昨夜も僕の前に坐つてゐた青年が岡山辺を通過する頃汽車の窓を態々開けて合掌して居た。多分四国の琴平さんでも拝んだのだらう。

午頃東京駅に着いて俥に乗つて荷物と一緒に麹町に着いた。

姉夫婦も子供も達者だつた。大月の学校で教師をしてゐる長女も休暇になつたので夜十時頃戻つて来た。

二十六日

青山へ柳さんを訪問した。赤ん坊の葬式は済んでゐた。

奥さん思つたより元気でゐた。

柳さん疲れてゐるらしかつた。

支那の焼物や中世期の彫刻の写真を見せて呉れた。

叢文閣の主人、中江夫人など来た。

中江夫人愈々夫君と和解したと云ふのでその報告に来たのだ。

夫婦喧嘩をして新らしがる新らしい婦人にも閉口する。中江氏の家庭のこと考へると金のたゝりだと云ふ気がする。

夜は柳さんの部屋に玄ちゃんや理ちゃんも一緒に寝た。

廿七日

青山の高台の朝は空気もよかつた。暖かで朝鮮の気候に比べると春の様だ。朝飯を済して少し立つた頃石丸兄が来た。

午頃停車場へ行く柳さん達と一緒〔に〕電車通まで出てそこで別れた。

一旦麹町に戻つて午後は本郷の新海さんと塩田さんへ行つた。新海さん〔は〕支那の焼物を素敵に沢山買ひ込んで置いた。いゝものもあつた。仕事場には総持寺の観音の像を拵える設計がやりかけてあつた。塩田さんに会ふのははじめてゞあつたが、思つたより年寄りで年にも似ず快活の人だつた。焼物の窯跡の話を聴いた。僕のする朝鮮の話も興味ありげに喜んで聞いてゐた。娘だか女中だか嫁だか分らない婦人が居て夕食を出して呉れた。梅酒なども出た。

麹町に戻つて泊つた。

二十八日

朝から雨降りで暮れの市の雑沓で路はどろ〳〵になつた。

朝植物園に行つた。中井さん一人で研究してゐた。園内を簡単に廻つて午頃辞去して途中古本屋を漁つて麹町に戻つた。

午後は青山教会に白石さんを訪ねた。

最近夫人を失つた先生は少し弱つて見えた。

二十九日

朝荷物を整理してから朝鮮留学生監督部へ行つて小田内さんを訪ねたがまだ来てゐなかつた。小使は煤払をしてゐた。学生等も部屋の掃除をして立働いてゐた。

十一時頃辰也に送られて市ケ谷駅に出て中央線で龍岡に向つた。

武蔵野の冬景色も亦よかつた。黒土に緑の縞を織り出された麦畑、茶の木の生籬で縁取られた野菜畑、傘の様の松の木を混へた雑木林、櫧や杉の木に包まれた屋根の尖つた草葺屋などの懐しい眺めを後に山又山の重なる甲斐の国に汽車が這入つた。

韮崎についた時は最早暗くなりかけてゐた。政君が迎えて呉れた。二人は話しながら家についた。母やちかちやんに挨拶するまでは平気だつたが、そのゑを見ると只とめどもなく涙が出てしまつた。悲しいのか嬉しいのか、そのゑがかあいさうなのか、みつゑのこと思ひ出したのか、母やその他の人の心情を察したのか、そんなことはつきりは云へない。自分にも分らない。その全体の心が一緒になつた様で又そう簡単でない様で只眼と鼻から汁が湧出した。実はこんな筈でなかつたのだ。そのゑに会つたら抱擁して頬ずりでもして喜ぶ筈だつたのに何のそんな勇気はなかつた。西洋人だつたら此の場をうまくやれるのだらう、活動写真で見る様に。東洋の癖か自分〔の〕痩我慢か、兎も角泣かない振して平気で済したくなつてそれに努力した。何しに来たのかさつぱり分らなくなつて一寸困つた程だ。

そのゑを見ることを避けなければならん程だつた。

座敷で食事をして炬燵に行つた。母と二人になつた時、母も只泣いてゐるのが知れた。自分の眼からもとめどなく涙が流れた。風呂に入つたら気持よかつた。

そのうちに子供等は寝て母や政君夫婦と一緒に茶を呑んで晩く迄話した。

三十日

政君とそのゐと墓参に行つた。そのゐは菓子の包みと線香を持つて小刻みに田圃の小径を先きに立つて歩いた。引き詰めて結つた髪の生え際や重ね着して丸くふくらんだ肩から出た頸筋を見下してゐるうちに又涙が出て矢鱈泣けた。

俺を守る運命よ、俺はすべてはつらいとも悲しいとも思はない。痛快に思ふぞ。世の人はこんな心情を悲しいと名〔づ〕けたのかも知れない。然し俺はお前を尊敬する余裕も持つてゐる。今の涙が悲しいためか嬉しいためかの区別は知らないが兎も角感謝してゐられる。運命よ、俺のこれからとるべき態度を教へて呉れ。俺が折角与へられたこの境遇をのろはないで済む様に導いて欲しい。

墓地に着いた時英義兄がすでに先きに来てゐた。遅れた政君も後から間もなく来た。はからずも他の人が居たので涙腺はとまつた。却つてよかつたと思つた。誰も居なかつたらそのゐと二人只泣いて〔し〕まつた処をたすかつた気がした。それは子供に泣くことを教へなくて済んだ様なものだ。何も考へないでゐる子供を悲しくさせずに済んだのだ。

墓はみつゐの父が生前拵えた石垣の一段高い処に側柏の生垣を囲《ママ》らした内に、東向きに十字架を立て、「エホバ与へエホバとり給ふ」と記してある。政君が立てゝ呉れたのだ。子供等を先きに帰して後から話しながら帰つて来ると、一旦帰つた子供等は家から又引き返して来て今度は墓に供へたお菓子や栗を下げに行くのだと云ふて行つた。無心の子供の姿を見るみつゐの霊よ、矢張涙が先立つことだらう。

午後は正月の七五三飾を手伝つたり大家へ挨拶に行つた。

夜は子供と遊んだり政君と炬燵で晩く迄話した。

電報が来たので何事が起つたかと一寸驚いたが、開いて見たら富本兄が大和に寄れ待つてゐると云ふ便りだつた。

三十一日
雑を料《ママ》つて手伝つたり、支那栗の砂焼を試みたりした。日曜なので村の子供等が五十人ばかり庭に集つて教師の来るのを待つて騒いでゐた。政君が韮崎教会の伝道師を頼んで毎日曜に日曜学校をしてゐるのださうだ。
教師は電燈のつく頃になつてやつて来た。
そしてクリスマスの唱歌だけ教へた。子供は五、六才から十五、六まで乳呑児を負つてゐるのも混つてゐるので騒々しくてなか〳〵静まらない。ついに終りまでがや〳〵で過ぎた。折角の日曜学校もこんなことでは勿体ないと思つた。教師の鈴木君は夕飯を一緒に食べて八時頃迄話して行つた。

大正十二年

七月

七月一日

教会に出席。米国人の説教あり。「基督に就いて」と題し基督の高さを釈迦や孔子に比べて話す。今の西洋人には東洋のことは分らない癖になまいきなり。梅と桜を比較してどつちが美しいと云つた様のこと如何に分析したつてその態度では真の美に触れ難い。

李王家の美術館を見る。

画と焼物を見ただけで大疲れ。庭のベンチで十分ばかり眠る。心地よし。

今自分が焼物の名称用途を調べてゐることの役立つことを思ふ。博物館でも調べてないこと随分ひどし。

鍾路及西大門町を歩き雪冷〔濃〕湯の衛生的にして自分の体に適するを感じつゝ食す。

夜は金に手伝つて貰つて焼物の名称を調理す。

七月二日

暑気強し。

夕方三枝と家兄と来り遊ぶ。

駅前の支那人の家で晩飯す。

浦尾旅館に小田内氏を訪ふ。

話し込んで泊る。

七月三日
起き出た儘面も洗はず帰る。

途中石戸谷夫人を見舞ふ。

場長の光陵行延期とあつて僕も出発見合はす。

斎藤夫人よりの手紙により夜同家訪問。百合子さんから托送の菓子を貰ふ。主人機嫌よく朝鮮建の涼しき部屋にて公園計画の説明などす。夫人は服装改良論を力説し実行の決意を洩しつゝあり。

七月四日
午前中役所で働き午後一時発場長と光陵へ出張。
途中の田圃田植は殆んど済、栗の花盛り。

七月五日
光陵苗圃成績調査、造林地及間伐試験ケ所巡視。
夜は場長一杯機嫌にて晩く迄話す。

七月六日
光陵七時発議政府駅に来た処汽車に乗り遅れたり。道の苗圃を見、支那人の店にて温飩を食し氷屋に入り、宿屋の待合に寄りなどして時を過し役所の自動車の来るを待つ。四時頃京城に着。
夕立あり東大門附近にてはげし。

七月七日
出勤。
夕方中央学校の張、朴両氏来る。
尼寺にて食事す。
赤羽君の噂、中央学校の休学問題等を話す。

七月八日
朝雨降りしも九時頃より止み十一時頃晴る。

貞洞に行く。家兄の画を描くを見る。

二人して道具屋廻りをし明治町にてすしを食ふ。鍾路通を支那馬車に乗る。

支那馬車は此の頃の流行なり。安くて自動車より乗る人も見る人も心地よし。朝鮮人の車夫大恐慌なりと。

支那人勤勉にして仕事うまし。

宿直す。

朴君と碁を打つ。

七月九日

宿〔直〕明けを休みて焼物名彙の整理せんと思ひしを本府より呼出しあり。永井、高橋両氏と自動車にて出府。副産物共進会の相談あり。

共進会計画の刷物を見ると役員の多いのに驚く。富田翁の副業奨励が大袈裟になつたものなり。内情を知る者から見ると妙な気がする。兎も角いゝことゝは思ふが実業家にも役人にも真の意味の誠意がない気がする。

夜は共進会に出品する苗圃関係の計画をなす。

七月十日

場長室に共進会に関する協議あり出席。

夜は焼物名彙を整理す。

七月十一日

苗圃の施肥をはじむ。

場長の功名心のきたないのに閉口。

役人がいやになる。

七月十二日

場長書類を出しても八つ当り。余り馬鹿らしいので腹が立つ。対手になりたくなし。

夜は焼物名彙を書く。

七月十三日

太平町の李爺さんから手紙が来たので夕方行つて見る。一揃の食器が出てゐた。掛値をするらしいので買はずに戻つたがどうせ誰れも買手もあるまい。

七月十四日

午後から漢江に舟遊の会あり。

場員一同集る。

引網を傭ひ入れたるに人夫働かず飲食のみ貪りて感じ悪し。料理番も船頭もやり方下劣。酔はない者から見てゐると万事下らなし。船遊びの遣り方も他によき法あるべし。飲み食つてあばれ廻るのみに〔て〕は面白くなし。

帰路石戸谷氏訪問。

七月十五日
終日家にありて焼物の名彙を書く。

七月十六日
夕方京城に出て道具屋を廻る。一揃の食器も買ひ取る。貞洞に寄り食事す。

森林協議会に関する協議事項の審議あり。

七月十七日
共進会に関する相談会あり。

苗圃はテウセンマツ造林に関する方法の大略を示す設備をなすに決す。

七月十八日　雨降りて畑のもの蘇る。

森永から手紙来る、村の内幕を知る。

武者の女と関係したこと知つて一寸がつかりする。然しあの男にはそれも許されてある気がする。俺にはそんなこと真似の出来ない質だが彼れの場合はせめたくなし。賛成したから自分もすると云ふこと又は自分にも同じ点があるから賛成する等はよくなし。泥棒をして差支へない人、女と関係することを許されて来た人、親不孝免許の人、その他色々の例外あるらし。

七月十九日　雨続く。

夜名彙を書きて一時になる。

森永に手紙を書き武者のことの意見を吐く。

七月廿日

東北及北海道行出張急に話が始まつて決定。

場長が試験場会議に出席するので途中まで随行の型。

美術館の用事もあり謝絶しやうかとも思つたが、北海道へ行く様の機会は又ともなからうから行くことにした。

夜急いで『李朝窯藝品名彙』を書き上ぐ。

七月廿一日

夜旅行の支度に京城に出て浜口君や貞洞へ寄る。各店の払を全部済す。

九月

九月十日夜

小止みもなく雨が降りしきる。

しかし何となく落ちつきのある夜だ。

七月二十三日から三十五日間の北海道、東北地方から郷里にかけてのめまぐるしい程に忙しい旅行をし帰ると間もなく全羅北道へ約束によつて林業講習会の話をしに行き、九月二日全州で東京大地震の報道を見、驚いてその日の夜行で京城に戻つた。東京とは音信も交通も杜絶のために姉の家などの消息も今以て知ることが出来ない。

旅行中から今日まで日記を書く様の気になれなかつたが、今夜は何となくゆつくりした気分になつて何か書き度い欲望にかられてゐる。

政君の便りによると「東京の大地震の惨害は実際の災害の十分一に過ぎない。他は地震のためでなくて不逞鮮人の放火による火災のためであると伝へられ、東京及その近郊の日本人が激昂して朝鮮人を見たらみなごろしにすると云ふ勢ひで善良な朝鮮人までが大分殺されつゝある由」とある。そのことは昨日今村さんからも聞いた。今村さんは警務局長と親しい間柄でもあり情報委員でもあるがまだ発表してないがと云ふて話した。

朝鮮人の或者が不心得にも石油罐を持つて放火して廻つたこと。避難する婦女子をはずかしめたこと。日本人の激昂が極度に達し、片つ端から朝鮮人と見たら追ひ廻してその人間が犯人であると否とを判別〔す〕る余裕もなく打ち殺したこと。日本人でも朝鮮人に容姿の似た者は間違へ殺された者さへあること。東京の近郊の青年団などは今にも不逞鮮人《ママ》が逆襲すると云ひふらして用意して構えてゐる者さへ多いと云ふ。以上のことは無根のこととは思へない。然し事実として考へるのは心細すぎる淋しいことだ。

　いくら朝鮮人が日本に反感を抱いてゐたにして〔も〕此の不意の災害に際して放火するとは人情がなさすぎる。鮮人《ママ》の無智なものを煽動してさうさせた不心得の日本人があると思ふ。あの火災さへをこらなかつたら死傷者などは実際十分の一以下であつたと想像出来る。それを思ふと放火した奴等の罪は軽くない。市民の激昂も無理ない。群衆が興奮してゐた時ではあり制しきれなかつたことゝは思ふ。然し単に朝鮮人と云ふ名のもとに朝鮮人と見たら助けて置かないと云ふことも乱暴なことだ。一体日鮮人が融和出来てゐないからこんなことになる。日本の田舎新聞では朝鮮人全体が不逞の徒の如く書き立てゝゐる。朝鮮人の新聞も又今度の様な災害を人類の出来事として大きい心で見ることに少しかけてゐる気がする。今後も事の起る度毎に日鮮人が互に別々になる様だつたら何と云ふ悲しい結果が来るだらう。悪魔は両民族の間を裂きたがつて待つてゐる。

　自分は信ずる。朝鮮人だけで今回の不時の天変につけこんで放火しようなんと云ふ計画をしたものでないと。寧ろ日本人の社会主義者輩が主謀で何も知らない朝鮮人の土方位を手先きに使つてしたことゝ思ふ。一体日本人は朝鮮人を人間扱ひしない悪い癖がある。朝鮮人に対する理解が乏しすぎる。朝鮮人と云へば誰れも彼れも皆同じと考へてゐる。白い着物さへつけてゐたら皆同じ朝鮮人と心得てゐる。朝鮮人の有識者連中でも朝鮮服をつけて日本人の街を歩いたら恐ろしい侮辱を蒙ることがあると云ふ。家の金君なども昨日美術館の荷物整理を手伝つて貰つたら倶楽部の番人の女房から侮蔑されて憤慨してゐた。事柄はたいしたことでもない様だが結果は大きい。事実はこうだ。金君が仕事を終つて手を洗ふために水道栓の処へ行つた。そこに番人の女房が居たから出来るだけ叮寧に挨拶して洗面盥を借りることを頼み込んだ。女は明かに拒絶もしないが返辞をしない。初めに二言ばかりは横柄な態度で応答したが、後からは口をつぐんでだまつてしま〔つ〕てその態度が実ににくらしかつたと云ふてゐる。

金は日本語も下手ではない。無礼なことなど云ふ気づかいはないのだが日本の婦人からは時々侮蔑されると云ふてゐた。一体女は浅墓だ。心がせまくてきたないくせにすぐ露骨に出す。自分の母でも朝鮮人に対〔す〕る考〔へ〕にはよくない点が多い。そして日本人同士だつたら色に出さない程のことでもすぐ露はしてしまふ。母などは自分達の考へも随分判つてゐる筈だのに、それだから他の人達には特に甚だしいのがある筈だとも思ふ。

京城の本町辺りの商人と来たらたまらない。僕でさへ朝鮮服の時は時々侮蔑をうけていやな思ひをするのだもの。

此のことは些細のことの様だが等閑にされないことだ。日頃の憎悪が有事の場合忘れられる人間は少ない。人類とか神とか云ふ問題の判る人間なら始めから憎悪なんか感じないで済む。平常は人間を対象にしてゐて憎悪を感じてゐる者でも、時に神とか人類とか大きい問題の前に頭を転じて思ひを新らたにし得る様ならい、と思ふ。

教会は日本人の方も朝鮮人の方も殆んどその程度にも行つて居ない。

自分達は此のことで祈らなければならん。呪と云ふことは神の前に出て尚且憎悪を感じてゐることだ。これは両者とも恵まれないことだ。

自分はどうしても信ずることが出来ない。東京に居る朝鮮人の大多数が窮してゐる日本人とその家とが焼けることを望んだとは。

そんなに朝鮮人が悪い者だと思ひ込んだ日本人も随分根性がよくない。

よく〳〵呪はれた人間だ。自分は彼等の前に朝鮮人の弁護をするために行き度い気が切にする。

今度の帝都の惨害の大部分を朝鮮人の放火によると歴史に残すとは忍び難い苦しいことだ。日本人にとつても朝鮮人にとつても恐ろしすぎる。

事実があるなら仕方もないが、少なくも僕の知る範囲で朝鮮人はそんな馬鹿ばかりでないことだけは明かに云ひ得る。それは時が証明するであらう。

かゝる事変について物足りなく思ふことは教会の態度である。僅かばかりの義捐金を集めたり通信をしたりすることに血眼になつてゐる。金などは官庁もその他の団体も集める。通信情報などは此の頃官庁の方が遥かに詳細を極め迅速で要を得てゐる。一体教会には他に使命がある。それはかゝる天変が告げてゐる神の声を聴くことや日鮮両民族の間に起る多くの問題について祈り且つ骨を折らなければならん。官衙や他の世間並の団体の真似をするより却つてそれ等を精神的に率ゐて行かなければならん。燈台にならなければならん。エスはエルサレムの宮の壮大も跡かたなく消え失せることを警告してゐる。日本は大東京を誇り軍備を鼻にかけ万世一系を自慢することは少し謹しむべきだと思ふ。

人類共通の宝を天に積むことが永世に生きる途であることを教会は力説し度い。

九月十一日　昨夜から降りつゞいた雨は終日しと〱と降り続けた。

場長室に呼ばれて場長から話しがあつた。それは「今回の東京での災害について朝鮮人の或者のとつた態度は同情の余地絶対に無い。かりそめにも同情するが如き様子があつてはならん。彼等鮮人の反省を促すためにきびしく責めなくてはならん」。此の話しは本府で各局高等官を集めて局長から訓示したことださうだ。

天災に乗じて放火、殺人、強盗、強姦を敢てすると云ふ風の恐ろしいことは人間には想像もつかない悪事であることは論をまたない。しかし少数の悪党のために朝鮮人全体が窮地に陥ることを思ふとそれ等の人には同情しないでゐられない。社会主義者や不逞の徒は日本人にも沢山ある。今度のいたづらも朝鮮人だけの仕事ではないと思ふ。単に朝鮮人と云ふ名のもとに一括して論ずることには異論がある。日本人は一体排他的な点に於て朝鮮人以上かもわからん。朝鮮人に対する理解がなさすぎる。日本の田舎で子供がなくと「いつまでも泣いてゐると朝鮮人が来るぞ！」と云ふおどし文句さへ出来てゐる。そのため朝鮮人は下等な気味の悪い残忍性の強い悪人と云ふ風に思はれてゐる傾向がある。

一般に日本に居る朝鮮人を見ると、日本の自然とも人情とも調和せずにみじめな日を送つてゐるらしい。こうなることには双方に欠点があると見るが正当と思ふ。朝鮮人が日本に行つて土方の群に入る。殆んど情ある言葉一つうけたこともなくこき使はれる、軽蔑される。そうした境遇にある時人は向上するものでない。益々野性を発揮する。朝鮮に居た時もかつてしたこともないことを平気でする様になる。そこで朝鮮人は馬鹿だ、悪党だと云ふ定評になる。

甲州では農会や県庁が奨励して朝鮮牛を農耕に使役するために移入した。最初鮮人《ママ》教師を聘して伝習した処が非常に評判がいゝ。使つて見てもなる程成績がいゝ。おとなしくて力が強く粗食に堪へる。益々評判もよかつたが、間もなく悪化して粗暴になり御し難くなつたと云ふことで、此の頃では評判が地に落ちて購入したものは馬鹿を見たと云ふ話だ。

こんなことだつて朝鮮に於ける牛の飼養から使役の精神的方向から呑み込んでかゝらなくては駄目である。家族同様に人間と同じ屋根の下に養はれ広い田圃で悠々と使はれてゐたものが、急にせつかちの日本人に鞭〔打〕たれて追ひ使はれたらひねくれるのも無理ないと思ふ。

此の場合でも牛には気をつける余地がない。使役者である人間には自省の余裕が与へられてゐる。日鮮人の間でも多くの点に強者である日本人が少し遠慮したらおさまりは一番早い。又それが優者のとるべき態度である。

此の事件によつて日鮮人は益々遠く隔てられて行くのみである。それに漸く伸び出した朝鮮人の新芽を折られ〔る〕ことを思ふと同情しなくてはいられない。

かゝる場合にとるべき正しき最も神の旨に叶ふ道を示して貰ふために祈り度い。

自分などの力で出来ることで何かの役に立ち度く思ふ。

朝鮮人に対し「一体この頃少し政府があまやかし過ぎた。今度こそ元の通り引きしめて御して行かなくてはならん。朝鮮人は今度こそ世界の同情もなくなつた。頭を擡げられない様に押へつけられても文句は云へない。少し塩《しょう》づけてやる」と云ふ意見は多いらしいが、これには同意出来ない。

「日記」の主な登場人物

赤羽＝王郎。中央学校（朝鮮人学校）教師。
秋月＝致。組合教会牧師。
石戸谷＝勉。職場同僚。浅川巧と共著を出した。
石丸＝重治。牧師。柳宗悦の甥。
今村＝武志。朝鮮総督府専売局長。柳宗悦の義弟。
小田内＝通敏。朝鮮総督府の役人。
小場＝恒吉。朝鮮美術工芸の収集家・研究者。
家兄＝浅川伯教。朝鮮陶磁研究家。貞洞に住んだ。
金＝性洙。東亜日報社社長。
金万洙＝文学結社「廃墟社」同人。
呉＝相淳。同右。のちに詩人として有名になる。
小宮山＝清三。甲府の友人。のちに県会議長。
曾田＝嘉伊智。伝道師。のちに孤児院を経営した。
そのゑ＝浅川園絵。娘。
高木＝五六。林業試験場の同僚。
点釗＝姓は不明。同居人。
富田＝儀作。実業家。朝鮮美術品も商った。
富・富本＝憲吉。陶芸家。
南宮＝璧。「廃墟社」同人。天才詩人といわれたが夭逝。
馬場＝功。新しい村の会員。母、弟と暮らしていた。
浜口＝良光。教員。のちに朝鮮工芸の研究家。
卞＝栄魯。「廃墟社」同人。
政＝浅川政歳。義弟。死んだ妻・みつゑの弟。
みつゑ＝浅川巧の妻。一九二一年九月に死んだ。
武者＝武者小路実篤。作家。新しい村の提唱者。
森永＝政三。新しい村の会員。朝鮮商業銀行に勤務。
柳井＝隆雄。新しい村の会員。逓信局国際電報調査課に勤務。
柳＝宗悦。美学者。『朝鮮とその芸術』の著者。
廉＝尚燮。「廃墟社」同人。のちの作家・廉想渉。
渡辺＝暢。法院長。キリスト教信者。

（高崎宗司編）

書簡

書簡　一　柳宗悦宛

《大正六年二月十三日付》封書・京城シノサキ印行便箋

此の二、三日凍みがゆるんで暮しよくなりました。

温突の拵方は此の前の日曜日に大体を書いて家兄の方へ廻して置きました。不明の処はお尋ね下さい。

温突紙を作る時油をくれる前に唐草の模様かなにか置いたら美しいものが出来やうと思ひます。

温突の窓は朝鮮の骨組の面白い障子を使つたら如何のものでしやうか。

お宅の附近に窯をおつき〔つくり〕になつたさうですね。御事業の上に主の豊かなる祝福を祈ります。

二月十日　　巧

柳様

《大正十一年十二月十二日》封書・イーグル印原稿用紙六枚

昨日富田さんの朝鮮美術工藝館を見ました。旧フアミリーホテルの大部分の部屋が陳列に使用されてゐます。控室、食堂なども設けてあります。陳列は聞いたよりひどいやり方です。どう見ても古道具屋です。あれだけの部屋（約十室）があれば随分都合よく使へる筈ですのに矢鱈数多く調和も秩序もなく拡げたのです。木工品が大部分を占めてゐます。螺鈿、朱漆、竹張、膳、雑木木彫は各一室に並べてあります。膳などは小さい部屋に百余箇も積み重ねてあるのでとても見られたものではありません。その他朱漆にしても螺鈿にしても随分いやな韓の模造品まで数多く並べて、模造品とは断つてあるもの、少しもいゝ感じがしません。その他に書画一室、仏画仏像一室、高麗焼及高麗銅器一室、石及真鍮物一室があります。李朝焼は並べてありませんでした。多分泉商会の跡の朝鮮建《ママ》の方にてもやるのでせう。焼物や飾身器には支那物も混同してあります。富田さんが居つたら注意して話しても見たいと思ひましたが、下等な無茶な真似をして自慢して居る店員等に云つてもつまらんと思つてそのまゝにして帰りました。随分惜しい気がしました。一体富田さんもあんな連中に委せて置いて出来ると考へてゐるのが不思議です。富田さんのこと思ふと不思議です。

　南大門通の表の店の方は電気の機械や食塩などを主に並べてあるのを見るとこの後どうなることか不可解です。兎も角富田さんは朝鮮の美術を愛して居ないことは疑ひないでせう。工藝品の美しさを理解してゐないことは今更云ふまでもないでせう。蒐集したあの作品は何時かはあの人の手から離れさうの気がします。今のあの仕事は何かの方便にしてゐるとしか思へない気がします。美術館の経営のために資金が入用でありその資金を儲けるために色々の事業をするのだとしたら、美術館と事業とを切り離して経営し美術館は美術館らしく事業の方はいくらでも営利的に独特の手腕を振つたらいゝでせうに。美術館を看板にし公益を標榜して仕事をしやうと云ふ様の風も見えて心細くなります。陳列館の入口の道も煉瓦の門柱に板の看板を役所の門の様に懸けて突当りにあつた石垣を壊して右手の岡を切り崩し、館の玄関に直線に斜の道を造り道に添つて右手に鉄条網の柵を作り、玄関の両側及前面に石人など排《ママ》置してあるが何れも不出来です。あれだけの場所とあれだけの資金を持つてあんなこと切りしないのはもつたいないものです。富田さんの営利事業と切り離して美術館の仕事全部をまかせて呉れまいかと交渉したらどんなものでせう。あのやり方では朝鮮の工藝品を紹介するには不適当です。僕今度会つたら腹蔵なく云つて見ようとも考へてゐます。貴兄が今度来られる〔の〕だつたらその交渉も出来ることでせう。

それから模様の会を思ひ出した訳を少し説明します。昨日もその意を特に強くしたのでした。今の処民族美術館が所持してゐる木工品は余り多くありません。木工の会なら富田さんのものを大部分借りなくてはならんでせう。又木工品は大形のものが多く陳列にも大きい場所を要するでせう。それから人輿や楽器、仏具、仏像などで欲しいものがあつても急には間に合ひません。なか〳〵焼物の様に手軽にはいかないし、考へて見ると準備も足りない気がします。それで今度木工の会をするとなると富田さんの今の陳列品にこちらの物を加へて排列《ママ》を替へる位のことしか出来ないと思ひます。

富田さんがこちらの要求する物を全部無償で提供してゞも呉れるなら格別ですがそれは多分むづかしいでせう。

そこで木工の会を次に延して手軽で目先の変つた模様の会〔に〕したらどうかと思つたのです。線彫、象嵌、螺鈿、浮彫、角張、黄楊張、竹張、絵硝子、刺繍、花茣蓙、染付、紙張、等の代表的模様を集めたら富田さんから余り借りなくてもまとまつた会になると思つたのです。尤も是非さうし度いと云ふのでなくそうしたらどうかと思つて居た矢先、昨日も富田さんの陳列を見てそんな感じが新になつたから書いたのです。

序にも一つ話しませう。

赤羽君に気の毒な出来ごとが起つたのです。それは神戸に居た彼の妹と今度同居することになり、先月末に大和町に一家を構へ浜口君も一緒になつて隣家に引越蕎麦など配つて、愈々世間的の生活に入つたなと思つて感心したのも束の間で一週間ばかりで二人は別れる様になつたことです。赤羽君が家を持ち始める時は今度は妹を養ふために学校も矢鱈廃められなくなつたなど云ふて居たが、それは養ふことを厄介視するよりは只一人の妹と同居することを楽しんでゐるらしくはつきり見えてゐました。長い間放浪した妹は放蕩息子が父の懐に戻つた様に彼は考へたでせう。処がそれはあべこべでした。妹は却つて兄を放蕩息子視して世渡術の講義をする程らしかつたです。赤羽のあの純なやさしい心が理解出来ないらしいです。お互にたつた一人の兄妹は正反対の心を持つて離れてしまつたのです。赤羽君等今度十六日にベートーフエンの会をするなんて働いてゐるので、少しは紛らしてゐる様ですが随分淋しさうです。然し赤羽君にとつては堪へられない程の淋しさであつてもそれは彼れの優しい純な心の一層鍛へられるためにもなるでせうが、彼の妹は馬鹿を見たと云ふ位の経験で又何処かへ迷つて行くでせう。美しいものの見えない心程不幸の者はない〔と〕思ひました。お互にも少し辛抱したら赤羽得意の教育も出来さうなものだとも思ひました。

豕《ぶた》に顧みられない真珠の様に赤羽の心は妹に見離されて淋しく輝いてゐます。

十二月十一日　　　　巧

柳　様

《大正十三年十二月五日》便箋三枚（封筒なし）

親しく材料を拝見し御話の聴ける機会の与へられることを待ち望んでゐます。

新聞の記事によると南の窯へも行かれる計画の由、行きましたか。南の窯には小生の親しき知人もあれば何等かの御助力も出来るかと思ひます。

甲府の会、愉快だつたことと御察しします。

甲府から送つて下さつた新聞うれしく拝見。上人の研究が追々具体的に進捗することを聞くたびに喜びにたへません。

上人の霊は貴兄に蘇つて居る様の気がします。

『女性』二冊うれしく拝受。如何〔何時〕もながら「上人の研究」に興奮しました。

御無事を祈ります。

先般京城に阿川氏の蔵品売り立てありしも優品なく全く整理して屑を売つたのに過ぎませんでした。

家兄十日前帰宅。

近日中に清涼里で蒐集の材料を整理して楽しむ計画です。

小場さん今回退職、且つ五才の女児病死、気の毒です。何れ又。

十二月五日

巧

柳様

《昭和二年四月八日付》葉書三枚続き

①拝領の雑誌新らしき興奮を以て拝読、恩寵を切に思ふ。句々読み行くに従ひ吾等の祈り聴かれたるに似たる歓びあり。貴兄に委ねられたるその鍵、神への門戸に用いられたるその鍵、工藝道を闢《ひら》けり。この鍵更に多くの行きつまれる門を闢くべきを信ず。

②工藝道の句々熟読するにすべて聖句なり、金言なり、福言なり。これが大成と後に残る事業が神の御旨に叶ひ加護のもとに生長することを祈りて止まず。
此の時代に生きる悦び貴兄と相知る幸を今更ながら謝す。

御健〔康〕を切に祈る。
③海州を〔の〕郊外を歩き去年の秋を思ふ。今村様方御無事。正勝様京城中学に入り、達様の御誕生おめでたし。貞ちゃんはしかにておやすみ、たいしたことなき由。今日これから海州を立ち宣川へ。

海州笹屋にて

四月八日　　巧

《昭和三年四月十日》縦罫入り原稿用紙

御電信と御手紙拝見、御渡鮮《ママ》御見合せの由落胆しました。

出来たら今度の暑中休暇頃にでもお望みの叶へられる様に祈つてゐます。

奥様の御渡欧愈御確定の由御喜び申上ます。

内外御多用の程も御察しします。

伊藤様からの御手紙はとうに着いてゐましたが御逢ひ出来るものと思ひその儘に保管してゐましたが、御手紙があり只今開封しました。御申越の通金百五拾円の為替証書が封入してありました。正に御預りして置きます。

伊藤様の御手紙回送します。

支那の布御役にたつたかどうか案じてゐます。値段は馬鹿に安く予定の半分もか丶らなかつた筈です。精算は次便にて。

民藝美術館の品物沢山出来た由、どうかして拝観の機を得たいと思つてゐます。

家兄今明日中に黄海道へ行く筈。小生春は毎年忙しい時季ながら今年は特に多忙を極めしも来週より楽になる見込。

今度御逢ひ出来なかつたことかへすぐ〵も残念です。

伊藤様からの手紙にある石の鍋は便宜小生から同氏宛に直接送つて置きます。

奥様へよろしく。

御一同様の御健勝祈上ます。

何れ近いうちに又手紙差上げ度く思つてゐます。

四月十日夜

巧

柳様

《十一月十二日付》葉書（年代不明）

　御手紙うれしく拝誦。船荷証書正に拝受。小生本日より田舎へ行き三、四日不在するため荷受に関する一切を高橋保清氏に委嘱せり。兎も角これで一安心。荷物は拙宅に保管す。兄貴の本直ぐ送る様通知し置きたり。

書簡　二　浅川政歳宛

《一月十二日》巻紙（年代不明）

今年の正月は珍らしく暖かな日が続いて皆喜んでゐたが此の二、三日急激の寒気襲来で逢う人毎にびつくりしてゐる。然しお蔭で拙宅は一同無事、風邪を引いてゐるものもない。

御一同様御変りなきや。此の間から何となく気にかゝつてゐる。小生も此の正月には都合して一度御伺ひし度いと考へて居た様なものの仕事の方の都合もあり断行出来なかつた。小生の今担当してゐる仕事はそれからそれへと発展して今年から随分忙しいことになつた。それに例の道楽の方の仕事も廃める訳にもいかぬので人一倍気忙しい。

農村も米価が安くて難渋してゐること、御察しする。

旧臘干栗と明太魚の子を御送りしたが着いたこと、思ふ。明太魚子の方は知人を介して元山の商人から直接送つて貰つたのでどんなことになつたか少し案じてゐる。

豊山へも子供が生れたさうでめでたい。

何時も実行の出来ない約束ばかりして済まなく思つてゐるが今年中に何とかして内地へ帰つて見たいと希つてゐる。

母上はじめ皆々様へよろしく御伝へを乞ふ。

克己もよく運動しよく勉強する様に。

昨年韮中を卒業した人で駒井上野の者が当地の大学予科に在学して居て先日突然拙宅へ訪ねて呉れた。

その人清涼里の寄宿舎にゐて正月も遠いから帰らぬと云つて居た。何れ又。

一月十二日　　　　　　巧

政蔵様

《昭和六年二月十七日》官製封書

今出張して釜山に来てゐる。京城は寒いが釜山は内地の様に暖かい。山茶花が咲いて梅の蕾も膨らみかけてゐる。

小宮山の嫁の問題また何と〔も〕返事がないが或は君の方へ直接問合せたりしてゐるのではないかと想像してゐる。

或は直接小宮山から御邪魔して相談するのかも知れないとも推測してゐる。うまく纏ることを祈つてゐる。此の間辰也を拙宅まで呼んで小生の知れる一切を説明して親とも相談して自分で決定する様に云ふて置いた。自分で決定が困難なら両親に一任するとかしたらよからうとも云ふて置いた。本人からもそのうち何とか返事があると待つてゐる次第。

何れ又。

二月十七日　　　　　　釜山にて　巧

政歳様

《昭和六年三月十二日》官製封書

日一日と春らしくなる。

今度禿山の造林法に就いて新らしい研究がはじまり、朝鮮林業界の大問題になりつゝある。政府はこの不景気にも不拘二十万円の予算をそれに配付することになり、一方に又反対意見もあつて面白くなつてゐる。人事に関したケンカには興味はないが、仕事の研究は随分有意義と考へて大いに奮闘してゐる。そのため此の頃東奔西走の態。

十五日頃帰宅。

三月十二日

巧

忠州より

政歳様

《昭和六年三月廿日?》葉書

拝啓

春寒料峭《りょうしょう》の候益々御清穆の段奉賀候。陳者小生感冒にて先日来より臥床、仲々面白からず閉口致居候。御無沙汰の段不悪御思召し被下度右不取敢御報せまで。

匆々

書簡　三　浅川咲ほか宛

巧の手紙

【昭和九年三月『工藝』四十号掲載】

柳様から巧について何か思出を書いて見よと仰せ下さいますが、生前旅先から自家へよせた手紙の一部分をひろつて、皆様の御厚意にお報ひすることに致します。手紙を繰り返すごとに何処かに居て、残れる私共を教へ導くやうに感じます。今又思ひを新たにし、つきぬ名残をおもひわび、在りし日が甦つてまゐります。

昭和九年二月廿五日　　浅　川　咲

京城より釜山に行く途中清涼里

一家の平安を祈りつゝ、元気で旅行を続けてゐる、昨夜は大邱泊。京城程温度は低くないが風が強くて寒い、里には雪も氷もなく砂煙に霞んでゐる。矢張り京城は平和な都だと何時も乍ら出て見て思ふ。清涼里も自分達の巣には適当な地だと今更の様に思ふ。今日これから釜山へ行く。御大切に。

大正十五年二月二十七日　　巧

全南光州より

今日はお節句、皆の無事を祈つてゐる。京城の雛飾りは賑かなこと、想像。今日これから此処を立つて段々京城に近づく。春雨が静かに降り麦畑や路傍の草も青く見えてほんとに春らしい、自家の附近の雪も少なくなつたこと丶思ふ。

三月三日　　　　たくみ

北鮮豊山より

京城も此の日は寒かつたらうと思ふが、北青では寒くて日本宿がまだ温突を焚いてゐる程だつた。十三日は廿三里の田舎道を自動車で此の豊山に来た。登り道だけで延長四里の峠、厚峙嶺では随分肝が冷えた。濃霧に包まれたのでまるで飛行機に乗つてゐるような気がした。僕はまだ飛行機に乗つた経験はないが想像したのだ。峠の登りつめた処は海抜五千尺以上もある。その上は高原になつてゐて、汽車は素晴しく雑沓した。然し寝台だつたのでよく眠れた。十一日正午、咸興へ着いた。

咸興は道庁のある処、李朝発祥の地、木宮と木橋で朝鮮一、長い萬歳橋とが有名、名物に咸興梨があるが今は時季でない。午後用事を済して十二日は汽車と自動車で更に北進、その夜泊つた北青は昔々、如真俗〔女真族〕の都として知られてゐる処。此の地方に来ると家作りも、風俗人情も大分異つて来る。

不思議に日本晴、見渡す限り焼き畑、春の高山植物の花盛り。今日は国境恵山鎮に着く。二人の無事を祈る。

六月十四日　　　　　　　　　　　　たくみ

国境恵山鎮より

御無事を祈る。淋しさと不安の心を祈りの心に向けよ。当地は気温低く京城四月頃の心地す。一昨日降雪を見る。道行く時路傍の井戸を覗き込めば内壁に氷残れり、山には花多し。くまがい草、あつもり草、いはかゞみ、すゞらん、あさまふうろう、ひめゆり、まつばゆり、やぶかん草等。

支那靴二足と植物の根を送る、根は日蔭に置き霧を吹き置くこと、鼠につかれぬやう留意のこと。今日これから国境を去り引き返し別の道を更に北進。自愛自重のこと。

六月十七日朝　　　　　　　　　　　　巧

全南麗水より

出て以来毎日降つてゐたが今日は気持よく晴れた。昨夜二時過ぎに船が着いて港の宿に泊つた。朝起きた海の眺めは素敵にいゝ。昨日十五時間の航海中初のうちは濤《なみ》が高くて船が揺れ随分閉口した。二、三度むかつきかけた。悪阻になつたらこんなものだろうと思つて我慢した。そのうちに濤が静まるにつれて何時の間にか癒つて少しの搖れは却つて気持がいゝ位になつた。然し食事は昼も晩もとらず用心した。これでつわりの同情は充分出来た。

要するに時が来たら癒る。淋しかつたら信心でも念仏でもするに限る。努めて聖書を読むことを勧める。今日はこれから自動車で十里光陽と云ふ処へ行く。光陽に二泊して光州へ出る。この間が二十余里自動車。それから先は全部汽車があるから便利がいゝ。御無事を祈る。

五月卅日夜　　巧

昭和三年六月東京に出張の途上清涼里へ

途中京都に一泊して柳氏同道東上、下加茂は皆元気なり、五条坂同様。東京に来てからは各所泊り廻り殆ど宿所不定の態、帰路は龍岡と京都により廿六、七日頃の予定。小生元気。内地は朝鮮より却つて寒気を覚ゆ。合服は大失敗、無事を祈る。

昭和四年の秋帰京せし折清涼里より京都へ送れる文

無事安着の由承知。小生今朝帰宅、釜山では倉橋さん等と大挙して窯跡発掘、なかなか面白かりし。家に変りなし、犬も元気にて今朝小生の帰宅を迎へて狂喜せり、皆々様へよろしく萬事御厄介をかけぬ様心掛けること肝要なり。自愛を特に希望す。

十一月五日　　浅川

同　清涼里より京都へ

極めて平穏無事の日を送つてゐる。京城は随分賑からしいがそれもまだ見ない。隣家も人は居らず「オモニー」の帰つたあとは只天井の鼠の足音のみ。歌人なら一首詠む処を僕は淋しくなると押入のヨーカンでも頬張つて寝てしまふ。この間の虎屋の羊羹うまかつた。謝。甲府の小宮山氏から柿を貰つたその味よし。何も別段書くこともないが雑談をする積りで筆を取つた迄。柳兄へ行つたらよろしく伝へてくれ。

十一月十五日　　　　　　　　　巧

同　清涼里より京都へ

御手紙をよみて無事を喜ぶ。当方心配無用。内外多忙にて淋しきことなく不自由の生活も修業と心得れば尊き恵。地上遠く距《はな》れて我為に祈る者ありと思へば励まされもし自重の念も起る。夏に冬を慕ひ冬に夏をのみ思ふは愚者なり。夏ありて夏を楽しみ冬来れば冬を味ふ、この心を神は嘉す。自然に於ける草木の如く正しき成長はそこにのみある。

旅行中無駄に暮さぬ様子供の為にも自分自身の為にも充分留意を望む。今度帰宅したらば又数年は何処へも出られぬものと心得充分籔入の目的をも達するがよし。帰宅の期限は翌年三月中とし期日は龍岡とも相談の上適宜定めよ。自由開放の実験故すべて勝手たるべし。渼芹洞の母日に増し元気づきつゝあり。御大典の行列拝観せしならん。今月はお陰で休日多き為倉橋さん等の連もあり大いに窯掘をする心算なり。

十一月八日　　　巧

同　清涼里より京都へ

離れて暮す淋しさよりも殆ど躰の距離に正比例して思ひの接近、心の触れ合ふことに喜を感じたし。心と心を接触せしむる秘訣は次の一事のみ。

相離るゝもの御互に勝手の思ひを懐くとせんかその思は宙を迷ひて接触することなし。故に心の宿所を一定するの要あり。御互に打合せを守らば思は常にその場所にて逢ふべし。その場所はすなはち神を辿るの途上にあり。常に心の休場をその途上に置かば迷子にならず廻り合ふべし。波調合へばラヂオで話が通ずるが如く吾々の意義を神の波長に合せ置かば思ひは通ふ。如何なる思ひが先方に通ずるかを熟慮し通じさうな事柄を念ずる、これ修養の第一。右により波調を整へ置かば日夜放送する朝鮮よりの便りすべて聴き取れる筈。

万事に無駄の心配をせず楽しく有益の日を過す様祈る。

十一月十三日　　　巧　生

大正十五年秋　出産に先立ち病める時、郷里の両親のもとへおくりし手紙の一部

清涼里より京都へ

褥婦の経過愈順調に向ひ茲に小康を得稍詳細の情報をいたします。

「廿四日」夜まで平常の如く台所のかたづけまで済して後、胃部の痛みを告げて常よりも少し早く寝に就く。尤も此の胃部は数日前よりあり、赤十字病院にて診察をうけしにたいしたことなかるべしとて、塗附薬及湿布薬を呉れたるのみにて母体も胎児も二つ乍ら健なりとの診断にて安心し居たるなり。

「廿五日」払暁俄かに烈しき腹痛はじまり一時間余苦しみ後脳貧血らしき病状を呈し、手足の先青ざめて体振ひ寒気を覚えたるにより病状の一先づ落ち着くを待つて入院すべく心組み六神丸など呑ませゐたるに、間もなく気分も癒り便所に数度通ひしに其の都度便通なく尿のみ出でたる由なるも、段々快くなりし模様なれば病院行も尚暫時様子を見たる上にせんと其日は其儘過ぎたり。

「廿六日」昨日より更に容態よき模様なりしにより小生も出勤し昼戻りて見るに異状なきを以つて大いに安心し居たり。其間食事に関しては妊娠中のことでもあり栄養を摂る必要あるによりあれこれと考へては勧めたるも意に叶ふもの殆んどなく只熱き湯と蜜柑の少量を食べたるのみ。

夜に入りて腹痛しげくなり再三便所に行きたるも大便なく小便のみ見える由。隣家に鮮人《ママ》の産婆あり呼びて診察をうけしに胎児に異状なく未だ産気づきたるに非ずと云ふ。

腹部を見るに狸の腹鼓の如くなり膨満して妊娠のみの腹の張り方とも思はれざる程なるにより「便通は最近何時有りしや」を尋ねたるに既に五、六日全く見ずと云ふ。即刻前の産婆を招きて浣腸せしに少量の便通ありしも病人の苦痛は軽減せず。午後九時赤十字病院に電話をかけ往診を乞ひ自動車を用意したるに明日早朝入院せよと云ふ。然るに病人の状態は此の儘翌朝迄維持し難き様子なれば更に産婆に診察をうけしにいつの間にか子宮既に開口せりと、茲に於て意を決し赤十字病院との関係を絶ち自動車に人を乗せて産科の医師を呼ぶべく京城に派したり。医師は有名にして人気高き人を指名し第一何某、第二何某とし、そのうちより誰にても速時応じ呉れる人を招くこと、せり。幸にして第一に指定したる医師が時を移さず来て呉れたり。此の人は衣笠とて曩《さき》に京都大学病院にて高山先生の助手を勤めたる方、京城にては中央婦人病院を経営し自ら其院長となり兼ねて小生も会ひしことあり又家兄とも相知の仲なれば親切に診て貰ひたり。

因に同氏は大の骨董好。医師は大体の経過を質し一応診察して後直に手配をなし、自ら連れ来りたる産婆を督励して仕事に着手せり。

母体は数日来の病気と夏以来の食欲不振とで甚だしく衰弱し居る為陣痛微弱にてなか〳〵進捗せず水液は何時の間にか皆下りてしまひし由。それより先便所に通ひし都度排尿と思ひしは誤りなりしならん。

愈出産のまぎはの光景は書き現はす勇気なし愴、惨等の文字を只思ふ。

産児は脈のみありて呼吸全くなし。医師及産婆に於て手を尽したるも甲斐なし、手品師の如き医師の所作見守る時、創世記に於ける人間の創造にいそしまる、神様の芝居を見るが如し。そのうちに泣き出すかと思ひつ、待てど、望みも空しく赤ん坊は次第に冷え行けり。

咲はその時腹が軽くなりし為元気になりゐたるも裂傷を負ひたる為内外五針づ、縫ひて漸く一段落となれり。医師が機械を用ひて其全力を傾倒して産児を引き出す時も又傷部を縫ふ時もさはがざる態度を見、その忍耐強きに医師も感心したる程なりしは賞すべし。赤ん坊は髪黒く密生して目鼻大に顔丸く体総じて大形なり。始め一目見て男かと思ひしは臍の残部が目につきたるにて実は女なりけり。分娩の時二十七日午後一時。

近隣の男女知人等数人前夜より詰かけて万事手伝ひ呉れたり。

「廿七日」医師を送る自動車にて人を遣り渼芹洞へ通知しその車にて母及家兄来る。手伝の人々に食事を出し皆の帰りし時は鶏鳴きし後なり。咲は快げにすやすや眠に入り、園絵も隣室にて此の騒を夢にも見ざる様子して熟睡中、小生は亢奮して眠れず。

買物の予定など書き記し京都への電報案など草しゐたり。後思ひ直し電報せば余分の心配をおかけすることと多からんとて葉書を書き人に託し京城のポストに投じたるなり。

其後褥婦は時の立つと共に復々腹痛を訴へる様になり胃部は産前同様膨満し吐瀉数回に及び便通は依然としてなく吐瀉物は帯黄媒色の水にて一度に三、四合づゝあり従つて食餌も医薬も全く納まらず、只発熱を見ざる点よしと皆語り相《ママ》ひて望みを継ぎ居たり。

家兄を医師の許に送り容態を伝へて意見を問へば心配なしと云ふ。

午後三時頃より教会の牧師御夫婦並に有志の方々来り赤ん坊を納棺し賛美歌、祈禱等あり即日埋葬の筈なりしも此の日友引なれば避ける方よからんと告げる人もありて翌日に延したり。病人は食欲なく腹痛依然。

「廿八日」浣腸を試みたるに少量の排便あり気分よし。産婆は朝夕二度来り排尿及びガーゼの詰替をなすことに決めたり。午後医師の往診を乞う。医師曰く心配なし、食慾の興る迄食物を与へる必要なし。薬は吐いても呑ませよと云ふ。医師の言を只そのまゝ実行す。

赤ん坊の遺骸は朝十時頃家兄及び同僚の親しき輩並に朝鮮の知人等に護られ自宅より東方に距る約廿町の処、共同墓地に運ばる。

小生は看病の為不参なるも墓は丘上のよき場所に選ばれたる由。墓の中に家兄が今度咸興北道にて焼き来りし小鉢に今日の日など記して入れ墓碑銘に代へ、墓標も家兄に一任したるに名なきを以て、「天使の人形の家」と記したり。附近に尼寺あり其処に精進料理の昼食を用意して今日働き呉れし人々に備へ置き家のうちは平静に保てり。

病人は吐気を有し食欲なく元気なし。但し平熱なるは嬉し。

「廿九日」昨夜に増し気分悪しく元気なし。されど医師の言をその儘実行するの外なし。前日来浣腸も日に二回づゝすれど腹部の膨満は依然、腹痛しきりなり。斯くなれば看護するものも幾分心迷ひ心配多くなるに乗じ周囲より種々の意見百出して如何にしてよきか見当つかず。前記発病以来数日夜も帯を束ねたる儘、殆んど不眠なりし為稍疲労を覚えつゝあり。然るに病人の腹痛は益々劇しく益々繁くなり行けり。医者を呼ぶべきか産婆に告ぐべきか深夜独り思案し、一大決心を以つて母を呼び覚し自ら浣腸を行ふ。この挙は予期以上の成績を収め程なくして黄金の彫刻にも優る傑作生み出され一同面を崩して微笑し、俗に云ふ重荷を下したる悦を感じたり。病人は快げにすやすや眠に入る。嬉しさの余り興奮して眠れず。

「三十日」朝も昼も重湯を喜びて呑み無事に収りたり元気もよし。此の分なら大丈夫請合。母は様子を報じかたがた朝一寸渼芹洞へ帰宅せり。病人はよく眠りつゝありその枕頭に座して此手紙を書き続く。医師にも経過を通知す。病人は覚むれば食物の註文などする程になり今後尚要心するは勿論なり。

今回の出来事終始祈の心を以つて事に当る学ぶべき処多大。

吾々の結婚茲に完成の感あり。更に半島に新しき墓を儲く、これ亦吾々の前途に於ける強き足台とならん。今に至り損失に優る恵を感ず。若しお会ひ出来たなら事の次第、感想等にて話はつきざるべし又後日物語り申上る折もあらん。

以上大要なれど連日の疲れに書くことも纏まらず御判読を願ひます。

十一月卅日　　巧

大北御両親様

病漸くいえし頃の私に旅から送れる文
　御無事を祈る。当方無事。
○食事について忍ぶことは病苦に堪ふるより易し。
○あらゆる養生は病むより得なり。
○正しく生きんとする心は肉体をも清める。
○正しく生きる為には全霊を神に捧げるの外なし。
○神は吾々になくてはならぬものを用意し置き、前途のことをも知り給ふ。
　大邱では夕立に会ひしも釜山は六十日来の旱天にてまだ何時雨の来ることも予想つかぬ模様、百姓大困り。

今朝は宿の二階にて寝ながらに海上の日の出を見る。これから朝鮮南端の海岸を廻りはじむ。自愛専一。

　昭和二年六月八日　釜山にて　巧

同じく順天より
○安康の精神は能く病魔を駆逐す。
○病は天然に逆ふものに対する刑罰なりと云ふは真なり。然れど衆生の盲を開くための恩寵なりと云ふは更に正しき見方なり。今光州着益々元気、自愛肝要、予定通り十八日夜帰宅の見込。

たくみ

父より園絵に、釜山へ行く途中

旧暦の御正月十五日で田舎の朝鮮人は色々の遊びをして居る。村中の人が藁を一束づヽ持ちよつて太い縄を作り、隣村の人達と綱引をする用意をしてゐるのを見た。元気で居る。

戯に書いて子供に送りし歌　（全州にて）六月十三日

そのべーの歌

とうさんおるすのそのひまに
おとなしくして勉強し
少しえらくなつて見ませうと
幼な心にいきごんだ
　学校の戻りも遊ばずに
帰つて見たら小包が

旅の父から届いてた
これこそ褒美と微笑する
開いて見たら驚いた
丁寧に包んだその中は
よごれたシヤツやハンケチや
瓦や瀬戸かけがあらがら
待ちに待つたるその夕に
とーさん帰つて来はしたが
土産も褒美も何んにもない
朝鮮鬚面にーやにや。

母と共に京都に在る園のもとへ
そのべーよ、旅行中でも自分に出来ることはなるだけ用を達する様にせよ。正しい事に強くなり柔和の心を養へよ。お前は多くの人々から愛され過分の恵をうけつゝありと心に銘じ御大典を機とし奮発せよ。

父より

昭和四年十一月十三日

解説に代えて

高崎　宗司

一九八四年、韓国はソウル市郊外の忘憂里《マンウーリ》墓地の一角に、韓国林業試験場職員一同の名で、一人の日本人を記念する碑が建てられた。そこには、「韓国が好きで韓国人を愛し、韓国の山と民芸に身を捧《ささ》げた日本人、ここに韓国の土となる」と刻まれた。その下に眠っているのは、一八九一年に北巨摩郡高根町に生まれ、一九一四年に日本の植民地であった朝鮮に渡って、一九三一年にそこで亡くなった浅川巧である。

彼の仕事と生涯については、『浅川巧著作集』(八潮書店・一九七八年)や、拙著『朝鮮の土となった日本人』(草風館・一九八二年)、江宮隆之『白磁の人』(河出書房新社・一九九四年)などによって知られるようになってきた。しかし、彼には創作や日記が残されていたことが明らかであった(『工芸』浅川巧追悼集・一九三四年四月)にもかかわらず、それらに対する本格的な捜索は行われないままであった。

そうした中で一九八五年ころに、浅川巧の日記の一部が現存していることを私に教えてくれたのは、『朝鮮終戦の記録』の編者として知られる故森田芳夫氏であった。私は、森田氏に連れられて日記の所有者であったソウル在住の金成鎮氏にお会いし見せていただいた。一九二二年の一年分と二三年の七月・九月分の日記、それに同年九月・十月に書かれ「朝鮮少女」などと名付けられた日記風の随筆数点であった。金氏は、朝鮮の解放=日本の敗戦直後、巧の兄・伯教《のりたか》から日記を譲り受けたとのことであった。その後、私は遠慮がちに日記の複写をお願いしたが、金氏は許してくれなかった。しかし、「家財道具を打ち捨てて命からがら避難した朝鮮戦争のときにも、この日記を背中に背負って避難した」という話を金氏から聞くと、その気持ちも分かるような気がして、私は、それ以上無理強いするような気にはなれなかった。

出版社・草風館の内川千裕氏が『浅川巧全集』を出したい。ついては日記を収録したい」というので、一九九六年一月、久しぶりに韓国を訪ねた私は、再び、金氏に複写を許してくださるようにお願いした。ところが今回、金氏は「しかるべきところが保管してくれるなら日記は寄付をしてもよい」と言うではないか。この消息を浅川巧の故郷・高根町に伝えると、高根町は喜んで受ける、いずれは資料館を建設して大事に保管するという。こうして日記は高根町の「浅川伯教《のりたか》・巧兄弟資料館」に展示されることになったという次第である。

「反日感情」のいまだに強い韓国で、日本人の日記の価値を認めて五十年間も保管し続けてくださった金成鎮氏に、日本人の一人として改めて感謝したいと思う。

今回見つかった日記が書かれた一九二三年という年は、日朝関係史においては、関東大震災時の日本人による朝鮮人大虐殺事件で記憶されているといっても過言ではない。そのとき浅川巧はその事態をどのように受け止めたのだろうか。九月十日と十一日の日記を見ると、数千人の大虐殺があった事実はまだ伝わっていなかったようだが、関東近辺に住んでいた朝鮮人に放火などの疑いがかけられつつあった異常な雰囲気はいち早く知らされていたことがわかる。

それらの情報に接した浅川巧の反応は、「一体日本人は朝鮮人を人間扱ひしない悪い癖がある。朝鮮人に対する理解が乏しすぎる」「自分は彼等の前に朝鮮人の弁護をするために行き度《た》い気がする」というものであった。

大虐殺に加担した当時の多数の日本人の朝鮮人観との歴然とした違いが、あの情報統制の中にあっただけに、ますます鮮やかになっていると言えよう。

そのころはまた、一九一九年に起こった三・一朝鮮独立運動をきっかけにして、朝鮮総督府が、それまでの「憲兵政治」から「文化政治」へと統治方針を転換していた時期でもあった。しかし、警官を増員して朝鮮人の独立運動を弾圧し、神社参拝を強要するなどして日本人への「同化」を迫るという点では、根本的な変化はなかった。そして浅川巧は、その意味するところを鋭く見抜いていたのである。

「似つきもしない崇敬《すうけい》を強制する様な神社などを巨額の金を費して建てたりする役人等の腹がわからない」(一九二二年六月四日)というような疑問や、「朝鮮在来の手法を廃《や》めて直ちに日本式の手法を採用することは改良でなく破壊である」(「副業品共進会」)というような指摘は、単なる朝鮮神社(後の朝鮮神宮)の建設に対する評価や副業品の製造に関する判断を超えて、日本の朝鮮支配というものが「朝鮮」そのもののまったき「破壊」につながっていることをも突いたものであった。

浅川巧は日記の中で、「山と植物の生命に助勢して山林を発育さすことを眼目にした仕事でなければ朝鮮の山は救はれないと思ふ」と書き、王子製紙のような企業に対して、「北海道も彼等によって裸かにされた。樺太だってもういくらも余さないだらう。それでこれからは鴨緑江上流(朝鮮と中国の国境地帯)から西比利亜《シベリア》に見込をつけて居るだらう」と批判の目を向けている。

思想史家の藤田省三は、今日、人類史的な課題にまでなっている環境問題や生態系の問題とのからみで、「諸民族の生態的地位に即した固有の生活様式を尊重するというのが現代的な独立精神のあり方だと思うんです」(『戦後精神の経験Ⅱ』影書房)と述べているが、先の批判的な視線に現れている浅川巧の精神はそこへつながるものであると言ってよい。

天皇が絶対的な神にも似た存在であった当時にあって、「日本は大東京を誇り軍備を鼻にかけ万世一系を自慢することは少し謹《つつし》むべきだと思ふ」というような感想を書けたのも、一般の日本人の中にビールスのようにはびこっていた「国体論」を突き放して見ることのできるだけの「独立精神」を巧が己《おのれ》のものとしえていたからだったのである。

ところで、浅川巧の主な仕事は民芸と植林という二つの領域においてなされていた。日記を見ると、彼がいかに頻繁に窯跡めぐりや骨董屋《こっとう》めぐりをしていたか、そして、集めた陶磁器の破片を「焼き物の時代を知る参考」にしていたかが分かる。初めて李朝陶磁器の時代区分をし「朝鮮古陶磁の神様」として知られたのは兄・伯教であるが、その影には弟・巧の協力があったのである。

ある日の日記には、「今自分が焼き物の名称用途を調べてゐることの役立つことを思ふ。博物館でも調べてないこと随分ひどし」と書いている。後に名著『朝鮮陶磁名考』を書いた浅川巧の研究の基礎は、このころにはすでに準備されていたのである。

林業方面では砂防植栽実験に取り組んでいたことが分かる。「理解のない上司」に実験中止を命じられたにもかかわらず、彼は実験を成功させたらしい。そうしてその後、「恐らく長兄浅川伯教氏の名よりは実弟浅川巧氏の方が、やがて永遠の日本的存在となりさうである」(紅葉山人「俗始政二十五年史」=『朝鮮公論』一九三五年十月号)とまで高く評価されたのであった。

また、日記を通して、彼がどのような人々と交わっていたかを、今まで以上にくわしく知ることができた。

頻繁に出てくる日本人の名は、まず、『朝鮮とその芸術』の著者で民芸運動の父と言われる柳宗悦、陶芸家としてすでに名をなしていた富本憲吉ら、民芸運動の仲間たちである。そして、武者小路実篤をはじめとする「新しき村」の人々、林業関係で親しかった東大教授・中井猛之進の名も、このころすでに登場している。

朝鮮人では、数少ない民族紙の一つであった『東亜日報』の社長・金性洙、青年運動の指導者の一人で『東亜日報』の「創刊の辞」を書いた張徳秀、天才詩人と言われた南宮璧（朝鮮の政治や芸術についての論文も発表していた）、若き日の文豪・廉想渉、詩人・呉相淳や卞栄魯のような歴史的人物の名が出てくる。日記はまた、朝鮮人から朝鮮語を教わる巧の姿や、日本人女性の朝鮮人少女への差別に対する怒りを自分の怒りとしている様子などを伝えてもいる。

このように、浅川巧の全体像を知ろうとする者にとってまたとない貴重な資料であるこの日記は、一九九六年に出版された『浅川巧全集』（草風館）に全文収録された。一方、浅川兄弟の出身地である高根町では、日記が寄贈されたのをきっかけに、浅川兄弟の関係資料を収集保存する資料館が建設され、巧ゆかりの韓国京畿道抱川郡と姉妹結縁した。浅川兄弟の故郷に、兄弟を記念し、その遺志をつがんとして朝鮮民族との交流をめざす新しい場が生まれたのである。

（山梨日日新聞掲載「『浅川巧日記』に寄せて」一九九六年四月五・六日に加筆）

【資料】浅川巧日記が日本に帰ってきた経緯

一九四五年（昭和二十年）九月下旬、ソウルの街は、解放の感激から未だ覚めきれない韓国人と、戦勝国米国の進駐軍、敗戦の衝撃に打ちのめされた日本人達の本国引き揚げを急ぐ慌ただしさ、これらがごっちゃになったざわめきが巷に沸き返っていた。

一日一夜が歴史のひとこまとなって、目まぐるしく動く歴史の本流の中で、私は独りこれらの騒ぎをよそに、好きな美術品を手に入れることが出来るかもしれないという望みに駆られて、毎日毎日骨董屋巡りに明け暮れていた。幸い、ふところには三菱電機からの退職金（解放と共に自動的に退職となった。三十三歳）とそれ迄の貯蓄など合わせて相当な金があった。

そうしたある日、汲古堂という骨董屋で品のある白髪の老紳士に巡り合った。話して居るうちに計らずもその老紳士は、浅川巧先生のご令兄伯教先生であったのである。

韓国の工芸をこよなく愛し、それにもまして、韓国人を温かく愛した浅川巧先生を日頃尊敬して居た私は、驚くやら、喜ぶやら、時の立つのも忘れて話が弾んだ。

伯教先生は、私が古陶磁器蒐集に熱を上げて居るのを知って、明晩自宅に寄るようにと言われた。当時先生は、渼芹洞という韓国人居住地域で韓国式家屋に住んで居られた。

約束通り翌晩、伯教先生のお宅を訪ねたところ、白い毛氈を敷いた部屋に招じ入れられ煎茶をすすめられた。話題は、やはり李朝の陶磁器と工芸に関する事で、またまた長話しとなり、七時に訪問して十一時近く迄話し合ったように思う。別れ際に「お目の高い先生の所蔵品の中で譲って頂ける物がありましたら」と申し出たところ、しばし考えられた末、奥に入って行かれた。

やがて持ち出されたのは、李朝十角面取祭器であった。その祭器は、面の取り方の力強さといい、特異な形といい、類い稀な珍品であった。惜しむらくは、大きなひびが一つ入っていたが、私はそれを気にもかけず、譲って頂くことにして、値段を訊ねた。すると先生は、「まぁー、売るとなれば二千円は取らねば」とおっしゃった。私は心の中で、五百円か？　千円か？　もっと高くて千五百円か？　と値踏みして居たが、一文も値切らず、その場で、快く懐から金を差出して祭器を買い受けた。（因みに、当時の二千円は部屋が四つ位ある韓国式瓦屋一軒の値段であった。）

伯教先生は、何を思ってか、又奥に入って行かれ、李朝の小物二点を記念にと下さった。有難く頂戴してお宅を辞そうとした時、又もや一寸待つようにとおっしゃった。やがて、奥から出て来られた先生の手には、原稿の束と紙袋があった。何だろう？　と訝《いぶか》って居る私に、「お待たせしました。これは弟巧の日記と、私が描いた弟のデスマスクです。これを貴方に上げます。ぜひ引き取って下さい。」と改まった口調でおっしゃった。私は、いささか当惑もしたが、見込まれたことに喜びと責任を感じ、日記とデスマスクの絵を大事に受け取って、ねんごろに挨拶の言葉を述べ、伯教先生のお宅を辞した。これが浅川巧先生の日記を入手したあらましである。

その後、一九五〇年（昭和二十五年）六・二五事変（韓国動乱）のため、家財道具を打ち捨てて命からがら避難した折にも、この日記を浅川巧先生の御霊と思って、貴重品と共に背中に背負って釜山に避難した。

巧先生に私はお目にかかった事もなければ、直接恩顧を蒙った事もない。然し、韓国を愛し、韓国の土となった尊敬する巧先生の日記を護り続けたことは、浅川巧先生へのせめてもの手向けとして、当たり前のことを韓国人の一人として為したに過ぎないと思って居る。

過酷な日本帝国主義の植民政策の下、しいたげられた被圧迫民族に対して、温情を注ぐことさえも日本の官憲ににらまれる事であった時代に、韓国人を心から愛して下さった巧先生は、泥池に咲き出た一輪の白蓮と申すべきである。その崇高な人類愛の精神は先生を知る韓国人の胸の中に永遠に生き続けることを信じて疑わない。

この日記とデスマスクの絵を、浅川巧先生の研究に打ち込んで居られる高崎宗司教授を通じて巧先生の故郷にお贈りするに当り、改めて、浅川巧先生のご冥福をお祈りし、合わせて、その遺徳によって韓国と日本の両国民が、お互いに理解し、尊重し合って、本当に仲の良い隣国として平和に幸福に暮らして行くことを切に望むものである。

一九九六年（平成八年）二月末日

金成鎮・代筆　　妻・安貞順

金成鎮氏は、日記を故郷山梨県高根町に寄贈するにあたって「日記入手の経緯」を書き添えた。

（浅川伯教・巧兄弟を偲ぶ会、『会報』第二号、一九九六年十月より引用）

浅川巧関係略年譜

年・月	事　項
一八五九？	父・小尾如作（のち浅川家を継ぐ）が誕生
一八六五	母・千野けいが誕生
一八八四・八	兄・伯教が誕生
一八八七・一二	姉・栄が誕生
一八八九・三	柳宗悦が誕生
一八九〇・七	父が死去
一八九一・一	山梨県北巨摩郡甲村（現高根町）に巧が誕生
一八九七・四	村山西尋常小学校に入学
一九〇一・四	秋田尋常高等小学校に入学
一九〇三・四	伯教が山梨県師範学校に入学
一九〇六・四	山梨県立農林学校に入学
一九〇七・六	メソジスト教会で受洗
一九〇九・四	秋田県大館営林署に就職
一九一〇・八	日本が韓国を併合
一九一三・五	伯教が朝鮮へ渡る
一九一四・五	巧も朝鮮へ渡る　九　朝鮮総督府山林課に就職　伯教が結婚
一九一五・二	伯教とともに我孫子に柳を訪問

一九一六・二　浅川みつえと結婚　九　柳が朝鮮に来て巧の家に泊まる
一九一七・三　長女・園絵が生まれた　七　「テウセンカラマツの養苗成功を報ず」を発表
一九一九・三　朝鮮全土で三・一独立運動　四　『朝鮮巨樹老樹名木誌』を出版
一九二〇・五　柳が朝鮮に来た　蓮華紋の壷と出合う　六　インド人・シングが来訪
　一二　朝鮮民族美術館設立運動を始める
一九二一・四　赤羽王郎が朝鮮に移住　六　柳夫妻が朝鮮に来た　七　有賀喜左衛門が来訪
　七　『樹苗養成指針・第一集』を出版　八　柳らと福永政治郎を訪問　九　みつえが死去。娘の園絵を郷里の義弟・浅川政歳に預ける　一一　柳らと泰西絵画展覧会を開く
一九二二・一　日記を書き始めた　砂防植栽をめぐって場長と対立（日記）　柳らと冠岳山の窯址を調査　「ブレーク展覧会」を開催　柳らと南宮壁の墓参りに　二　清涼里に引っ越す　四　伯教が朝鮮に戻る
　六　浜口良光が朝鮮に移住　朝鮮神宮の建設・光化門の破壊を批判（日記）
　八　雇員から技手に昇進　王子製紙を批判（日記）
　九　「窯跡めぐりの一日」を発表　柳らと分院の窯址を調査　一〇　「李朝陶磁器展覧会」を開催
一九二三・九　関東大震災　東京などに戒厳令　朝鮮人虐殺を批判（日記）
　九　富本憲吉が巧宅に滞在した　一〇　「副業共進会」を批判　一一　柳が朝鮮に来た
　一二　創作「祟」を執筆
一九二四・一　柳と甲府への旅　木喰仏と出合う　二　創作「雷山小過」を執筆
　三　「苗圃担当の友に贈る」を発表　露天埋蔵法を発見　四　朝鮮民族美術館を設立
　一二　鶏龍山・康津の窯址を調査
一九二五・三　「萩の種類」を発表　四　木喰仏写真展を開催　五　「窯跡めぐりの旅を終へて」を発表
　七　丹波の木喰仏を調査　一〇　大北咲と再婚

一九二六・六　「主要林木種子ノ発芽促進ニ関スル実験」を発表
一〇　「朝鮮産主要樹林ノ分布及適地」「苗圃肥料としての堆肥に就て」を発表
一一　次女が生まれたが、すぐに死去
一九二七・四　分院窯址を調査　七　「禿山の利用問題に就て」を発表　一二　「分院窯跡考」を発表
一九二八・七　「朝鮮の器物およびその用途」について講演／『新しい村』会員の集まり
八　鶏龍山の窯址を調査
一九二九・三　『朝鮮の膳』を出版　四　柳と最後の面会
一九三〇・二　「朝鮮の棚と簞笥類に就いて」を発表　このころ「朝鮮古窯跡調査経過報告」を執筆
一二　朝鮮工芸会開催
一九三一・四　巧、死去／葬式／遺稿「朝鮮古窯跡調査経過報告」　安倍能成が「浅川巧さんを惜しむ」を発表
五　遺稿「朝鮮茶碗」が発表された　柳が「編者付記」「編輯余禄」で浅川巧を追悼（『工藝』）
七　遺稿「朝鮮窯業振興に関する意見」が発表された　九　遺著『朝鮮陶磁名考』が出版された
一九三三・一　遺著『主要樹苗ニ対スル肥料三要素試験』が出版された
一九三四・三　『工藝』が浅川巧記念号を発行・遺稿「金海」「朝鮮の漬物」が発表された／浅川伯教「彼の故郷と其祖父」／浅川琅玕洞「亡き巧君の事」／浜口良光「巧さんと私」／土井浜一「巧さんと尼さん」／中井猛之進「浅川巧君へ」／崔福鉉「浅川先生の想出」／柳宗悦「浅川のこと」「同人雑録」
八　安倍「人間の価値」が教科書に掲載される
一九三七・四　七回忌　八　母・けいが死去
一九四五・九　伯教が巧の日記を金成鎮に寄贈　一二　咲と園絵が朝鮮から引き揚げる
一九四六・一一　伯教が朝鮮から引き揚げる
一九四七・三　咲と園絵が日本民芸館に就職

一九六一・五　柳宗悦が死去

一九六六・六　「浅川巧功徳之墓」が建立される

一九七六・一〇　咲が死去　一一　園絵が死去

一九七七・三　山梨県高根町に墓碑が建立された

一九八二・七　高崎が評伝『朝鮮の土となった日本人』（草風館）を出版

一九八四・八　韓国林業試験場有志が記念碑を建立

一九九一・三　高根町が生誕の地に石碑を建立

一九九四・五　ソウルの記念碑が建て替えられる

一九九六・二　金成鎮が巧の日記を高根町に寄贈　六　「浅川伯教・巧兄弟を偲ぶ会」結成

一一　『浅川巧全集』（草風館）が出版された

一九九七・五　『芸術新潮』が浅川兄弟を特集　一一　浅川巧公日韓合同追慕祭開催

二〇〇一・七　山梨県高根町に浅川伯教・巧兄弟資料館開館

二〇〇三・七　浅川巧著・高崎宗司編『朝鮮民芸論集』（岩波文庫）が出版された

浅川巧　日記と書簡

編　者——高崎宗司　Takasaki Souji ©
一九四四年水戸市生まれ。東京教育大学日本史専攻卒業。現在、津田塾大学国際関係学科教員。
著書『「妄言」の原形—日本人の朝鮮観』（木犀社）『「韓日感情」—韓国・朝鮮人と日本人』（講談社現代新書）『中国朝鮮族』（明石書店）『検証日韓会談』『植民地朝鮮の日本人』（以上、岩波新書）

装丁者——菊地信義
発行日——二〇〇三年一〇月一日
発行者——内川千裕
発行所——株式会社　草風館
東京都千代田区神田神保町三—一〇
印刷所——モリモト印刷

Co.,Sofukan　〒101-0051
tel 03-3262-1601
fax 03-3262-1602
e-mail:info@sofukan.co.jp
http://www.sofuka.co.jp
ISBN4-88323-136-4

韓国の山（植林）と民藝に身を捧げた希有の日本人

増補三版

朝鮮の土となった日本人

■浅川巧の生涯■

高崎宗司著

四六判　３２０頁　定価　本体２５００円＋税

韓国より半世紀ぶりに故郷に戻った「日記」を読み込み、最近数年にわたる浅川巧をめぐる動きを追って、全面的に書き改め、年譜を付した増補三版。

◆浅川巧をめぐる出来事◆一九九六年六月、山梨県高根町にて「浅川伯教・巧兄弟を偲ぶ会」結成。九七年五月、『芸術新潮』が「李朝の美を教えた兄弟―浅川伯教と巧」を特集。各地から韓国ソウルに眠る浅川巧の墓地（忘憂里）を訪ねるツアーが増加。九七年一二月、ＮＨＫ教育テレビの「新日曜美術館」で「発見！李朝の美―浅川巧から柳宗悦へ」を特集。◎太鼓の名手・林英哲による「澪の蓮」＝浅川巧をテーマとするコンサート全国ツアー（二〇〇一〜〇二）◎二〇〇一年七月、山梨県高根町に浅川伯教・巧兄弟資料館開館。

「浅川巧の死」をめぐって――

▼かういふ人は、よい人といふばかりでなく、えらい人である。かういふ人の存在は、人間の生活を頼もしくする。かういふ人の喪失が、朝鮮の為に大なる損失であることはいふまでもないが、私は更に大きくこれを人類の損失だといふに躊躇しない。（安倍能成）

▼浅川が死んだ。取り返しのつかない損失である。あんなに朝鮮の事を内から分つてゐた人を私は他に知らない。ほんとうに朝鮮を愛し朝鮮人を愛した。そうしてほんとうに朝鮮人からも愛されたのである。（柳宗悦）